本书系2019年度国家社科基金项目 省惠法院建设实效性评估研究"（项目编号：19CFX008）阶段性成果，受到江苏高校优势学科建设工程资助项目（PAPD）经费支持

穷尽行政救济原则研究

On the Principle of Exhaustion of Administrative Remedies

韩玉亭　著

WUHAN UNIVERSITY PRESS
武汉大学出版社

图书在版编目(CIP)数据

穷尽行政救济原则研究/韩玉亭著 .—武汉:武汉大学出版社,
2021. 12
ISBN 978-7-307-20381-5

Ⅰ.穷… Ⅱ.韩… Ⅲ.①行政复议—研究—中国 ②行政赔偿—
研究—中国 ③行政诉讼—研究—中国 Ⅳ.①D922.122.4 ②D925.304

中国版本图书馆 CIP 数据核字(2021)第 269202 号

责任编辑:胡 荣 责任校对:李孟潇 版式设计:马 佳

出版发行:**武汉大学出版社** (430072 武昌 珞珈山)
(电子邮箱:cbs22@ whu.edu.cn 网址:www.wdp.com.cn)
印刷:武汉邮科印务有限公司
开本:720×1000 1/16 印张:11.75 字数:191 千字 插页:1
版次:2021 年 12 月第 1 版 2021 年 12 月第 1 次印刷
ISBN 978-7-307-20381-5 定价:38.00 元

序　一

2021 年 8 月，中共中央、国务院印发了《法治政府建设实施纲要（2021—2025 年）》（以下简称《纲要》），提出了今后五年推进新时代法治政府建设的总体目标和具体措施。《纲要》强调要充分发挥行政复议化解行政争议主渠道作用，全面深化行政复议体制改革，整合地方行政复议职责，按照事编匹配、优化节约、按需调剂的原则，合理调配编制资源，在 2022 年年底前基本形成公正权威、统一高效的行政复议体制。此外，司法部也公布了《中华人民共和国行政复议法（修订）（征求意见稿）》，《行政复议法》正在迎来大修。面对日新月异的法治实践，如何通过优化行政复议与行政诉讼的衔接模式进而推动行政纠纷实质性化解愈益引起广大学者的关注，涌现出众多优秀研究成果，韩玉亭博士的新作《穷尽行政救济原则研究》即是其中之一。值此该书付梓面世之际，我谨致以热烈祝贺！

从研究方法的视角来看，该书立足于问题研究的客观现状，在兼顾研究对象特质以及既定研究目标的基础上，综合运用多种研究方法致力于穷尽行政救济原则的探究。不仅在宏观上采用系统论的研究方法，为研究工作提供整体性的分析思维和层次性的认识视角，而且在微观上采用同类比较分析、模型框架解读、文本规范分析、实证数据调研、典型案例解读等研究方法。具体言之，在研究穷尽行政救济原则与相近原则的关系当中运用同类比对方法，在研究行政纠纷不同阶段分别适用不同解纷手段时则采用模型框架解读方法，在研究我国穷尽行政救济原则的立法现状时使用文本规范分析方法，在研究我国穷尽行政救济原则在实践中存在的问题时运用实证数据分析方法，而在研究域外穷尽行政救济原则流变历史的过程当中则运用了典型案例解读方法。应当说，这种多元研究方法的使用是富有成效的。

从理论逻辑的视角来看，该书围绕权力分立理论、行政自制理论、司法有限理论等若干理论，从不同的侧面力图证成穷尽行政救济原则适用的必要性和可行性。申言之，穷尽行政救济原则所创设的制度设计，正是通过行政权和司法权二者间的合作博弈，借此明确行政纠纷解决当中不同救济渠道之间的先后位序问题，充分激活行政系统内部的专业技术优势和救济效率优势，进而保证司法救济机关在介入行政解纷过程中的广度和深度有所克制，既不损害行政事务之效率，又保证司法救济的最终性。

从实践逻辑的视角来看，该书全面分析了穷尽行政救济原则在行政纠纷救济实践中的具体运用问题。一般来说，在行政纠纷救济过程中，纠纷大致会经历萌芽期、公开期、升级期这三个阶段。在统筹兼顾行政纠纷发展阶段特点与纠纷化解方式匹配关系的基础之上，通过各种救济渠道之间的良性有序竞争，逐步形成了调解救济优先、行政救济居中、司法救济殿后的纠纷救济优先等级，最终实现各种救济资源的有序配置。同时，当事人穷尽行政救济的难度，司法与行政解决争议的成本效益状况，纠纷救济依赖行政事实的程度，纠纷解决运用专业知识的程度等诸多要素，都会制约行政纠纷救济过程中是否适用穷尽行政救济原则。此外，在综合考量各种救济资源优化配置的基础上适当确立原则适用的例外情形，亦是深化穷尽行政救济原则研究的题中应有之义。

"全部社会生活在本质上是实践的。"作为舶来品的穷尽行政救济原则能否在当下中国的法治土壤中成长，这单凭学者的理论建构是远远不够的，还有待于当下中国行政纠纷救济实践的最终检验。而中国行政纠纷救济的实践与穷尽行政救济原则的理论建构之间相互作用、相互推动的互动回应关系，恰恰是进一步深化和拓展行政纠纷救济研究领域的重要理论增长点。无疑，作者也已经意识到这一点。我衷心期待作者今后深入研究，不懈探索，努力取得丰硕的研究成果，为推进新时代中国行政法治建设作出应有的贡献。

公丕祥

2021 年 9 月 1 日于南京

序　二

时代是思想之母，实践是理论之源。当下社会结构日趋多元化，社会矛盾日趋复杂化，社会民众诉求日趋个性化，在此时代大背景之下纠纷数量也日益攀升。纠纷化解需求的增长对纠纷解决能力的提升提出了新挑战。从纠纷解决的一般规律来看，行政方式一直是纠纷解决的重要渠道，相较于司法的纠纷解决机制而言，行政方式具有经济、便捷、高效的特点。且对于行政纠纷而言，行政救济机制相较于司法救济机制通常更能够实质性化解行政争议。但是，当前实践中纠纷解决过度依赖诉讼方式，在以行政救济为代表的其他救济方式的运用方面存在诸多遗憾。有数据显示，2020 年全国受理的行政复议案件数量为 183 511 件，行政诉讼应诉案件数量为 215 076 件。① 从以上统计数据当中不难发现：一方面当前行政纠纷频发，另一方面行政复议救济渠道并未实现制度初衷即成为化解行政纠纷的主渠道。纠纷解决渠道的单一不仅加剧了司法资源匮乏的矛盾，也增加了当事人化解矛盾纠纷的成本支出。

为应对上述问题，党的十八届四中全会明确要求"健全社会矛盾纠纷预防化解机制，完善调解、仲裁、行政裁决、行政复议、诉讼等有机衔接、相互协调的多元化纠纷解决机制"。② 中央全面深化改革领导小组第十七次会议审议通过了《关于完善矛盾纠纷多元化解机制的意见》，指出要"坚持党委领导、政府主导、

---

① 《2020 年全国行政复议行政应诉案件统计数据》，载司法部官网：http://www.moj. gov. cn/pub/sfbgw/zwxxgk/fdzdgknr/fdzdgknrtjxx/，2021 年 8 月 25 日最后访问。

② 《中共中央关于全面推进依法治国若干重大问题的决定》，载《人民日报》2014 年 10 月 29 日，第 3 版。

综治协调，充分发挥各部门职能作用，引导社会各方面力量积极参与矛盾纠纷化解"。① 在中央全面依法治国委员会第三次会议上，习近平总书记明确指出："要落实行政复议体制改革方案，优化行政复议资源配置，推进相关法律法规修订工作，发挥行政复议公正高效、便民为民的制度优势和化解行政争议的主渠道作用。"② 鉴于此，有必要借助《行政复议法》修改的重要契机，系统深入地探究穷尽行政救济原则的基本内涵、历史演化规律、法理逻辑及具体适用情形等命题，从而进一步理顺行政复议与行政诉讼二者间的关系，建构分工合理的行政纠纷救济制度体系可谓恰逢其时。

本书是在玉亭博士毕业论文的基础上修改而来的。记得当初博士一年级快结束的时候，玉亭和我交流希望围绕穷尽行政救济原则展开他的博士论文写作，我当时或多或少是有点担忧的。一方面是当前穷尽行政救济原则的研究群体主要以美国学者为主，国内对于该原则的研究资料相对较少，担心他不能按时完成毕业论文；另一方面是担心他脱离中国当下行政纠纷化解的实际情况而空谈法律原则，研究停留在穷尽行政救济原则的表面未能深入其中。我当时也坦率地和玉亭交流了我的这些担忧，他当即拿出了之前已经收集好的一大叠外文资料说服了我。之后，我们在办公室也曾多次对论文进度、整体篇章布局以及内容细节进行过沟通。他的博士论文初稿完成之后我也在第一时间认真通读了全文并提出了一些完善建议。博士毕业之后，玉亭顺利入职南京师范大学，并跟随著名法理学家公丕祥教授从事博士后研究工作，其学术研究兴趣逐渐转向法社会学实证研究。从事法理学博士后研究的经历也让他能够跳出部门法的学科视角局限从纠纷实质化解的整体着眼对之前完成的博士论文进行新的学理反思。最近考虑到《行政复议法》即将迎来大修，我们经商量认为博士论文出版的时机已经成熟，他也紧锣密鼓地张罗博士论文修改完善及出版相关事宜。收到其修改完善的书稿之后我认真通读了全书，有以下几方面的感受：

其一，本书全面解读了穷尽行政救济原则的基本内涵及其外延。具体而言，

---

① 《习近平主持召开中央全面深化改革领导小组第十七次会议强调 鼓励基层改革创新大胆探索　推动改革落地生根造福群众》，载《人民日报》2015 年 10 月 14 日，第 1 版。

② 习近平：《论坚持全面依法治国》，中央文献出版社 2020 年版，第 274 页。

本书通过对行政纠纷救济当中不同主体四种排列组合情形的细化解读，从而明确了由谁来判定行政救济是否穷尽这一技术操作问题。在此基础之上，进一步分析了单一型行政纠纷以及复合型行政纠纷当中的穷尽行政救济的基本模式，从而解决了穷尽行政救济原则的类型化判定问题。随后，通过穷尽行政救济原则与相近原则的比较，进而清晰界定了穷尽行政救济原则的内涵边界，让读者对该原则有了更加清晰直观的感受。

其二，本书系统考证了域外关于穷尽行政原则的历史流变过程。本书作者查阅了大量国内外的相关文献以及判例，系统梳理了该原则在历经诸多经典判例及相关立法的累积之后的演化脉络，并将该原则的演变历程归纳为三个阶段：第一个阶段是其探索期，以 1896 年的美国诉中国贸易公司案（United States v. China Trading Co.）为起点，以 1946 年制定的《联邦行政程序法》为终点，该阶段初步确立了穷尽行政救济的原则。第二个阶段是其发展期，该阶段从 1947 年持续到 1992 年，其最为明显的特征表现为其规范内涵更加清晰，其适用边界（适用的例外情形）更加明朗。第三个阶段是其成熟期，主要以 1993 年达比诉西斯内罗斯案（Darby v. Cisneros）为分界点，其实现了适用穷尽行政救济原则分析框架的巨大转型。

其三，本书理性建构了实现行政复议与行政诉讼这两种行政纠纷救济途径有序衔接的相关配套制度。具体而言，在宏观制度建构方面通过待决纠纷类型的精细化和规范化从而进一步优化了不同救济程序相互间的衔接机制，明确了何种情形下需要首先穷尽行政救济然后才能进入司法救济，何种情形之下属于其例外情形而无须经过行政救济便可直接进入司法救济程序。在微观制度建构方面，提出首先要完善行政救济后续配置机制。建立规范有序的行政救济程序结束之后的案卷归档移交机制、应诉案件法律风险提示机制、复杂疑难案件协同办理机制、应诉后反馈机制、救济程序关键节点的跟踪管理机制等。其次要完善行政纠纷数据管理机制。借助计算机、大数据统计以及博弈模型分析等先进技术手段，从而科学地监测行政纠纷的大致分布地域、领域、行政层级、案件争议焦点和热点，优化配置不同地域、不同领域、不同行政层级的行政纠纷救济资源。最后要完善行政纠纷救济实际效果评估机制。加强对于行政救济渠道及司法救济渠道各类裁决类型的分布情况、案件最终执行情况、当事人上诉情况、纠纷当事人服判息诉情况、社会舆论的反响情况等多方面的情况做一个综合性的评估，借此发现不同救济渠道当中可能存在的问题以及相应的解决策略。

是为序！

武汉大学珞珈特聘教授、博士生导师

江国华

2021 年 8 月 25 日于武汉珞珈山

前　言

　　当下社会结构日趋多元化，社会矛盾日趋复杂化，社会民众诉求日趋个性化，行政管理事务日趋庞杂化，在此时代大背景之下，行政纠纷也就在所难免。既然行政纠纷不可避免，如何切实保障公民、法人或其他组织之合法权益其意义也就显得尤为重大，毕竟惟有得到切实保障之权利方为真正的权利。立基于此，行政相对人之合法权益绝不能仅仅停留在权利宣示之层面，务必要为之配套行之有效的行政纠纷救济渠道。其中行政救济与司法救济是其中两种最为重要的救济渠道。在我国新修改的《行政诉讼法》当中仍沿用了之前的规定，在行政纠纷的救济当中以行政复议（行政救济）和司法救济二者间的自由选择为原则，以行政复议（行政救济）强制前置为例外。这一制度设计的初衷本是为了切实尊重纠纷当事人在纠纷救济渠道方面的自由选择权，但由于行政救济制度与司法救济制度二者之间在审查范围和审查强度等方面存在诸多的差异，从而致使部分当事人在选择某一救济途径后，却出现了对自己不利的后果。诸如在涉及行政自由裁量权的行政纠纷救济当中，司法救济渠道的作用是极为有限的，其并不是控制行政自由裁量权优先考虑的方式，而是一种退而求其次的无奈选择。若此类纠纷的当事人首先选择了司法救济渠道，其不仅费时费力而且还很难得到有效的救济，甚至很可能在无形中侵蚀普通民众对于司法的信任，这也从一个侧面反映出了自由选择模式可能存在的缺陷。

　　穷尽行政救济原则的制度设计则有效解决了自由选择模式存在的诸多问题。在穷尽行政救济原则设计的制度体系当中，除去特定例外情形，所有行政纠纷均需要首先穷尽行政救济渠道，如果待解决纠纷涉及行政自由裁量权的失当行政行为，其首先选择的行政救济渠道则恰好适配待解决纠纷的性质，从而及时有效地化解行政纠纷；如待解决纠纷涉及行政合法性问题，则通过前面的行政救济审理程序帮助查明纠纷的争议焦点，这也让后面的司法救济能够更快地查明真相，从而节省有限的司法救济资源，进一步缓解司法救济渠道的梗阻现象。正是就此而言，在行政纠纷的救济当中，通过穷尽行政救济原则的制度设计逐步建立起行政救济优先、司法救济殿后的救济秩序，以此来逐步优化行政救济和司法救济二者间的资源配置模式，充分发挥行政救济解决纠纷的优势，进一步清晰行政权与司法权相互之间的界限，明确司法救济介入纠纷解决的最佳时机，最终实现切实保障行政相对人合法权益之目的。基于这一价值预设，本书主要围绕六个部分来展开研究。

其一，穷尽行政救济原则的研究现状。其主要回答了穷尽行政救济原则在国内外的研究进展，这也是进一步展开研究穷尽行政救济原则的立足点。为此，第一章开门见山直接提出为什么研究穷尽行政救济原则这一命题。在此基础之上，系统分析了关于穷尽行政救济原则国内和国外的研究现状以及当前研究中存在的诸多缺憾。此外，还进一步介绍了本书在研究中所采用的研究方法以及总体研究思路。

其二，穷尽行政救济原则的基本内涵。其主要回答了穷尽行政救济原则是什么的问题，这也是穷尽行政救济原则研究当中首先要回答的问题。为此，第二章首先分析了穷尽行政救济情形的判断主体，解决了由谁来判定行政救济是否穷尽的问题。在此基础之上，又进一步分析了穷尽行政救济情形的基本类型，解决了穷尽行政救济原则类型化判定的问题。随后，通过穷尽行政救济原则与相近原则的比较，清晰界定了穷尽行政救济原则的内涵边界问题，最后通过系统梳理穷尽行政救济原则的基本功能从而深入剖析了该原则在行政纠纷救济当中所扮演的多重角色。

其三，穷尽行政救济原则的历史演变。其主要回答了穷尽行政救济原则是如何演变的问题，这也是展开下文研究的重要背景性知识。从历史的视角来看，穷尽行政救济原则在历经诸多经典判例及相关立法的累积之后，其发展的脉络逐渐清晰化，其发展历程大致经历了三个阶段：第一个阶段是其探索期，以 1896 年的美国诉中国贸易公司案（United States v. China Trading Co.）为起点，以 1946 年制定的《联邦行政程序法》为终点，该阶段初步确立了穷尽行政救济的原则。第二个阶段是其发展期，该阶段从 1947 年持续到 1992 年，其最为明显的特征表现为其规范内涵更加清晰，其适用边界（适用的例外情形）更加明朗。第三个阶段是其成熟期，主要以 1993 年达比诉西斯内罗斯案（Darby v. Cisneros）为分界点，其实现了适用穷尽行政救济原则分析框架的巨大转型。

其四，穷尽行政救济原则的法理基础。其主要回答了在行政纠纷救济当中为什么要适用穷尽行政救济原则的问题。从法理学视角来看，权力分立理论、行政自制理论以及司法有限理论分别从不同的视角来证成了穷尽行政救济原则适用的必要性和可行性。首先从权力分立的视角来看，不同国家权力之间性质有所差异，其所扮演的功能自然也就不同。而穷尽行政救济原则所创设的制度设计正是通过行政权和司法权二者间的合作博弈从而进一步明确了行政纠纷解决当中不同救济渠道之间的先后位序问题。其次从行政自制的视角来看，穷尽行政救济原则所创设的行政救济优先、司法救济殿后的救济位序旨在于充分激活行政系统内部的专业技术优势和救济效率优势，从而实现控制行政权力滥用，维持行政秩序有序运行之目的。最后从司法有限的视角来看，正是鉴于司法救济其受案范围有限性，其审查强度有限性，其判决功能有限性，其裁判依据有限性，其救济资源有限性等诸多方面的制约，因而司法权在介入行政纠纷解决过程当中，其介入的广度和深度必须要保持协调有所克制。而穷尽行政救济原则所创设的制度设计恰恰暗合了这一趋势，其既不会损害行政事务之效率，又保证了司法救济的最终性。

其五，穷尽行政救济原则的具体适用。其主要回答了穷尽行政救济原则在具体的行政纠纷解决当中如何适用的问题。首先，就其适用的基本条件而言，行政纠纷救济当中救济模式要与纠纷特质相契合，公正价值与效率价值要相互平衡，司法有限理念和司法最终的理念要相互协调。其次，就穷尽行政救济原则的具体适用而言，行政纠纷依照其发展阶段，大致历经了行政纠纷的萌芽期、行政纠纷的公开期、行政纠纷的升级期三个阶段。在行政纠纷解决当中，在充分考虑纠纷发展阶段的基础之上，通过各种救济渠道之间的良性有序竞争，逐步形成调解救济优先、行政救济居中、司法救济殿后的纠纷救济优先等级，最终实现各种救济资源的有序配置。再次，就该原则适用的制约因素而言，在行政纠纷救济过程当中，当事人穷尽行政救济的难度，司法与行政解决争议的成本效益情况，纠纷救济依赖行政事实的程度，纠纷解决运用专业知识的程度等诸多要素均会制约穷尽行政救济原则的适用。最后，要在综合考量各种救济资源优化配置的基础上适当确立穷尽行政救济原则适用的例外情形。

其六，穷尽行政救济原则的中国范式。其主要回答了源自国外的穷尽行政救济原则如何逐步实现中国本土化转型的问题。首先就我国行政救济前置的历史演进而言，其大致历经了曲折探索期（1910—1977）、恢复发展期（1978—1988）、规范成熟期（1989年至今）这三个阶段。其次就穷尽行政救济原则中国范式的可行性而言，社会文化传统为穷尽行政救济原则奠定了文化根基，"ADR理论"的勃兴为穷尽行政救济原则奠定了理论根基，法治政府理念为穷尽行政救济原则奠定了政治根基，司法改革实践为穷尽行政救济原则奠定了法制根基。再次就当前穷尽行政救济原则中国范式的基本样态而言，其主要存在常规类型的行政复议前置类型、行政复议之后的选择终局类型、行政复议终局类型这三种。然后就探索穷尽行政救济原则中国范式过程中所存在的问题而言，其主要存在着行政复议前置体系杂乱、行政救济前置机制实际效果堪忧、行政救济与司法救济衔接机制不畅、行政救济终局范围过宽等诸多问题。最后就未来完善穷尽行政救济原则中国范式的对策而言，主要包括整合行政救济前置体系、激发行政救济的内在活力、优化行政救济和司法救济的衔接机制、缩限行政救济终局的范围等一系列的举措。

目　　录

第一章　穷尽行政救济原则的研究现状

本章主要回答了穷尽行政救济原则在国内外的研究进展，这也是进一步展开研究穷尽行政救济原则的立足点。为此，开门见山直接提出为什么研究穷尽行政救济原则这一命题。在此基础之上，系统分析了关于穷尽行政救济原则在国内和国外的研究现状以及当前研究中存在的诸多缺憾。此外，还进一步介绍了本书在研究中所采用的研究方法以及总体研究思路。

第一节　为什么研究穷尽行政救济原则

面对纷繁复杂的行政管理事务，行政纠纷在所难免。既然行政纠纷不可避免，如何切实保障公民、法人或其他组织之合法权益其意义也就显得尤为重大。法谚有云："哪里有权利，哪里就一定有救济"（Where there is right, there is a remedy），惟有得到切实保障之权利方为真正的权利。① 立基于此，公民、法人或其他组织之合法权益绝不能仅仅停留在权利宣示之层面，务必要为之配套有效可行之救济路径。依照纠正行政侵权主体之不同，其通常可分为行政救济②、司法救济③、混合救济④这三类。本书由于篇幅所限主要围绕行政救济与司法救济

---

① 江国华：《无诉讼即无宪政》，载《法律科学》2002 年第 1 期。

② "行政救济是指行政主体运用行政程序化解各类行政纠纷之活动和过程。"江国华编著：《中国行政法（总论）》，武汉大学出版社 2012 年版，第 436 页。

③ "司法救济是指司法机关依照法定程序审查行政侵权行为，同时对行政相对人受损权益进行补救之活动和过程。"江国华编著：《中国行政法（总论）》，武汉大学出版社 2012 年版，第 476 页。

④ "混合救济是指兼具行政救济和司法救济双重属性的权利救济活动和过程之总称，其主要是指行政赔偿。"江国华编著：《中国行政法（总论）》，武汉大学出版社 2012 年版，第 530 页。

这两种最具代表性的救济方式展开。在我国新修改的《行政诉讼法》当中仍沿用了之前的规定，在行政侵权行为的救济当中以行政复议（行政救济）和司法救济二者间的自由选择为原则，以行政复议（行政救济）强制前置为例外。这一制度设计的初衷本是为了切实尊重纠纷当事人在纠纷救济渠道方面的自由选择权，但由于行政复议制度与行政诉讼制度二者之间在审查范围和审查强度等方面存在诸多的差异，从而致使部分当事人在选择某一救济途径后，却出现了对自己不利的后果。诸如在涉及行政自由裁量权的行政纠纷救济当中，鉴于司法机关既非行政事务的决策者，也非国家政策的执行者，因而不宜轻易用司法裁断来推翻之前行政机关的决定，同时这也决定了司法机关对于行政纠纷实行相对宽松的审查强度——"合法性审查"标准而非"合理性审查"标准。[1] 因而那些涉及行政自由裁量权的行政纠纷大多数很难进入司法救济渠道，即使该纠纷有幸得以进入司法救济渠道，也惟有那些明显不当的行政行为才可能得到有效救济。因而，可以说在涉及行政自由裁量的事项上司法救济渠道的作用是极为有限的，其不是控制行政自由裁量权优先考虑的方式，而是一种退而求其次的无奈选择。而如果在涉及行政自由裁量权的行政纠纷中当事人不是首先选择司法救济渠道，而是首先选择行政复议救济渠道，那么该类纠纷就很可能及时得到化解。[2] 但在行政纠纷救济渠道自由选择的制度设计当中，纠纷当事人毕竟不可能均为法律专家，这也就存在着纠纷当事人对于纠纷救济渠道选择失误的可能性。若在涉及行政自由裁量权的事项上纠纷当事人首先选择了司法救济渠道，其不仅费时费力而且还很难得到有效的救济，甚至很可能在无形中侵蚀普通民众对于司法的信任，这也从一个侧面反映出了自由选择模式可能存在的缺陷。而穷尽行政救济原则的制度设计则有效解决了这一问题，在穷尽行政救济原则所设计的制度体系当中，除去特定例外情形，所有行政纠纷均需要首先穷尽行政救济渠道，如果是涉及行政自由裁量权的失当行政行为，其首先选择的行政救济渠道则恰好适配待解决纠纷的性质，从而及时有效地化解行政纠纷；如待解决纠纷涉及行政合法性问题，则通过前面的行政救济审理程序帮助查明了纠纷的争议焦点，这也让后面的司法救济能够更快地查明真相，从而节省有限的司法救济资源，进一步缓解了司法救济渠道

---

[1]　蒋惠岭：《司法学视角下的新行政诉讼法述评》，载《法律适用》2015 年第 2 期。

[2]　沈福俊：《论"穷尽行政救济原则"在我国之适用——我国提起行政诉讼的前置条件分析》，载《政治与法律》2004 年第 2 期。

的梗阻现象。① 正是鉴于穷尽行政救济原则在某些行政纠纷解决当中所特有的优势从而激发了笔者研究该原则的兴趣。进一步言之，穷尽行政救济原则的制度设计直接关系到我国行政纠纷解决当中行政救济方式和司法救济方式二者间的资源配置模式。当下社会结构日趋多元化，社会矛盾日趋复杂化，社会民众诉求日益个性化，行政主体在履职过程中自由裁量行为无处不在，对此美国著名行政法学家戴维斯就曾感叹道："当今社会若没有自由裁量行为的存在，单靠规则本身显然无法应对纷繁复杂的行政事务，甚至可以说自由裁量行为是激发我们政府以及法律创造性的重要来源。但自由裁量行为同时也是一把双刃剑，其既可能成为治理的工具，也可能成为伤害的凶器。"② 正是鉴于此，行政主体一方面因掌握大量的自由裁量权从而成为潜在的矛盾制造者，另一方面行政系统救济渠道却存在着严重的虚置空转现象，未能扮演好有效化解社会纠纷、分流司法救济渠道压力的角色。再加之受到以上两方面因素叠加效应的影响，最终导致所有的行政纠纷不经其他救济渠道的分流全部涌向司法救济渠道，从而让本已超负荷运转的法院系统更加积案如山，案件迟迟未决必将会损害到社会的公平正义，毕竟"迟到的正义非正义"。正是就此而言，在行政纠纷的化解当中，通过穷尽行政救济原则的制度设计逐步建立起行政救济优先，司法救济殿后的救济秩序，以此来进一步优化行政救济和司法救济二者间的资源配置模式。③ 惟其如此，才能充分发挥行政救济解决纠纷的优势，进一步清晰行政权与司法权相互之间的界限，明确司法介入纠纷解决的时机，最终实现切实保障行政相对人合法权益之目的。

第二节 国内外研究现状及存在问题

一、国内研究现状

就国内的研究现状而言，其主要集中于三个方面：第一个方面主要是对于域

---

① 胡锦光、王书成：《论穷尽法律救济原则之存在逻辑》，载《中州学刊》2008 年第 1 期。

② ［美］肯尼斯·卡尔普·戴维斯：《裁量正义——一项初步的研究》，毕洪海译，商务印书馆 2009 年版，第 27 页。

③ 江国华：《常识与理性（四）：走向综合的司法改革》，载《河南财经政法大学学报》2012 年第 2 期。

外穷尽行政救济原则的评介，诸如王名扬教授参照 1969 年麦卡特诉美国政府（McKart v. United States）这一经典判例①，深入分析了之所以采用穷尽行政救济原则的诸多理由：（1）充分利用行政主体的专业知识和自主性；（2）司法审查最终结果比全过程审查更有效率；（3）前置的行政救济为后续的司法审查提供便利；（4）促进行政系统内部的自我纠错。② 邢鸿飞教授同样是从典型性判例入手，进一步明确了适用穷尽行政救济原则的例外情形：（1）纠纷所涉及问题为纯粹法律性争端（或宪法性争端），行政渠道无法提供适当救济③；（2）行政系统救济渠道堵塞了当事人享有的程序性救济权，使得当事人行政救济不能；（3）行政主体明显超越法定授权行使职权从而使得司法救济成为可能④；（4）如果出现依照穷尽行政救济原则对当事人所造成的损失之后难以获得足额补救的情况可适用该原则的例外情形⑤；（5）行政系统内部未能对当事人的损失提供便捷高效的救济；（6）案件纠纷情况急迫惟有司法救济才能提供有效救济。⑥ 郑烁则是从历史性的视角系统梳理了美国穷尽行政救济原则的大致演变历程。其文章指出该原则在美国大致历经了建立期、发展期和转型期三个阶段。其中从 1938 年到 1946 年期间属于第一阶段，在这期间发生了两大代表性事件，其中迈尔斯诉贝斯乐亨造船公司的判例（Myers v. Bethlehem Shipbuilding Corp.）明确了适用穷尽行政救济原则的判例法依据，⑦ 而随后于 1946 颁布实施的《联邦行政程序法》则为适用该原则确立了成文法的依据。从 1947 年到 1992 年期间属于该原则发展的第二阶段，在这期间以 1969 年的麦卡特诉美国政府案（McKart v. United States）⑧ 和 1992 年的麦卡锡诉麦迪根案（McCarthy v. Madigan）最为典型⑨。自 1993 年至今为该原则的第三个发展阶段，其中以达比诉西斯内罗斯案（Darby v. Cisneros）

① 详见 McKart v. United States, 395 U. S. 185（1969）.

② 王名扬：《美国行政法》（下），中国法制出版社 2005 年版，第 646~647 页。

③ 详见 Grounds v. Tolar Indep. Sch. Dist. , 707 S. W. 2d, 889-892（1986）.

④ 详见 Westheimer Indep. Sch. Dist. v. Brockette, 567 S. W. 2d, 780-786（1978）.

⑤ 详见 Houston Fed'n of Teachers Local 2415 v. Houston Indep. Sch. Dist. , 730 S. W. 2d, 644-646（1987）.

⑥ 邢鸿飞：《论美国穷尽行政救济原则的适用例外及对我国的启示》，载《法学论坛》2014 年第 2 期。

⑦ 详见 Myers v. Bethlehem S. Corp. , 303 U. S. 43-50（1938）.

⑧ 详见 McKart v. United States, 395 U. S. 185（1969）.

⑨ 详见 McCarthy v. Madigan, 503 U. S. 140（1992）.

最为典型,① 该案标志着联邦法院系统在适用该原则审理案件的分析步骤上发生了巨大的转变。② 祝诚则详细介绍了英美法系（以美国为主）和大陆法系（以日本为主）以及我国台湾地区前置性行政复议制度设计的基本原理及其运行的现状,并在此基础上对完善我国行政复议前置制度提供了可行性的建议。③

第二个方面则是集中于穷尽行政救济原则的制度设计上,尤其关注行政救济与司法救济二者间的程序衔接方面的具体问题。诸如沈福俊教授认为,鉴于我国当前行政复议和行政诉讼二者间在审查依据、审查范围以及审查强度上存在很大的差异。因而在诸如涉及自由裁量权的案件当中纠纷当事人一旦救济途径选择错误,则很可能产生救济不能的情形。因而其建议在借鉴域外先进法治经验的基础上,在一定范围内探索实施穷尽行政救济原则,从而让那些直接通过司法救济渠道难以得到有效解决的案件首先要穷尽行政救济之后才能进入司法救济渠道。④ 林莉红教授认为,在行政救济与司法救济程序衔接的话语体系当中,"诉前程序"主要指称的便是行政复议程序。通过"诉前程序"这一名词从而直观清晰地界定了行政复议程序与行政诉讼程序二者间的相对位序关系,即行政复议程序位于行政诉讼程序之前。⑤ 石佑启教授则提出了逐步在我国司法救济制度体系当中建立成熟原则的主张,其认为,鉴于行政专业技术特长以及司法资源有限等诸多因素的制约,并非所有行政纠纷均可进入司法救济渠道当中,其中一部分案件应通过前置性的行政救济渠道来予以分流,惟有那些已经满足了成熟性原则要求的纠纷才可以进入司法救济渠道当中。为方便司法实践当中判定行政纠纷是否已经满足成熟性原则的要求,其进一步设置了判定成熟原则的实质标准和形式标准。⑥

第三个方面则是集中于穷尽行政救济原则相关配套制度的完善上。依照我国

---

① 详见 Darby v. Cisneros, 509 U. S. 137 (1993).

② 郑烁:《论美国的"穷尽行政救济原则"》,载《行政法学研究》2012 年第 3 期。

③ 祝诚:《行政复议前置问题研究》,中南民族大学法学院 2013 年硕士学位论文,第 1~2 页。

④ 沈福俊:《论"穷尽行政救济原则"在我国之适用——我国提起行政诉讼的前置条件分析》,载《政治与法律》2004 年第 2 期。

⑤ 林莉红:《行政诉讼诉前程序研究:基于行政纠纷解决机制系统化理论》,载《湖北社会科学》2013 年第 9 期。

⑥ 石佑启:《在我国行政诉讼中确立"成熟原则"的思考》,载《行政法学研究》2004 年第 1 期。

行政诉讼法的相关规定，在行政侵权行为的救济当中以行政复议和司法救济二者间的自由选择为原则，以行政复议强制前置为例外。就当前行政纠纷救济的实际情况而言，很多行政纠纷并未历经行政复议救济便直接进入行政诉讼渠道。之所以出现该情形，其中一个重要的制约因素便是当前的行政复议救济的实际效果堪忧。正是鉴于此，许多学者认为，要想穷尽行政救济原则的制度设计真正得到实施，其中一个重要的前提便是要逐步完善该原则的相关配套制度，以此来增强其在纠纷解决上的实际效果。诸如章剑生教授认为，纠纷当事人之所以选择某一救济方式，其前提预设便是通过该救济方式可以为其受损权益提供公正的救济。因而当前的行政复议救济制度之所以出现虚置空转的现象，其程序正当性不足便是其中很关键的制约因素。因而要想增强前置性行政复议救济制度的实际效果，必须要着力于行政复议救济制度的程序正当性修复，具体辅之以："改革行政复议委员会，明确禁止单方接触，积极推动复议相关资料便民公开" 等举措来增强其实效性。① 梁凤云法官针对当前不少学者大力主张的行政复议司法化的解决思路提出了自己的看法，其认为，行政复议的司法化改革并非当前避免行政复议制度虚置空转现象的最优方案，该改革建议不仅未能充分体现行政复议救济制度所特有的比较优势，而且其与我国现行法律的相关规定也是不相符的。正是鉴于此，当前行政复议救济制度的完善应该重新回归到行政系统内部自我监督的定位上来。② 王青斌副教授认为，行政复议救济制度的实际效果可运用两个指标来衡量：其一，行政复议救济案件的受理数量；其二，行政复议救济的纠错比率。因此要想尽快扭转当前行政复议救济的困境必须要从这两个方面来入手。③ 王莉研究员则是从完善行政复议意见书制度的视角入手来提升行政复议救济的实际效果，该文明确了行政复议意见书的主要适用情形：其一，行政复议救济过程中是通过其他方式来结案因此不存在所谓的行政复议决定书，而在纠纷救济的过程当中又存在其他违法行为需要纠正的情形；其二，在行政纠纷救济当中有多人与被申请救济的行政行为存在利害关系，其中部分当事人既未提出行政复议申请，同

① 章剑生：《行政复议程序的正当化修复：基于司法审查的视角》，载《江淮论坛》2010 年第 6 期。

② 梁凤云：《也谈行政复议"司法化"》，载《国家检察官学院学报》2013 年第 6 期。

③ 王青斌：《论我国行政复议委员会制度之完善》，载《行政法学研究》2013 年第 2 期。

时也未成为复议第三人，但在行政复议案件的审理过程中发现存在针对该当事人的违法行为且又无法通过行政复议决定书予以纠正的情形；其三，争议行政行为由前后紧密关联的一系列行政行为组成，而申请人仅对其中某个或某几个行政行为提出复议申请，而当事人未提出复议申请的相关行政行为同样存在需要纠正的情形。①

二、国外研究现状

就国外的研究现状而言，集中在以下四个方面：第一个方面是关于穷尽行政救济原则的缘起和演变的梳理。从历史的视角来审视穷尽行政救济原则，其在历经诸多经典判例及相关立法②的累积之后，其发展的脉络也就逐渐清晰化。比如著名行政法学家伯纳德·施瓦茨（Bernard Schwart）经过系统考证认为，1896 年的美国诉中国贸易公司案（United States v. China Trading Co.）③ 如不是第一个应用穷尽行政救济原则的案件也至少是首批应用该原则的案例之一，该判例明确指出：如果进口商与收藏者二者间的争端未经过其首先可寻求的申诉委员会的救济而在巡回法院得到审查，其将直接导致海关行政法（the Customs Administrative Act）的宏观制度设计被彻底击败，因此在获得巡回法院审查之前首先要寻求申诉委员会的救济。④随后美国最高法院在 1904 年的美国诉斯因塔克案（United States v. Sing Tuck）⑤ 当中，霍姆斯大法官再次重申了穷尽行政救济原则，其指出"法律规定的预先筛选程序必须要遵守"，⑥ 拉乌尔·伯杰教授（Raoul

---

① 王莉：《行政复议意见书制度探析——以行政复议监督功能的实现为中心》，载《浙江学刊》2012 年第 3 期。

② 关于"穷尽行政救济原则"的经典的立法规定诸如：1946 颁布实施的美国《联邦行政程序法》（*Federal Administrative Procedure Act*）第 704 条、美国统一法律委员会制定的《州示范行政程序法》（*Model State Administrative Procedure Law*，1981）第 5～107 条。参见郑烁：《论美国的"穷尽行政救济原则"》，载《行政法学研究》2012 年第 3 期；郑磊：《宪法审查的穷尽法律救济原则》，载《现代法学》2009 年第 1 期。

③ United States v. China Trading Co., 71 F. 864, 865, 866 (2d Cir. 1896).

④ Bernard Schwart, "Timing of Judicial Review—A Survey of Recent Cases", *The Administrative Law Journal* 8, 1994-1995, pp. 261-290.

⑤ United States v. Sing Tuck, 194 U. S. 161 (1904).

⑥ Bernard Schwart, "Timing of Judicial Review—A Survey of Recent Cases", *The Administrative Law Journal* 8, 1994-1995, pp. 261-290.

Berger）则认为，纠纷当事人需在穷尽行政内部救济之后才可向联邦法院提起诉讼，该原则甚至与联邦行政法的历史一样悠久。① 威廉·芬克（William Funk）教授则深入阐释了达比诉西斯内罗斯判例（Darby v. Cisneros）② 在该原则的历史发展进程当中所产生的重要变革意义，其在很大程度上推翻了之前适用穷尽行政救济原则的分析框架。③ 美国著名学者安·H. 兹古鲁尼克（Ann H. Zgrodnik）认为，达比诉西斯内罗斯案件（Darby v. Cisneros）所产生的变革意义将会对之后穷尽行政救济原则的适用产生重要的价值指引功效。④ 也正是得益于众多判例的不断发展，穷尽行政救济原则才逐步得以完善。

第二个方面集中于探究穷尽行政救济原则的内涵和外延上。诸如美国著名法学家斯蒂芬 G. 布雷耶（Stephen G. Breyer）与理查德 B. 斯图尔特（Richard B. Stewart）在分析众多适用穷尽行政救济原则案例的基础上概括得出，穷尽行政救济问题通常存在以下三种情形：（1）常规情形下的穷尽行政救济问题；（2）中间审查情形下的穷尽行政救济问题；（3）行政程序终结之后所产生的穷尽问题。⑤ 著名学者格雷戈里 J. 霍布斯（Gregory J. Hobbs）则认为，法官在适用穷尽行政救济原则当中，其关注的焦点主要集中于以下两点：（1）行政系统内部是否存在着纠纷当事人获得及时高效救济的可能性；（2）救济申请者是否故意规避行政系统内部这种可获取的救济方式。⑥罗伯特·C. 帕沃（Robert C. Power）则通过穷尽行政救济原则与案件成熟性原则二者间的比较，借此来理清该原则的内涵与外延。其结合美国乳业公司诉波格兰判例（American Dairy Inc. v. Bergland）和威廉森区域规划委员会诉约翰逊城汉密尔顿银行判例（Williamson Coutry

---

① Raoul Berger, "Exhaustion of Administrative Remedies", *The Yale Law Journal* 48, 1939, pp. 981-1006.

② Darby v. Cisneros, 509 U. S. 137 (1993).

③ William Funk, "Exhaustion of Administrative Remedies: New Dimensions Since Darby", *Pace Environmental Law Review* 18, 2000, pp. 1-4.

④ Ann H. Zgrodnik, "Darby v. Cisneros: A Codification of the Common-law Doctrine of Exhaustion Under Section 10 (c) of the Administrative Procedure Act", *Ohio Northern University Law Review* 20, 1993, pp. 367-378.

⑤ Stephen G. Breyer, Richard B. Stewart et al. *Administrative Law and Regulatory Policy: Problems, Text, and Cases* (7th edition), New York, Aspen Publishers, 2011, p. 959.

⑥ Gregory J. Hobbs, "Ripeness, Exhaustion, and Administrative Practice", *Natural Resources & Environment* 5, 1990, pp. 10-12.

Regional Planning Commision v. Hamilton Bank of Johnson City），进一步指出：穷尽行政救济原则与案件成熟性原则二者均为表征司法审查时机（timing of judicial review）的重要原则，其意义在于避免司法机关在行政行为成熟之前对其进行不当干预。在一定情形之下，案件是否已经穷尽行政救济可能成为判断案件是否成熟的一个重要条件。① 伯纳德·施瓦茨教授认为，依照美国联邦行政程序法的相关规定，只有行政主体作出的最终行政行为才适宜纳入司法救济当中。而在美国的司法实践当中，最终行政行为的判断标准通常包含以下几项：司法救济程序的介入是否会打断行政行为正常流程、行政行为是否已经终结、法律意义上的权利义务关系是否已确定、行政行为是否已经产生法律效果。②

第三个方面集中于穷尽行政救济原则在国外的现实运行状况。诸如美国著名教授肯尼斯 C. 戴维斯（Kenneth C. Davis）曾对于行政救济和司法救济渠道案件数量的分布格局作出初步的统计："美国联邦行政系统所处理纠纷的数量要远远大于联邦法院系统所处理案件的数量，二者间的比例大致为 6：1，在这其中93% 以上的行政纠纷直接通过联邦行政系统内部的纠纷解决机制得到解决，而没有涌入联邦法院系统。"③ L. 赖维乐@ 布朗（L. Neville brown）与约翰·S. 贝尔（John S. Bell）也指出，就法国行政纠纷救济的实践来看，行政机关通过善意救济和层级救济解决了大量的行政纠纷，有效避免了行政法院案件的积压。以税收纠纷为例，正是得益于行政内部救济程序的前置性过滤，每年提交到行政法庭的纠纷数量也得到了有效的控制，从最初的每年超过 50 万件锐减到现在的每年大约 8000 件。④ 从美国和法国行政纠纷救济的实际运行效果来看，通过前置的行政救济渠道救济的案件数量不仅多而且效果也十分显著，确实起到了有效化解行政纠纷，具有疏导司法救济压力的功效。此外也有一些学者从个案评介的视角来

---

① Robert C. Power, "Help is Sometimes Close at Hand: The Exhaustion Problem and the Ripeness Solution", *University of Illinois Law Review* 4, 1987, pp. 547-552.

② ［美］伯纳德·施瓦茨：《行政法》，徐炳译，群众出版社 1986 年版，第 479 页。

③ Kenneth Davis, *Administrative Law Treatise*, Boston, Little, Brown, and Co. , 1980, p. 313. 转引自郑磊：《行政司法功能研究》，郑州大学 2010 年硕士学位论文，第 2 页。

④ ［英］L. 赖维尔·布朗、约翰·S. 贝尔：《法国行政法（第 5 版）》，高秦伟、王锴译，中国人民大学出版社 2006 年版，第 161 页。

解读穷尽行政救济原则的适用情况，比如，桑娅·戈纽曼（Sonya Gidumal）则是从麦卡锡诉麦迪根案（McCarthy v. Madigan）入手，深入剖析了在关于纯粹法律性争端和宪法性争端当中穷尽行政救济原则适用的例外问题。①

第四个方面集中于穷尽行政救济原则运行的支撑理论。诸如约翰 F. 达菲（John F. Duffy）教授认为，从深层次的影响因素来考察，穷尽行政救济原则之所以首先能够在普通法国家的法治土壤当中萌芽，这在很大程度上与这些国家所实施的衡平管辖是存在很大关系的。所谓衡平救济是为纠纷当事人提供兜底性权利救济，惟有其无法充分获得法律有效救济的情形下才能获取。而穷尽行政救济原则的基本原理与其基本类似，即纠纷当事人只有在历经了能够获取的行政救济之后仍旧无法获得有效救济的情形才可以诉诸司法救济渠道的保护，借此来高效利用有限的司法救济资源，避免当事人动辄提起诉讼。② 皮特·凯恩（Peter Cane）的"决定等级"（decision-making hierarchies）理论为行政救济和司法救济二者间权限划分奠定了重要的理论基础，其认为，在行政纠纷解决过程当中，鉴于行政权与司法权二者间的差异性，行政系统内部的上下级之间皆具有大致类似的人员资质、技术经验和专业能力，他们均享有一定的自由裁量权限，均可以影响公共政策的大致走向，因而其相互之间构成了一个决定等级。在这一决定等级的序列当中，上级行政部门相较下一级别而言，其责任要求更重，其能力要求更高，自然其意愿的优先级别也就更高，下级机关自然要服从上级机关的裁断结果。而司法救济系统显然处于这一决定等级体系之外，③ 其作为权利救济机关更多的精力在于对于法律相关问题的审查，而对于行政专业知识相关的问题显然不可能如同行政机关那样聘请大量的专业技术人员对其进行严格的审查。因而在涉及行政技术的相关纠纷当中，其不能轻易推翻行政机关之前的实体性判断，通常

① Sonya Gidumal, "McCarthy v. Madigan: Exhaustion of Administrative Agency Remedies and Bivens", *The Administrative Law Journal* 7, 1993-1994, pp. 373-406.

② John F. Duffy, "Administrative Common Law in Judicial Review", *Texas Law Review* 77, 1998, pp. 113-214.

③ Cf. Peter Leyland & Terry Woods (eds.), *Administrative Law Facing the Future: Old Constraints & New Horizons*, London, Blackstone Press Limited, 1997, pp. 246-247. 转引自余凌云：《论行政复议法的修改》，载《清华法学》2013 年第 4 期。

不会直接代替行政主体作出相应行政行为。① 这不仅是司法效率使然，更是行政事务专业性使然。迈克尔·阿德勒（Michael Adler）所主张的"行政纠纷救济链条"理论认为，在行政纠纷救济当中基于各个权力职能部门之间其性质有所差异，其扮演的角色也应该有所区分。但实现不同角色之间的区分仅仅是前提，惟有充分发挥不同角色之间的比较优势从而推动不同角色之间的有序衔接才是最终目的。惟其如此，才能形成行政调处、行政复议、司法审查三个层次分明、有序分布、紧密衔接的"行政纠纷救济链条"，最终实现行政纠纷化解的效果最优。②

三、当前研究主要存在的缺憾

概览国内外关于穷尽行政救济原则的研究成果，其为本书的研究奠定了重要的基础，但前人研究成果当中也存在着诸多的缺憾。就国内关于穷尽行政救济的相关研究成果而言，其一，国内相关研究尚未摆脱西方理论的迷信，大多停留在理论译介的层面，而缺乏对我国"大信访、中诉讼、小复议"特殊国情的理论关照，拿西方的药来治中国的病，从而导致了理论嫁接上的难题。其二，国内相关研究成果同质化现象十分严重，从而导致了理论研究成果的虚假繁荣但又未能解决当前中国所面临的实际问题。比如在如何提高行政复议案件数量和质量的问题上，众多的学者均寄希望于行政复议司法化改革，尽管行政复议机关适度司法化对于增强其公信力具有一定的必要性，但一味追求行政复议的司法化改革很可能将其扭曲为另外一套行政诉讼制度，其不仅未能够充分发挥行政复议所特有的"方便快捷、方式灵活、成本低廉"③ 的制度优势，此外还有叠床架屋之嫌，很可能造成行政纠纷救济资源的浪费。其三，国内相关研究成果大多仅仅集中于穷尽行政救济原则的某一个细节，而缺乏对于该原则进行系统性研究的相关成果。比如有些学者对该原则的发展历程进行了历史性的梳理，有些学者对适用该原则

---

① 吴英姿：《司法的限度：在司法能动与司法克制之间》，载《法学研究》2009 年第 5 期。

② Michael Adler，"Tribunal Reform：Proportionate Dispute Resolution and the Pursuit of Administrative Justice"，*Modern Law Review* 69，2006，pp. 958-985.

③ 方军：《论中国行政复议的观念更新和制度重构》，载《环球法律评论》2004 年第 1 期。

的例外情形进行了深入的探讨，但不难发现前人研究成果当中大多集中于该原则的某一点，而缺乏整体性、系统性的研究成果。其四，国内相关研究成果存在着两极化倾向，或者存在过度实用主义的倾向，或者热衷于书斋里的纯理论建构。就前一种倾向而言，学者们更多是从实用主义的角度来进行对策研究，而鲜有学者深入挖掘穷尽行政救济原则背后的法理支撑。诚然在当前行政调解久拖不决、行政复议严重虚置的情形下，如何提高行政纠纷救济实际效果的对策性研究非常必要。但不可否认正是由于在研究当中缺乏法理基础的支撑，从而导致诸多学者所提出的对策陷入了理论的误区，其直接导致学者所提出的对策看上去很美但在实际操作中却很难落地的怪象。而对于后一种倾向而言，国内的许多学者痴迷于书斋里的纯理论建构，而缺乏那种对于行政纠纷的个案解读或者实证性的研究成果。而我国之所以缺乏实证性研究成果，其原因有两个方面：一方面是由于我国当前法学研究当中缺乏实证研究或案例分析的学术氛围，主流学者更多地关注宏观性的理论建构；另一方面则是由于我国当前的行政纠纷解决过程中各类案件信息的公开程度不高，各级政府以及法院系统均对相关数据严格保密，各类研究人员很难便利地获取到关于行政纠纷化解的相关数据，这也在一定程度上限制了实证性的研究成果。

就国外关于穷尽行政救济原则的相关研究成果而言，其缺憾主要存在以下几个方面：其一，国外法治传统的特殊性从而导致相关研究成果借鉴上的复杂性。鉴于英美法系国家的判例法传统，其关于穷尽行政救济原则的研究主要集中于个案性的判例解读或者经典性判例的历史性梳理，尽管其对于我国完善穷尽行政救济原则的制度设计具有一定的参考价值，但我国属于成文法国家，二者在法律适用方面存在诸多差异，这也就进一步加剧了我国借鉴国外相关经验的难度。其二，国外研究方法上的特殊性从而带来理论嫁接难题。国外关于穷尽行政救济原则的研究当中崇尚实证性研究，这一方面为我们未来的研究视角提供了重要的指引，但同时也为我们穷尽行政救济原则经验的借鉴造成了一定的障碍，毕竟实证性研究当中要更多地关注表象数据背后所隐藏的文化传统、政治体制、经济发展程度、法治文明程度等诸多前提性背景。即使大致类似的实证数据，若其前提性背景存在差异，很可能会得出不同的结论。正是鉴于此，国外关于穷尽行政救济原则的相关经验很难放之四海皆准，这自然也就对于我们穷尽行政救济原则的借鉴提出了更高的要求，必须要批判性继承而非全盘拿来。诸如美国在 1993 年达比诉西斯内罗斯案（Darby v. Cisneros）之前实行严格意义上的穷尽行政救济，因而在这样的大背景之下就需要通过经典判例等形式来进一步明确穷尽行政救济原则适用的例外情形，从而来实现行政纠纷救济当中实质正义的目标。而我国当前行政纠纷救济当中则是以行政复议（行政救济）和司法救济二者间的自由选择为原则，以行政复议（行政救济）强制前置为例外，在这样的大背景之下国外判例所确立的穷尽行政救济原则适用的例外情形似乎没有普适性的借鉴意义。其三，国外语言文化的多元性从而导致相关知识信息获取上的倾斜性。鉴于笔者专业知识结构以及外语水平的原因，笔者对于英美法系国家穷尽行政救济理论给予了更多的关注，而本书当中大陆法系国家关于穷尽行政救济理论的相关经验更多的是来自于零星的二手资料，这一客观现实也在一定程度上影响了笔者对于国外穷尽行政救济理论发展态势的全面把握。

第三节　研究方法与研究思路

一、研究方法

就研究方法而言，本书在宏观上采用系统论的研究方法，该方法为穷尽行政救济原则的研究提供了整体性的分析思维和层次性的探究视角。在系统理论的指导下，本书主要围绕穷尽行政救济原则的基本内涵分析、该原则的历史演变考察、该原则的法理基础探究、该原则的具体适用、该原则的中国范式这一顺序依次展开。本书在微观上采用的研究方法主要包括同类比较分析、模型框架解读、文本规范分析、实证数据调研、典型案例解读的研究方法。具体而言，在研究穷尽行政救济原则与相近原则的关系当中使用了同类比对的方法，从而便于理清该原则的基本内涵和外延；在研究行政纠纷不同阶段分别适用不同解纷手段时采用了模型框架解读的方法，从而便于纠纷当事人选择最为恰当的纠纷解决手段；在研究我国穷尽行政救济原则的立法现状时运用了文本规范分析的方法，从而进一步明确了研究所立足的法律大前提。在研究我国穷尽行政救济原则在实践中存在的问题时则运用了实证数据分析的方法，从而进一步增强了说理的客观性。在研究域外穷尽行政救济原则演变历史的过程当中则运用了典型案例解读的方法，从而系统梳理了各个经典案例在该原则历史演进过程当中所扮演的助推功效。总而言之，笔者之所以会选定以上的研究方法并非基于一时的学术冲动，而是立足于问题研究的客观现状，综合考虑研究对象特质，服务于既定研究目标，秉持学术探索追求而作出的最佳选择。①

二、研究思路

就研究思路而言，本书主要围绕以下几个层次依次展开：

其一，穷尽行政救济原则的研究现状。其主要回答了穷尽行政救济原则在国内外的研究进展，这也是进一步展开研究穷尽行政救济原则的立足点。为此，本章开门见山直接提出为什么研究穷尽行政救济原则这一命题。在此基础之上，系统分析了关于穷尽行政救济原则国内和国外的研究现状以及当前研究中存在的诸多缺憾。此外，还进一步介绍了本书在研究中所采用的研究方法以及总体研究思路。

其二，穷尽行政救济原则的基本内涵。其主要回答了穷尽行政救济原则是什么的问题，这也是穷尽行政救济原则研究当中首先要回答的问题。为此，本书当中首先分析了穷尽行政救济情形的判断主体，解决了由谁来判定行政救济是否穷尽的问题。在此基础之上，又进一步分析了穷尽行政救济情形的基本类型，解决了穷尽行政救济原则类型化判定的问题。随后，本书通过穷尽行政救济原则与相近原则的比较，清晰界定了穷尽行政救济原则的内涵边界，最后本书通过系统梳理穷尽行政救济原则基本功能从而深入剖析了该原则在行政纠纷救济当中所扮演的多重角色。

其三，穷尽行政救济原则的历史演变。其主要回答了穷尽行政救济原则是如何演变的问题，这也是展开下文研究的重要背景性知识。从历史的视角来看，穷

---

① 韩春晖：《现代公法救济机制的整合：以统一公法学为研究进路》，北京大学出版社2009年版，第7页。

尽行政救济原则在历经诸多经典判例①及相关立法②的累积之后，其发展的脉络也逐渐清晰化，该原则在发展过程当中大致经历了三个标志性的阶段：第一个阶段是其探索期，以 1896 年的美国诉中国贸易公司案（United States v. China Trading Co.）为起点，以 1946 年制定的《联邦行政程序法》为终点，该阶段初步确立了穷尽行政救济的原则。第二个阶段是其发展期，该阶段从 1947 年持续到 1992 年，其最为明显的特征表现为其规范内涵更加清晰，其适用边界（适用的例外情形）更加明朗。第三个阶段是其成熟期，主要以 1993 年的达比诉西斯内罗斯案（Darby v. Cisneros）为分界点，其实现了适用穷尽行政救济原则分析框架的巨大转型。③

其四，穷尽行政救济原则的法理基础。其主要回答了在行政纠纷救济当中为什么要适用穷尽行政救济原则的问题，从法理学视角来看，权力分立理论、行政自制理论以及司法有限理论分别从不同的视角来证成了穷尽行政救济原则适用的必要性和可行性。首先从权力分立的视角来看，不同国家权力之间性质有所差异，其所扮演的功能自然也就不同。而穷尽行政救济原则所创设的制度设计正是通过行政权和司法权二者间的合作博弈从而进一步明确了行政纠纷解决当中的不同救济渠道之间的先后位序问题。其次从行政自制的视角来看，穷尽行政救济原则所创设的行政救济优先、司法救济殿后的救济位序旨在于充分激活行政系统内部的专业技术优势和救济效率优势，从而实现控制行政权力滥用，维持行政秩序有序运行之目的。最后从司法有限的视角来看，正是鉴于司法救济其受案范围有限性、其审查强度有限性、其判决功能有限性、其裁判依据有限性、其救济资源

---

① 关于"穷尽行政救济原则"的经典的案例诸如：1938 年的迈尔思诉贝思勒亨案（Myers v. Bethlehem Ship Building Corp.）、1969 年的麦卡特诉美国政府案（McKart v. United States）、1992 年的麦卡锡诉麦迪根案（McCarthy v. Madigan）、1993 年的达比诉西斯内罗斯案（Darby v. Cisneros）。详见郑烁：《论美国的"穷尽行政救济原则"》，载《行政法学研究》2012 年第 3 期。

② 关于"穷尽行政救济原则"的经典的立法规定诸如：1946 颁布实施的美国《联邦行政程序法》（Federal Administrative Procedure Act）第 704 条、美国统一法律委员会制定的《州示范行政程序法》（Model State Administrative Procedure Law，1981）第 5~107 条。参见郑烁：《论美国的"穷尽行政救济原则"》，载《行政法学研究》2012 年第 3 期；郑磊：《宪法审查的穷尽法律救济原则》，载《现代法学》2009 年第 1 期。

③ 郑烁：《论美国的"穷尽行政救济原则"》，载《行政法学研究》2012 年第 3 期。

有限性等诸多方面的制约，因而司法权在介入行政纠纷解决过程当中，其介入的广度和深度必须要保持协调有所克制。而穷尽行政救济原则所创设的制度设计则恰恰暗合了这一趋势，其既不会损害行政事务之效率，又保证了司法的最终性救济。①

其五，穷尽行政救济原则的具体适用。其主要回答了穷尽行政救济原则在具体的行政纠纷解决当中如何适用的问题。首先，就其适用的基本条件而言，行政纠纷救济当中救济模式要与纠纷特质相契合，公正价值与效率价值要相互平衡，司法有限理念和司法最终的理念要相互协调。其次，就穷尽行政救济原则的具体适用而言，行政纠纷依照其发展阶段，大致历经了行政纠纷的萌芽期、行政纠纷的公开期、行政纠纷的升级期三个阶段。行政纠纷解决当中，在充分考虑纠纷发展阶段的基础之上，通过各种救济渠道之间的良性有序竞争，逐步形成调解救济优先，行政救济紧随其后，司法救济殿后的纠纷救济优先等级，最终实现各种救济资源的有序配置。再次，就该原则适用的制约因素而言，在行政纠纷救济过程当中，当事人穷尽行政救济的难度，司法与行政解决争议的成本效益情况，纠纷救济依赖行政事实的程度，纠纷解决运用专业知识的程度等诸多要素均会制约穷尽行政救济原则的适用。最后，要在综合考量各种救济资源优化配置的基础上适当确立穷尽行政救济原则适用的例外情形。

其六，穷尽行政救济原则的中国范式。其主要回答了源自国外的穷尽行政救济原则如何实现中国化的问题。首先就我国行政救济前置的历史流变而言，其大致历经了曲折探索期（1910—1977）、恢复发展期（1978—1988）、规范成熟期（1989年至今）三个阶段。其次就探索穷尽行政救济原则中国范式的可行性而言，社会文化传统为穷尽行政救济原则奠定了文化根基；"ADR理论"的勃兴为穷尽行政救济原则奠定了理论根基；法治政府理念为穷尽行政救济原则奠定了政治根基；司法改革实践为穷尽行政救济原则奠定了法制根基。再次就穷尽行政救济原则中国化的基本样态而言，其主要存在常规类型的行政复议前置、行政复议之后的选择终局类型、行政复议终局类型这三种类型。然后就探索穷尽行政救济原则中国范式过程中所存在的问题而言，其主要存在行政复议前置体系庞杂、行政救济前置机制实际效果堪忧、行政与司法救济衔接不畅、行政救济终局范围过

---

① 章剑生：《现代行政法基本原则之重构》，载《中国法学》2003年第3期。

宽等诸多问题。最后就未来完善穷尽行政救济原则中国范式的对策而言，主要包括整合行政救济前置体系、激发行政复议的内在活力、优化行政救济和司法救济的衔接、缩限行政救济终局的范围等一系列的举措。

第二章　穷尽行政救济原则的内涵分析

"穷尽行政救济原则的内涵分析"主要回答了穷尽行政救济原则是什么的问题，这也是穷尽行政救济原则研究当中首先要回答的问题。为此，首先需要分析穷尽行政救济情形的判断主体，明确由谁来判定行政救济是否穷尽的问题。在此基础之上，还需要进一步分析穷尽行政救济情形的基本类型，解决穷尽行政救济原则的类型化判定问题。随后，还需要通过穷尽行政救济原则与相近原则的比较，进而清晰界定穷尽行政救济原则的内涵边界问题。最后通过系统梳理穷尽行政救济原则基本功能从而深入剖析该原则在行政纠纷救济当中所扮演的多重角色。

第一节　穷尽行政救济情形的判断主体[①]

在运用穷尽行政救济原则解决行政纠纷过程当中，一个绕不开的话题便是对于"穷尽"内涵之理解。申言之，鉴于其专业能力及关注重心的差异，纠纷解决过程中不同参与主体对于"穷尽情形"的理解也是千差万变。这当中就既包含了纠纷双方当事人所理解的穷尽，也包含了案件裁断者所理解的穷尽，依照一定的排列组合，其大致可以分为以下四种情形。

一、判定主体的第一种排列组合情形

行政纠纷双方当事人均主张纠纷解决过程当中已经穷尽了行政救济渠道，同

---

①　在关于"穷尽情形"的判断主体的分析论证过程当中，本书参考借鉴了胡锦光教授和王书成博士的分析思路，但在结论上与其存在诸多分歧。胡锦光、王书成：《穷尽法律救济之规范分析》，载《江汉大学学报（社会科学版）》2008年第2期。

时案件裁断者也认可纠纷当事人已经穷尽了行政救济渠道（见图2-1）。在此类情形之下，纠纷解决过程中各参与主体在是否已经穷尽行政救济的问题上已达成共识。如行政纠纷当事人认可之前行政救济的结果，则纠纷解决程序到此终止，纠纷得以化解。如行政纠纷当事人不认可之前的行政救济结果，则需要进入下一阶段的司法救济程序当中。①

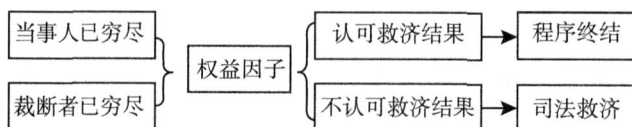

图2-1　穷尽行政救济情形判定主体的第一种排列组合

二、判定主体的第二种排列组合情形

行政纠纷双方当事人均主张纠纷解决程序中已经穷尽了行政救济渠道，而案件的裁断者认为其尚未穷尽行政救济（见图2-2）。这种情形之下纠纷解决过程中各参与主体在是否已穷经行政救济的问题上未达成共识。这时就需要征询纠纷当事人对于先前行政救济的看法，若其认可之前行政救济的看法，则行政纠纷解决过程到此终结。若纠纷当事人不认可之前的行政救济结果，此时就需要进入下一层次的判断，该纠纷是否属于无须穷尽行政救济的例外情形。如其属于无须穷尽行政救济的例外情形之范畴，则视同为已经穷尽行政救济渠道。如果其不属于例外情形的范畴，则属于尚未穷尽行政救济，裁断者则有权驳回纠纷当事人寻求司法救济之主张。②

三、判定主体的第三种排列组合情形

纠纷双方当事人中任何一方主张尚未穷尽行政救济，同时案件裁断者也认为其尚未穷尽行政救济（见图2-3）。在这种情形之下，如果纠纷当事人认为其权

---

① 胡锦光、王书成：《穷尽法律救济之规范分析》，载《江汉大学学报（社会科学版）》2008年第2期。

② 胡锦光、王书成：《穷尽法律救济之规范分析》，载《江汉大学学报（社会科学版）》2008年第2期。

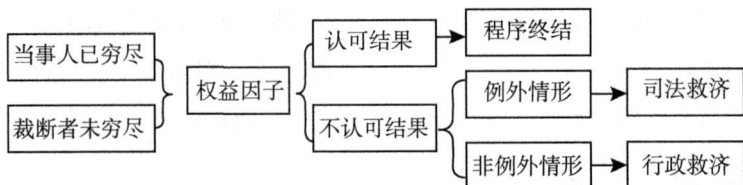

图 2-2　穷尽行政救济情形判定主体的第二种排列组合

益已得到有效救济，则纠纷裁断过程结束，无须再穷尽其他行政救济方式。如果纠纷当事人认为其权益尚未得到有效救济，则需要进一步分析其是否属于例外情形，如符合例外情形的要求，则可进入司法救济渠道。如不符合例外情形的要求，则需要进一步穷尽其他行政救济方式。①

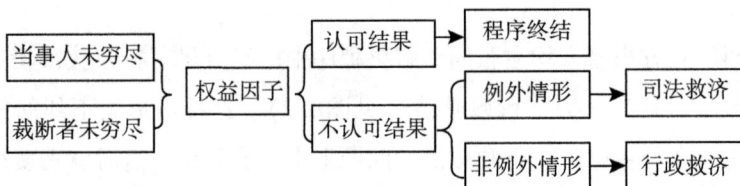

图 2-3　穷尽行政救济情形判定主体的第三种排列组合

四、判定主体的第四种排列组合情形

纠纷双方当事人中任何一方主张尚未穷尽行政救济，而案件裁断者认为其已经穷尽行政救济（见图 2-4）。在这种情形之中，出于理性经济人的前提预设，当事人通过列举证据主张其尚未穷尽行政救济方式，这说明了其对于行政救济渠道的个人偏好，其只要不与现有法律法规存在冲突则可认定其属于尚未穷尽行政救济的情形。在这种情形之下，如果纠纷当事人认为其权益已得到有效救济，则纠纷裁断过程结束，无须再穷尽其他行政救济方式。如果纠纷当事人认为其权益尚未得到有效救济，则需要进一步分析其是否属于例外情形，如符合例外情形的

①　胡锦光、王书成：《穷尽法律救济之规范分析》，载《江汉大学学报（社会科学版）》2008 年第 2 期。

要求，则可进入司法外部救济渠道。如不符合例外情形的要求，则需要进一步穷尽其他行政救济方式，而对于其因为穷尽其他行政救济方式所产生的成本要纠纷当事人自行负担。①

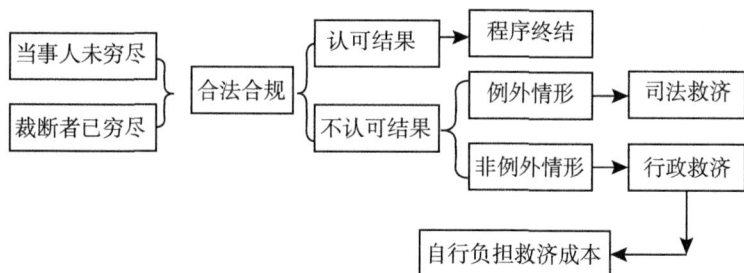

图 2-4 穷尽行政救济情形判定主体的第四种排列组合

第二节 穷尽行政救济情形的类型化判定②

上文我们已详细分析了穷尽情形判断主体的问题，但这仅仅是理解穷尽行政救济原则的第一步。随后，我们还需要进一步去判断当事人是否已经穷尽行政救济的问题。在该过程当中我们需要对于是否穷尽行政救济的情形做进一步的类型化分析。通常而言，依照争诉对象构成要素情况的差异，其不仅包括了单一型行政纠纷穷尽行政救济模型和复合型行政纠纷穷尽行政救济模型。

一、单一型行政纠纷穷尽行政救济模式

单一型行政纠纷穷尽型行政救济模式主要有以下几种表现类型（见图 2-5）：

其一，已穷尽行政救济的情形。所谓已穷尽行政救济的情形主要是指纠纷当事人依照相关法律的要求已完整经历其中主要的行政救济程序，比如行政复议程

---

① 胡锦光、王书成：《穷尽法律救济之规范分析》，载《江汉大学学报（社会科学版）》2008 年第 2 期。

② 在穷尽情形的类型化分析过程当中，本书参考借鉴了郑磊副教授的分析思路，特此致谢！郑磊：《宪法审查的穷尽法律救济原则》，载《现代法学》2009 年第 1 期。

```
                      ┌──────────────┐        ┌────────────────────────┐
                      │  已穷尽救济   │────────│    已完整经历救济程序      │
                      └──────────────┘        └────────────────────────┘
                                              ┌────────────────────────┐
                                              │   法定期限内既未拒绝亦未受理  │
┌──────────┐          ┌──────────────┐        └────────────────────────┘
│          │          │              │        ┌────────────────────────┐
│  穷尽情形 │──────────│  视为穷尽救济  │────────│     超期未做裁断          │
│  常见类型 │          │              │        └────────────────────────┘
│          │          └──────────────┘        ┌────────────────────────┐
└──────────┘                                  │ 行政主体怠于行使通知义务从而导致救济不能 │
                                              └────────────────────────┘
                                              ┌────────────────────────┐
                                              │    直接越过救济程序        │
                      ┌──────────────┐        └────────────────────────┘
                      │              │        ┌────────────────────────┐
                      │  未穷尽救济   │────────│  申请人自身原因导致形式要件欠缺  │
                      │              │        └────────────────────────┘
                      └──────────────┘        ┌────────────────────────┐
                                              │  自身原因导致未完整走完救济程序  │
                                              └────────────────────────┘
```

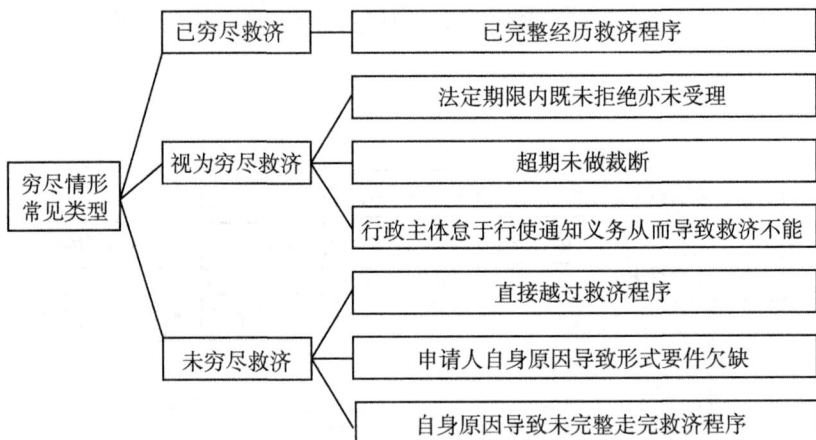

图 2-5 单一型行政纠纷穷尽行政救济常见类型图示

序。当然需要指出的是穷尽行政救济程序其所涉及的是一个"宏观性综合性的概念"①,其属于一种"实体性判断"②。此外若依照法律规定当事人存在几种行政救济程序可供选择时,为避免无形中加重纠纷当事人的额外负担,其无须历经所有的行政救济程序,而仅需历经法律法规明确规定的主要行政救济程序即可。③

其二,未穷尽行政救济的情形。所谓未穷尽行政救济的情形主要是指在行政纠纷解决当中为促进行政救济资源的优化配置,依照相关法律的规定纠纷当事人在寻求司法救济之前应首先穷尽可获取的行政救济,但因纠纷当事人自身的原因而导致其未能完整历经法律法规明确规定的主要行政救济程序的情形。其又可以进一步细化为以下几类情形:(1)依照行政纠纷所发生的时空场景,纠纷当事人本可以通过现有的行政救济渠道获取相应的救济,而其却在未提供合理正当理由

---

① 所谓宏观性综合性的概念主要是指那些合法合规的行政救济程序,而那些缺乏法律法规依据或依据不够明确的行政救济程序并未包含其中。韩大元:《简论"权利救济程序穷尽"原则的功能与界限》,载《南阳师范学院学报》2007 年第 5 期。

② 所谓实体性判断主要是指那些已经涉及实体性权利判断的的行政救济程序,而那些因形式要件缺乏而未能进入实体性权利判断的行政救济程序并未包含其中。韩大元:《简论"权利救济程序穷尽"原则的功能与界限》,载《南阳师范学院学报》2007 年第 5 期。

③ 韩大元:《简论"权利救济程序穷尽"原则的功能与界限》,载《南阳师范学院学报》2007 年第 5 期。

的情况下直接跨越过行政救济渠道进入司法救济渠道的情形。（2）行政纠纷当事人由于自身的原因导致在寻求行政救济过程当中因为其不符合行政救济形式要件的基本要求未能进入实体权利审理程序所导致的穷尽行政救济不充分的情形，此类情形当中既包括纠纷当事人主动乱作为的情形，比如其在申请行政救济过程当中提供明显虚假或不相关的证据从而导致未能进入行政救济程序；也包括纠纷当事人消极不作为的情形，比如无视行政救济程序的时限规定，超期怠于行使行政救济权利，从而导致未能进入行政救济程序。（3）待决纠纷进入行政救济渠道之后由于纠纷当事人自身的原因从而导致行政系统主要救济程序未能完整走完的情形。[1] 比如在行政纠纷实体审理程序开始之前纠纷当事人主动撤回行政救济申请，从而导致行政救济程序被迫中断的情形。

其三，视为已穷尽行政救济的情形。所谓视为已穷尽行政救济的情形则处于之前两种情形的中间地带，其是指在穷尽行政救济的推进过程当中，因纠纷当事人之外的客观原因而导致未能穷尽法律规定的主要行政救济程序的相关情形。这种情形又可以进一步细化为以下几类：（1）纠纷当事人依照法律规定程序寻求行政救济，纠纷裁断机关在法定时限范围之内既未拒绝受理同时又未明确受理，从而导致纠纷当事人寻求行政救济不能，此时为避免纠纷久拖不决可能对纠纷当事人造成的额外损失以及可能因此而导致的矛盾传染激化效应，该情形通常视为纠纷当事人已穷尽行政救济。（2）纠纷当事人依照相关法律规定程序寻求行政救济，纠纷裁决机关在受理之后已超过法定时限要求尚未作出相应裁断的情形，此时为避免争议权利长期处于不确定状态对社会秩序所造成的冲击，该情形通常视为纠纷当事人已穷尽行政救济。[2]（3）因行政机关的先行行为导致纠纷当事人的合法权利无法通过行政救济渠道获得有效救济。诸如依照相关法律法规的规定，行政机关在颁布出台某项抽象性的行政规范之前本应通过征求社会民众意义或行政听证的形式来为可能的利益相关当事人提供必要的申辩救济机会，但由于其怠于行使通知义务，从而导致可能与之利益相关的行政相对人无法通过行政救济渠道来获得救济机会。在这种情形之下通常也视作行政相对人已穷尽行政救济的情形，其以路易斯安那州生态中心诉科尔曼案件（Ecology Center of Louisiana v.

---

① 郑磊：《宪法审查的穷尽法律救济原则》，载《现代法学》2009 年第 1 期。
② 郑磊：《宪法审查的穷尽法律救济原则》，载《现代法学》2009 年第 1 期。

Coleman）最为典型。①

二、复合型行政纠纷穷尽行政救济模式

当然上文所分析的关于穷尽行政救济情形的常见类型仅是一种理想化状态下的单一型行政纠纷穷尽行政救济模型的分析，在现实场景下行政纠纷解决过程中，其很可能会涉及融合众多单一型行政纠纷的复合型行政纠纷穷尽型行政救济模型的分析。通常而言复合型行政纠纷穷尽型行政救济模型主要包括以下五种常见类型（见图2-6）：其一，涉及同一纠纷当事人多项不同诉求等待解决的情形，在此种情形之下需要逐一判断各项不同诉求是否已经全部穷尽行政救济；其二，在纠纷当事人某一项诉求解决过程当中也可能要涉及多方面的事实法律问题等待解决的情形，在此类情形之下需要逐一判断不同方面的事实法律争议问题是否已经穷尽行政救济；其三，多个不同纠纷当事人提出类似行政纠纷救济诉求的情形，在此类情形之下需要仔细审视不同法律关系场景当中同类救济诉求是否已经穷尽行政救济；其四，多个不同纠纷当事人所提出的不同的行政纠纷救济诉求的情形，在此类情形之下需要分别审视各种救济的诉求是否已经全部穷尽行政救

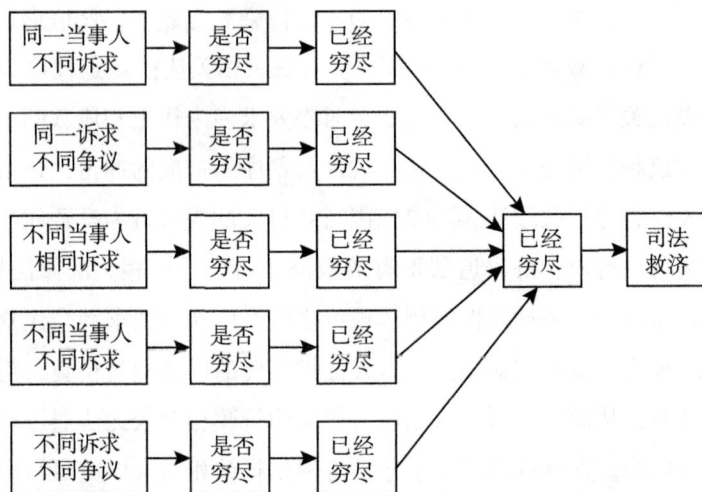

图2-6 复合型行政纠纷穷尽行政救济常见类型图示

① Cology Center of Louisiana v. Coleman，515F. 2d 860（5thCir. 1975）. 转引自郑磊：《宪法审查的穷尽法律救济原则》，载《现代法学》2009年第1期。

济；其五，对于纠纷当事人所提出的不同救济诉求当中所包含的不同方面的事实法律问题等待解决的情形，在此类情形之下需要逐一判断不同救济诉求当中不同方面的事实法律争议问题是否已经穷尽行政救济。从行政救济的理论来看，惟有行政救济程序的各个环节均符合穷尽行政救济的相关要求的相关争议才可进入下一步的司法审查救济程序当中。①

第三节　穷尽行政救济原则与相近原则的比较

"一切认识、知识均可溯源于比较。"立基于此，我们正是通过对穷尽行政救济原则与案件成熟性原则、首先管辖权原则、司法歉抑性原则、穷尽法律救济原则这几个类似原则的比较分析当中从而帮助我们深入地挖掘穷尽行政救济原则的基本内涵和外延。

一、穷尽行政救济原则与案件成熟原则②

所谓案件成熟性原则（the Ripeness Principle）最早是由美国最高法院在艾博特制药厂诉加德纳案件（Abbott Laboratories v. Gardner）当中所确立的一个司法审查的程序性原则，③依照该原则的基本要求，"当事人向法院系统提起救济申请所指向的行政行为必须要在对行政相对人产生了实际性的不利影响且适宜接受法院管辖之时才能接受法院的审判裁断"。④申言之，该原则通常包含了实质性要件和形式性要件这两大要素。就其实质性要件而言，即当事人向法院提起救济申请所指向的行政行为是否对当事人产生了实际性的不利影响，惟有满足此要件，被当事人所指控的行政行为才有可能进入法院司法审查的视野当中。之所以要满足该要件，一方面是鉴于司法救济资源有限性等条件制约，有限的司法资源

①　在复合型行政纠纷穷尽型行政救济模型的分析当中借鉴了郑磊副教授的分析思路，但本书分类与郑磊副教授的分类有所别不同，分类更加具体细化。郑磊：《宪法审查的穷尽法律救济原则》，载《现代法学》2009年第1期。

②　Gregory J. Hobbs, "Ripeness, Exhaustion, and Administrative Practice", *Natural Resources & Environment* 5, 1990, pp. 10-12.

③　[美]伯纳德·施瓦茨：《行政法》，徐炳译，群众出版社1986年版，第478~479页。

④　姜明安主编：《外国行政法教程》，法律出版社1993年版，第301页。

要优先去救济那些对纠纷当事人产生实际影响的行政行为，而对于是否可以提起未对自己产生实际性影响的公益类诉讼则需视当时国家司法资源的供给现状而定；另一方面则是由于司法救济的宗旨在于弥补行政行为对当事人权益之侵损，如未对当事人产生实际性的权益侵损，则不具备启动司法救济的前提性要件。①同时也只有那些自身合法权益受到行政行为实际性影响的当事人才最有动力和条件提供丰富翔实的证据材料来证成所申请行政行为的违法性和失当性。就其形式性要件而言，即当事人向法院提起救济申请所指向的行政行为是否行政主体所作出的最终性决定。通常而言，行政主体作出某项行政行为要经历一系列的过程，司法审查机关出于对行政权尊重的必要，在其行政行为尚未历经整个行政流程作出最终性决定之前一般不轻易干涉。具体而言，该形式要件历经众多判例的累积效应而逐步类型化为以下几种常见情形：其一，若行政主体历经众多流程已经向行政相对人作出了一个肯定性或否定性的决定，且已告知特定的行政相对人，则其属于最终性决定；其二，若行政主体虽遗漏了某些行政流程，但已经向行政相对人作出了一个肯定性或否定性的决定且已告知特定的行政相对人，或已经运用非正式程序对行政相对人采取了紧急措施则其属于最终性决定，而其中某些行政程序的遗漏则构成判定该行政行为违法的构成要件；其三，若行政主体在履行行政职责的过程中所作出的预备性、中间性和程序性的行政决定，则其不属于最终性行政决定，而在作出最终性行政决定的过程中行政主体所作出的与其相关的独立性、实体性的行政决定则属于最后性行政决定；其四，行政相对人依法申请行政主体履行其法定职责，行政主体迟延拖沓，在法定时限范围之内既未拒绝受理同时又未明确受理或者在受理之后已超过法定时限要求尚未作出相应裁断，此时为避免因行政主体不作为而导致争议权利长期处于不确定状态对社会秩序所造成的冲击，自法定期限届满之日则推定行政主体已作出最终决定（当然推定行政主体作出何种结果要根据案件的具体情况和法律具体条款而定）。②

---

① 石佑启：《在我国行政诉讼中确立"成熟原则"的思考》，载《行政法学研究》2004年第1期。

② 石佑启：《在我国行政诉讼中确立"成熟原则"的思考》，载《行政法学研究》2004年第1期。

就穷尽行政救济原则与案件成熟性原则两者间的联系而言，① 主要表征为以下几个层面：其一，两者均为表征司法审查时机（timing of judicial review）的重要原则。依照前文关于穷尽行政救济原则和案件成熟性原则的基本内涵来看，两者的核心意义均在于防止司法判断权对于行政执行权的过度干涉，因此行政行为必须要发展到特定的时刻才适宜接受司法审查。② 如在美国乳业公司诉波格兰案件（American Dairy Inc. v. Bergland）的裁断当中法院曾指出："穷尽行政救济原则和案件成熟性原则两者均为了避免司法机关在行政行为成熟之前对其进行不当干预。"③ 其二，一定情形之下，案件是否已经穷尽行政救济可能成为判断案件是否成熟的一个重要条件。为充分发挥行政救济的资源优势，有些案件必须要在穷尽行政救济之后才可以寻求司法救济。在此类情形当中，案件尚未穷尽行政救济则属于尚未成熟到适宜司法救济的介入，从而构成了认定不符合司法审查成熟性原则的重要判断条件。如在威廉森区域规划委员会诉约翰逊城汉密尔顿银行案件当中（Williamson Coutry Regional Planning Commision v. Hamilton Bank of Johnson City），美国最高法院即以原告并未首先运用州的行政赔偿程序而直接通过司法救济程序来寻求救济为理由而认定该案件尚未成熟，不适宜直接进入司法审查程序。④ 此外，肖温格特诉通用动力公司案（Schowengerdt v. General Dynamics Corp）⑤ 以及凯伊希安诉大学评议委员会案⑥均把案件是否已经穷尽行政救济来作为判断案件是否已经成熟的一个重要条件。其三，二者间的价值宗旨大致相同。两大原则其价值宗旨当中均包含了合理分配行政机关和司法机关之间的国家权力资源，避免造成资源无谓浪费的精神内涵。即通过推迟司法救济介入行政纠

---

①　关于两者间的详细比较可参见祁菲：《论美国法上的成熟原则》，山东大学法学院2010 年硕士学位论文，第 22~26 页。

②　蔡乐渭：《行政诉讼中的成熟性原则研究》，载《西南政法大学学报》2005 年第 5期。

③　American Dairy, Inc. v. Bergland, 627 F. 2d 1252, 1260-1261（D. C. Cir. 1980）.Robert C. Power, "Help is Sometimes Close at Hand: The Exhaustion Problem and the Ripeness Solution", *University of Illinois Law Review* 4, 1987, pp. 547, 612.

④　Robert C. Power, "Help is Sometimes Close at Hand: The Exhaustion Problem and the Ripeness Solution", *University of Illinois Law Review* 4, 1987, pp. 547, 551.

⑤　Schowengerdt v. General Dynamics Corp, 823 F. 2d 1328, 1341 (9th Cir. 1987).

⑥　关于该案的详细案情可参见［美］J. P. 伯恩：《关于学术自由的几个判例和争论》，凡人译，石英校，载《环球法律评论》1990 年第 6 期。

纷的时间，仅当案件历经行政救济之后仍无效再进入司法救济，让行政纠纷能够以更加具体化且以最终的形式出现，从而将有限的司法救济资源主要集中于那些已经足够成熟的案件当中，以此避免司法救济过早进入。两大原则间价值内涵的类似从以下案件的裁断意见中均有所体现，如安瑞德诉劳拉案（Andrade v. Lauer）①、艾伯特制药厂诉加德纳案（Abbott Lab. v. Gardner）②、大陆航空公司诉民用航空委员会案（Continental Air Lines v. Civil Aeronautics Bd.）③、罗森塔尔公司诉商品期货交易委员会案（Rosenthal Co. v. Commodity Futures Trading Commmission）④。

就穷尽行政救济原则与案件成熟性原则两者间的区别而言，其主要表征为以下几个层面：其一，两者所关注的侧重点有所不同。就穷尽行政救济原则而言，其最主要关注的是所申请救济的行政行为与外在救济程序之间的关系问题，即当事人申请救济的行政行为在可能取得行政救济之前不得请求司法救济，从而避免司法权对于行政权的不当干预。而就案件成熟性原则而言，其最主要关注的是行政行为自身的发展阶段问题，即当事人寻求救济的行政行为是否已经是最终性的行政决定且给当事人造成实际性的不利影响，惟有行政行为已发展到这一阶段才适宜进入司法救济程序。⑤ 其二，两者的判断标准有所不同。就穷尽行政救济原则而言，其判断标准为行政救济程序是否已经履行完毕，惟有完成此要件司法救济才有可能进一步展开。而就案件成熟性原则而言，其判断标准为申请救济的行政行为是否已经符合其所要求的形式要件和实质要件，而不限行政救济是否已履行完毕。其三，两者适用的场景有所不同。穷尽行政救济原则主要在解决行政救

---

① Andrade v. Lauer, 729 F. 2d 1475, 1484（D. C. Cir. 1984）. Robert C. Power, "Help is Sometimes Close at Hand: the Exhaustion Problem and the Ripeness Solution", *University of Illinois Law Review* 4, 1987, pp. 547、554.

② Abbott Lab. v. Gardner, 387 U. S. 136, 148-149（1967）.

③ Continental Air Lines v. Civil Aeronautics Bd., 522 F 2d 107, 125（D. C. Cir . 1974）. Robert C. Power, "Help is Sometimes Close at Hand: the Exhaustion Problem and the Ripeness Solution", *University of Illinois Law Review* 4, 1987, pp. 547, 612.

④ Rosenthal Co. v. Commodity Futures Trading Commmission, 614 F. 2d 1121, 1128（7th Cir 1980）. Robert C. Power, "Help is Sometimes Close at Hand: the Exhaustion Problem and the Ripeness Solution", *University of Illinois Law Review* 4, 1987, pp. 547, 612.

⑤ 蔡乐渭：《行政诉讼中的成熟性原则研究》，载《西南政法大学学报》2005 年第 5 期。

济与司法救济两者间位序关系的场景当中展开，而案件成熟性原则主要在解决申请司法救济的行政行为所处阶段的场景当中展开。

二、穷尽行政救济原则与首先管辖权原则

首先管辖权原则（Primary Jurisdiction Principle），又可称之为初审权原则，其是由美国最高法院在 1907 年的艾比林棉花石油公司案件（Abilene Cotton Oil Co. Case）当中所创立，① 历经判例法的演进其逐渐成为现代行政法的一个基本原则。② 该原则具体是指对于某一个待决行政纠纷，其首先应由行政系统予以管辖，司法系统惟有在行政系统已给出处理意见的情况下再进入下一步的审查当中。在英美普通法系国家，法院系统对于案件的管辖权既可能是来自于制定法也可能是来自于判例法，而行政系统其对于案件的管辖权则主要来自于制定法的明确授权。在这种情况之下，就很可能出现行政系统和法院系统对于待决案件均享有管辖权的问题，该原则主要应用在解决此种问题的情形当中。除此之外，其还可能出现在另一种情形当中，即某一行政争议本属于法院系统之管辖范围，但在案件裁断当中所遇到的关键问题涉及了行政自由裁量权事项或行政专业技术性问题，面对此种情况，法院系统通常会暂停该问题的裁决，将待决争议优先交由行政系统管辖处理，其直到行政系统得出初步结论之后再进行下一步的裁断。③ 而首先管辖权原则的基本功能也伴随着判例法的深入发展逐渐得以阐明，其通常表征为以下几个方面：其一，充分利用行政系统的专业特长解决复杂的行政技术性问题；其二，切实保障行政机关的自由裁量权的行使，避免司法的不当干预；其三，便利行政机关统一政策解释，从而保障行政政策执行过程中的连贯性和一致性。④

就穷尽行政救济原则与首先管辖权原则两者的联系而言，其主要表征为以下几个层面：其一，两者均为行政法当中广义案件成熟性原则的下属子原则，两者

---

① Texas & Pacific Ry. v. Abilene Cotton Oil Co., 204 U. S. 426, 438 (1907).

② Bernard Schwart, "Timing of Judicial Review—A Survey of Recent Cases", *The Administrative Law Journal* 8, 1994-1995, pp. 261-290.

③ 王名扬：《美国行政法（下）》，中国法制出版社 2005 年版，第 659 页。

④ 汪栋、王本利：《行政案件司法审查适时性问题研究》，载《烟台大学学报（哲学社会科学版）》2005 年第 1 期。

均涉及司法审查的时机问题。无论是穷尽行政救济原则还是首先管辖权原则，其最为核心的命题均是司法救济介入行政纠纷救济的最佳时间节点，两者均要求行政救济优先。① 其二，两者均涉及行政权与司法权优化协调的问题。无论是穷尽行政救济原则还是首先管辖权原则，其均涉及如何充分发挥行政系统内部的专业技术优势，优化协调各类救济资源的配置，从而促进纠纷解决效能的最优化。其三，两者均涉及行政纠纷救济当中的程序性问题。无论是穷尽行政救济原则还是首先管辖权原则，其均是对于行政纠纷解决当中各个救济程序应如何展开的程序性规则的具体化阐释。

就穷尽行政救济原则与首先管辖权原则两者的区别而言，其主要表征为以下几个层面：其一，两者间的关注重心有所不同，穷尽行政救济原则关注的重心在司法救济的时机问题，其参照点为行政救济程序。而首先管辖权原则关注的重心则在行政系统管辖权的优先性，其参照点为司法救济程序，其所谓的首先管辖是相较之司法救济的首先管辖。其二，两者适用的领域有所不同。正是鉴于两大原则所关注重心的差异，因而穷尽行政救济原则主要适用于行政机关与司法机关均具有管辖权的案件，而对于行政机关具有排他性管辖权的案件和司法机关具有排他性管辖的案件并不存在适用穷尽行政救济原则的空间，因为在穷尽行政救济原则当中涉及行政救济和司法救济两者的衔接问题，而在排他性管辖权的案件当中并不存在两种救济渠道之间的衔接问题。而首先管辖权原则其适用范围更为广阔，其不仅适用于具有双重管辖权的行政纠纷，同时还可以适用于具有排他性管辖的相关案件当中。诸如在司法机关具有排他性管辖的争议案件当中，通常情况下行政机关对此类争议不存在管辖权。但法院法官在案件审理过程当中发现其中某些争议焦点涉及行政专业性技术事务，而司法救济结果又倚重于此的情形之下通常需要行政权力介入对于相关专业性事务给出初步的结论，以便下一步司法裁断活动的展开，而这其中便涉及首先管辖权原则。②

---

① 蔡乐渭：《行政诉讼中的成熟性原则研究》，载《西南政法大学学报》2005 年第 5 期。

② 汪栋、王本利：《行政案件司法审查适时性问题研究》，载《烟台大学学报（哲学社会科学版）》2005 年第 1 期。

三、穷尽行政救济原则与司法歉抑原则

所谓司法歉抑原则（Judicial Passivism Principle），又可称之为司法消极主义原则,① 其是指在案件裁断过程当中，法院和法官要对立法机关和行政机关等政策决定者或执行者的决断保持必要的谦让和敬意，不轻易用自己的判断取代其他国家权力机关已有的决断，尽量避免充当宪法性纠纷判断者的角色，其对于不适宜由司法机关裁断的案件要保持必要的克制。② 司法歉抑原则主要表征为以下三个方面：其一，其对于待决纠纷干预的方式是有限的。即在案件裁断过程当中，法官对于争议事项要遵循不告不理的消极被动模式来参与纠纷的解决，而不可主动介入案件待决事项所未涉及的领域。其二，其对于待决纠纷干预的广度是有限的。即在案件裁断过程中，法院坚持有所为有所不为，尽量避免介入诸如政治性争议，关于国防外交领域的国家行为，关于机关内部工作人员的奖惩任免决定事项等领域。其三，其对于待决纠纷干预的强度是有限的。即在案件裁断过程中，法官对于争议事项主要以合法性审查为主，尽量避免涉及合理性审查。法官对于争议事项主要以个案裁断为主，尽量避免作出抽象性裁断。③ 而司法之所要保持谦抑，其主要源于以下几大因素的综合作用：其一，相较之行政权和立法权而言，司法权"其既不掌握'刀把子'，又不掌握'钱袋子'，既无强制、又无意志，而只有判断，且其判断之过程离不开其他国家权力机关之配合支持"④。正是鉴于此，司法机关的民主正当性低于立法机关，执行效率性低于行政机关，其在国家权力配置格局当中处于相对弱势的地位，这也就决定了其必须要有所为有所不为，从而获得其他国家权力机关的尊重。其二，司法权力运行当中其发生作用的范围仅限于争议事项的个案裁断，其发生作用的方式为消极被动的审查模式，这就决定了司法权力在运行当中要保持必要的克制。⑤ 其三，司法的专业技

---

① 许志雄：《司法消极主义与司法积极主义》，载《月旦法学杂志》1995 年第 6 期。

② 黄先雄：《司法谦抑的理论与现实基础：以美国司法审查为视角》，载《湘潭大学学报（哲学社会科学版）》2007 年第 5 期。

③ 江国华：《走向能动的司法：审判权本质再审视》，载《当代法学》2012 年第 3 期。

④ ［美］汉密尔顿、杰伊、麦迪逊：《联邦党人文集》，程逢如等译，商务印书馆 1980 年版，第 391 页。

⑤ 吴天昊：《司法谦抑：司法权威的道德基础》，载《上海行政学院学报》2007 年第 1 期。

术特质决定其必须要综合运用法律知识判断、法律逻辑推演、法律论证技巧等多种专业技能从而将社会多元化的纠纷纳入法律的框架当中，进而运用多项司法技术证成最终性的裁判结果，从而促成纠纷的解决。这也就决定了纠纷解决的过程必须严格遵循司法专业技术规范的基本要求，务必要严谨客观，惟其如此才能切实增强裁判结果的公信力和说服力，而这恰恰暗合了司法歉抑之内涵。① 其四，在行政纠纷解决当中，行政自由裁量权大量存在，司法机关不具备规控行政自由裁量权的专业技术优势，同时法院在争议发生之后显然无法重建"行政纠纷的现场"进行二次判断，因而其所指向的只能是"法律真实"而非"客观真实"。这些因素也就决定了司法机关在行政纠纷解决当中必须要保持必需的谦让和克制，惟其如此才能有效避免司法权的不当跨界。②

就穷尽行政救济原则与司法歉抑原则两者间的联系而言，其主要表征在以下几个方面：其一，两者均涉及优化司法资源配置的问题。无论是穷尽行政救济原则还是司法歉抑原则，两者均要求在纠纷救济的过程当中，司法权要有所取舍，从而进一步优化司法资源的配置，有效避免司法权对于其他权力管辖范围的不当干涉。其二，两者均包含了司法克制的基本内涵。鉴于国家权力体系的内涵特质所在，无论是穷尽行政救济原则还是司法歉抑原则其均要求司法权要有所克制，在救济位序上要定位于殿后救济而不是冲锋在前，在审查范围上要定位于不告不理而不是主动出击，惟其如此司法救济才能以谦让克制的态度，谨慎严谨的作风赢得社会对其的尊重。

就穷尽行政救济原则与司法歉抑原则两者间的区别而言，其主要表征在以下几个方面：其一，两者主要适用的领域有所不同。穷尽行政救济原则主要适用于行政纠纷解决领域，涉及行政救济与司法救济的衔接位序关系，其是一项重要的行政法原则。而司法歉抑原则的适用领域更为宽泛，其不仅适用于行政诉讼、民事诉讼、刑事诉讼甚至是宪法诉讼领域，其是一项重要的宪法原则。③ 其二，两

---

① 吴天昊：《司法谦抑：司法权威的道德基础》，载《上海行政学院学报》2007 年第 1 期。

② 黄先雄：《司法谦抑的理论与现实基础：以美国司法审查为视角》，载《湘潭大学学报（哲学社会科学版）》2007 年第 5 期。

③ 陈道英：《浅议司法尊重（judicial deference）原则——兼论与司法谦抑（judicial passivism）的关系》，载《湖北社会科学》2009 年第 3 期。

者间的关注重点有所不同。穷尽行政救济原则主要关注的是行政救济和司法救济两者间的位序关系问题，其涉及不同救济方式之间的有序衔接问题，其关注的重点在于司法权与其他权力的关系协调问题。而司法歉抑原则所关注的是司法救济方式的深层次的内涵和外延问题，主要是关于司法权运行之边界、司法权作用之范围、司法权行使之程序此类问题，① 其关注的重点是司法权如何优化自身资源配置，实现有所为有所不为的问题。

四、穷尽行政救济原则与穷尽法律救济原则

穷尽法律救济原则（the doctrine of exhaustion of legal remedies）最主要出现在以德国为代表的宪法审查模式采用集中式（centralized form）审查，审查方式以抽象式审查（abstract review）为主的国家。② 这里所指的穷尽法律救济原则是指在纠纷救济的场域当中，基于法规范体系位阶以及价值定位上的差异，在救济途径的选择上通常要优先运用位阶较低的法律救济渠道，惟有在前一救济渠道无法为纠纷提供有效救济之时才可以进入更高位阶的宪法救济渠道。③ 当然这里穷尽法律救济程序所涉及的是一个"宏观综合性的概念"，"属于一种实体性判断"，而并未包含那种因形式要件欠缺而不予受理的情形。同时需要指出的是当某一争议事项存在几种法律救济程序之时，其无须历经所有的法律救济程序，而仅需历经法律规定的主要救济程序即可。伴随着社会转型所导致的各类纠纷日益频繁，该原则现已成为宪法审查机制得以启动的一个重要门槛。④ 因为在宪法审查活动当中不仅要确保所有适格的宪法性争端均得到有效救济，同时又要避免所

---

① 江国华：《走向能动的司法：审判权本质再审视》，载《当代法学》2012 年第 3 期。

② 以德国为代表的大陆法系国家，宪法审查模式采用集中式审查，审查方式以抽象式审查为主。此类宪法审查模式允许公民提起宪法诉愿，同时其也带来了恶意滥用宪法诉愿制度的风险，为防止其可能对于宪法诉愿制度资源的浪费，因而必须要先穷尽其他法律资源救济之后才能进入宪法诉愿程序。以此为理论基础，《德国联邦宪法法院法》《德国基本法修正案》《瑞士联邦宪法》《西班牙宪法法院法》均对穷尽法律救济条款予以明确规定。详见郑磊：《宪法审查的穷尽法律救济原则》，载《现代法学》2009 年第 1 期。

③ 胡锦光、王书成：《论穷尽法律救济原则之存在逻辑》，载《中州学刊》2008 年第 1 期。

④ 韩大元：《简论"权利救济程序穷尽"原则的功能与界限》，载《南阳师范学院学报》2007 年第 5 期。

有案件不经过滤轻易进入违宪审查轨道所导致的宪法诉讼爆炸危机。① 毕竟，宪法救济和普通法律救济两者间的法律定位有所差异，在纠纷救济的过程当中应秉持由法律救济穷尽转向宪法救济的演化路径而非相反。② 而在纠纷解决的先后位序安排当中宪法救济之所以被置于普通法律救济之后，其主要源自于以下几个方面因素的综合作用：其一，两种救济渠道之间法律位阶上的差异性；在现有的法律规范体系当中，宪法其在法律位阶上高于普通法律，是"母法"与"子法"的关系，且两者在法律价值定位以及社会治理功能上也存在较大的差异。正是鉴于此，如普通纠纷不经前置救济渠道的过滤可直接进入宪法救济渠道，其不仅可能导致低位阶法律救济渠道的闲置，同时还可能导致宪法救济渠道的拥堵，从而引发纠纷救济秩序的紊乱，正因为如此，穷尽法律救济原则在维护纠纷救济秩序上具有重要的意义。③ 其二，宪法性纠纷和普通性法律纠纷两者性质上的差异性；所谓宪法性纠纷是指因直接违反宪法相关条款规定所引发的相关纠纷，而普通性法律纠纷则是因违反普通性法律条文规定所引发的相关纠纷。正是鉴于两者间性质上的差异，不同性质的纠纷仅能适用不同的救济渠道，但这当中也存在着当事人对于纠纷性质判断失误的情形，毕竟纠纷当事人不可能全部为法律专家，而穷尽法律救济原则的制度设计则有效解决了这一问题。无论何种纠纷均需要首先穷尽法律救济渠道，如是普通性的法律纠纷则所选择的救济渠道恰好适配待解决纠纷的性质，如待解决纠纷是宪法性纠纷则通过前一救济程序的审理程序不仅帮助查明纠纷的争议焦点从而让后面的宪法救济更快地查明真相从而节省宪法救济资源，同时还进一步缓解了宪法救济渠道的堵塞现象。④ 其三，"禁止向一般条款逃逸原则"的方法论指导；依照"禁止向一般条款逃逸原则"的基本要求，在具体法律规定与一般性法律原则均可适用于纠纷解决程序时，应当优先适用具体的法律规则，而适用法律原则通常是退而求其次的无奈选择。如果以上所述适用法律的顺序被颠倒，则很可能会导致具体法律规则的虚置以及法律位阶秩序受到严重冲击。依此推理，若普通法律救济渠道可实现纠纷的救济则应优先适用普

①　郑磊：《合宪法性审查该如何启动》，载《法学》2007 年第 2 期。
②　王书成：《合宪性推定的正当性》，载《法学研究》2010 年第 2 期。
③　王书成：《合宪性推定的正当性》，载《法学研究》2010 年第 2 期。
④　胡锦光、王书成：《论穷尽法律救济原则之存在逻辑》，载《中州学刊》2008 年第 1 期。

通法律救济，惟有其救济失败的情况之下才进入下一步的宪法救济程序当中，毕竟宪法救济当中所涉及的价值平衡以及多种政治要素的考量也更为复杂，其所耗费的时间精力成本也就更大，① 这也就决定了其救济案件的数量只能是少而精的。

就穷尽行政救济原则与穷尽法律救济原则两者的联系而言，其主要表征为以下几个层面：其一，两者均为规范纠纷解决的程序性原则。就穷尽行政救济原则与穷尽法律救济原则而言，两者均为促进纠纷救济程序良性运转的重要原则。正是通过这两大程序性原则的制度设计从而逐步优化各类救济资源的配置，避免纠纷解决当中可能出现的不同救济渠道之间的冷热不均问题。其二，两者均涉及纠纷救济当中的先后位序关系。这两大原则当中最为核心的命题均为规范不同救济程序之间的先后位序，通过不同救济渠道之间先后位序以及优先级别的制度设计从而促进救济活动和谐有序的开展。其三，两者间的目标宗旨相同。两者均是通过设定相应的门槛条件来引导申请权利救济的当事人选择最为合适的权利救济渠道，从而避免因盲目选择救济渠道所导致的救济渠道忙闲不均的问题。

就穷尽行政救济原则与穷尽法律救济原则两者的区别而言，其主要表征为以下几个层面：其一，两者间的性质有所不同。穷尽行政救济原则属于行政纠纷救济当中的一项重要原则，而穷尽法律救济原则属于启动宪法审查机制的一个重要门槛，因而前者属于行政法原则，而后者属于宪法性原则。其二，两者间的立足点有所不同。穷尽行政救济原则主要以美国为代表，其立足点为其由普通法院负责的分散式审查模式。正是由于其不存在专门性的宪法法院，因而其最主要关注的是行政救济和司法救济两者间的关系问题。而穷尽法律救济原则主要以德国为代表，其立足点为由宪法法院负责的集中式审查模式，其审查方式以抽象式审查为主，正是鉴于此其最主要关注的是宪法法院救济和普通法院救济两者间的分工问题。其三，两者在纠纷救济过程中优先使用的救济渠道有所不同。在穷尽行政救济原则的适用场景当中优先使用的救济渠道是行政救济渠道，而在穷尽法律救济原则的适用场景当中优先使用的救济渠道是普通法律救济渠道。②

---

① 胡锦光、王书成：《论穷尽法律救济原则之存在逻辑》，载《中州学刊》2008 年第 1 期。

② 郑磊：《宪法审查的穷尽法律救济原则》，载《现代法学》2009 年第 1 期。

第四节　穷尽行政救济原则的基本功能

依照性质决定功能的理论，穷尽行政救济原则的制度设计所具有的性质决定了其在纠纷解决过程中所扮演的功能角色，其主要表征为以下四种：（1）盘活行政内部监督；（2）缓减司法救济压力；（3）填补司法审查漏洞；（4）优化公共政策博弈。

一、盘活行政内部监督

当今诸多行政纠纷的产生与行政权的非理性膨胀密切相关，但行政救济渠道并未伴随行政权的扩张而变得畅通高效，而是将解决纠纷的压力推给了法院，让法院系统不堪重负。[1] 正是鉴于当今纠纷解决机制中存在的诸多困境，穷尽行政救济原则重新回到了大众视野。而穷尽行政救济的过程同时也是充分激活行政内部监督机制活力的过程。毕竟在行政权日益通胀的今天，司法等外部监督机制要想深入行政过程的每个环节，其难度可想而知。而行政内部监督则具有其独特的优势，其专业性更强，成本更低，处理方式更加温和，少了几分非黑即白的对抗色彩，从而让纠纷双方当事人更容易接受。同时行政主体对于行政过程中的资源配置情况、权力运行状况等诸多细节也最为熟悉。基于此，其也最有可能针对行政权力运行过程中的缺憾及时调整行政资源的配置情况，以行政权力彼此分立互相监督为突破口，以行政权力运行过程全程监督为抓手，[2] 逐渐优化行政系统内部的权力监督机制。而行政内部权力监督机制最为显著的特征表现为："权力行使方式制度化、权力管理手段法律化、权力监督措施责任化。"[3] 正是鉴于此，也惟有将行政系统内部的监督最后落脚于追责问责机制上来，才能让整个行政系统内部权力监督机制的功效不仅仅停留在威慑警示的层面，进而充分盘活行政内部监督的现有资源，及时纠正行政权力运行过程中的违法失当行为，借此避免程

---

[1]　江国华：《常识与理性（四）：走向综合的司法改革》，载《河南财经政法大学学报》2012 年第 2 期。

[2]　崔卓兰、刘福元：《行政自制理念的实践机制：行政内部分权》，载《法商研究》2009 年第 3 期。

[3]　江凌：《论政府法制监督的理论基础与意义》，载《行政法学研究》2013 年第 3 期。

序冗长、成本昂贵的司法救济程序的介入。① 至此，盘活行政内部救济监督机制已然成为当前社会综合治理当中的一项重要命题，而穷尽行政救济原则的首要功能也恰恰在于此。

二、缓解司法救济压力

当前社会身处转型阵痛期，这一时期纠纷频发、矛盾凸显，再加之司法资源短缺，司法解纷能力有限，法律规则缺漏以及司法救济活动滞后等客观现实，② 如何有效缓解司法救济的压力也再次成为大家热议的话题，而穷尽行政救济原则恰是对该难题的一种回应。依照该原则的制度设计，其要求当前行政领域大量存在的纠纷在穷尽了行政救济之后再寻求司法救济。该制度设计的立足点就在于转型社会所面临的纠纷可能是诸多要素综合作用的结果，而非纯粹的法律问题。鉴于此，要通过该原则的制度设计让大量纠纷在行政系统内得到化解，让行政救济真正扮演起司法救济过滤器的功效。③ 纠纷当事人在历经了行政救济的相关程序之后，争议双方当事人间的不满怨恨情感也伴随行政救济程序的推进而呈递减的态势。同时救济的过程也充分利用了行政主体的专业技术优势，使得双方当事人的案件事实更加清晰，争议焦点更加明确，从而为之后的司法救济活动奠定了重要基础。也正是得益于该制度设计的纠纷解决分流机制，从而让司法救济主体集中全力去解决好那些法律争议较大的疑难案件。④ 如果社会纠纷得不到有效的分流全部涌向司法机关，不仅会导致当事人为此支付高昂的诉讼成本，同时也是对本已十分稀缺的国家司法资源的浪费。⑤ 正是鉴于此，理想状态下行政纠纷解决过程当中行政主体应有所担当，毕竟积极调处行政监管当中的各种纠纷也是其分内职责。司法机关在行政纠纷解决中无力也不应冲锋在前，而应扮演好解决行政

---

① 关保英：《拓展行政监督的新内涵》，载《探索与争鸣》2015 年第 2 期。

② 范愉：《行政调解问题刍议》，载《广东社会科学》2008 年第 6 期。

③ 周兰领：《行政复议强制前置模式的重建》，载《长安大学学报（社会科学版）》2008 年第 4 期。

④ 周兰领：《行政复议强制前置模式的重建》，载《长安大学学报（社会科学版）》2008 年第 4 期。

⑤ 蒋惠岭：《司法成本与司法收益的构成》，载《人民法院报》2010 年 12 月 1 日版。

争议最后一道防线的角色，毕竟选择司法救济终究是一种无奈之举。①

三、填补司法审查漏洞

当今现代社会，行政权力膨胀已然是不争的事实，其几乎已经渗透到社会事务的每个细节，但立法活动和司法实践天然具有滞后性，纵然国家法律制度如何先进完备，也不可能预先对于行政权力运行的范围、幅度、条件、方式等诸多要素作出巨细无遗的规定，② 正是鉴于此，行政权力运行之过程与裁量权的行使息息相关。享有权力同时也就存在滥用的倾向，因而如何有效规制行政裁量权，从而避免行政权力越轨也就渐渐被提上议事日程。鉴于行政机关与法院系统两者相互间职责分工、专业特长、性质定位上的差异，这也就决定了两者在实现行政纠纷救济过程中所采用的审查方式和审查强度均有所区别。③ 其中行政救济不仅要关注其合法性同时还要关注其合理性，从而找寻到"法定规则与自由裁量间的黄金分割点"；而司法救济中出于对行政机关自由裁量权的尊重，其仍以合法性审查为主，仅对行政机关那些"明显不当"行为予以审查，当其在面对行政裁量权行使当中所涉及的合理性问题时显然是无能为力的，这也从一个侧面展示了司法救济所涉及的范围远小于行政救济所涉及的范围。④ 而穷尽行政救济原则的制度设计则恰好解决了这一难题，其通过宏观的制度框架设计实现了各种行政解决纠纷资源的优化配置，其借助行政纠纷救济渠道的引导，增加了行政相对人寻求救济的机会，从而在很大程度上填补了司法救济中所存在的漏洞，避免了行政相对人权利救济真空现象的出现，从而为纠纷当事人打造一套全方位、多层次的行政纠纷救济制度屏障。

四、优化公共政策博弈

我国当前的公共事务政策是社会公众意志的集中体现，为便于政策的贯彻执

---

① 江国华：《常识与理性（四）：走向综合的司法改革》，载《河南财经政法大学学报》2012 年第 2 期。

② 江国华编著：《中国行政法》（总论），武汉大学出版社 2012 年版，第 16 页。

③ 谭炜杰：《行政合理性原则审查强度之类型化：基于行政诉讼典型案例的解析与整合》，载《法律适用》2014 年第 12 期。

④ 江国华、邱冠群：《论行政复议中的合理性审查》，载《云南大学学报（法学版）》2015 年第 1 期。

行其通常具有一定的稳定性,不可能朝令夕改,而行政机关其所面临的公共事务则是纷繁复杂的。一方面是相对稳定的公共事务政策,另一方面则是变动不居的公共事务,两者间的这种错位最直观的表现便是公共事务执行过程中频发的行政纠纷。究其原因便在于用代表昨天价值取向的公共政策来判断衡量代表未来价值趋势的公共事务,至此两者间发生价值错位也就不足为奇。① 既然价值错位不可避免,那么及时纠偏也就显得尤为重要。纠偏的路径有多种,穷尽行政救济作为解决行政纠纷的一种制度设计,相较之直接寻求司法救济而言,其在调节社会公共资源配置格局,解决社会共性矛盾,维持社会公共秩序方面具有其独特的优势。其不仅可以通过更加便捷的方式实现双方当事人间纠纷的裁断,而且还可以通过更加高效的方式反馈行政纠纷所反映出的社会共性问题,进而在平衡各方利益的基础上推进公共政策的演进,最终从源头上避免同类行政案件的不断重演。② 同时,也惟有穷尽行政救济的制度设计才最有可能在保持公共政策连贯性的基础上,潜移默化地影响公正政策背后相互博弈的各种政治力量,从而即考虑到了各类公共事务的特殊性,又兼顾到了公共政策的共通性,③ 避免直接将行政纠纷推向耗时耗力的司法救济渠道,从而造成司法救济渠道的"梗阻"。同时也正是得益于穷尽行政救济的制度设计从而能够优化公共政策背后各种力量的博弈,及时高效化解行政纠纷,最终推动公共管理事务实现可持续发展。

---

① 尹华容、胡龙:《行政诉讼功能探析》,载《求索》2007 年第 6 期。

② 范愉:《行政调解问题刍议》,载《广东社会科学》2008 年第 6 期。

③ 沈开举、郑磊:《论我国行政复议改革的逻辑起点和现实路径》,载《甘肃行政学院学报》2009 年第 4 期。

第三章　穷尽行政救济原则的历史考察[①]

穷尽行政救济原则的历史考察主要回答了穷尽行政救济原则是如何演变的问题，这也是展开下文研究的重要背景性知识。从历史的视角来审视穷尽行政救济原则，其在历经诸多经典判例[②]及相关立法[③]的累积之后，其发展的脉络也逐渐清晰化。其发展历程大致经历了三个阶段：第一个阶段是其探索期，以 1896 年的美国诉中国贸易公司案（United States v. China Trading Co.）为起点，以 1946 年制定的《联邦行政程序法》为终点，该阶段初步确立了穷尽行政救济的原则。第二个阶段是其发展期，该阶段从 1947 年持续到 1992 年，其最为明显的特征表现为其规范内涵更加清晰，其适用边界（适用的例外情形）更加明朗。第三个阶段是其成熟期，主要以 1993 年达比诉西斯内罗斯案（Darby v. Cisneros）为分界点，其实现了适用穷尽行政救济原则分析框架的巨大转型。

---

① 在该章节的论述当中参考了以下作者的相关文章，特此致谢！参见 Bernard Schwart, "Timing of Judicial Review—A Survey of Recent Cases", *The Administrative Law Journal* 8, 1994-1995, pp. 261-290. 郑烁：《论美国的"穷尽行政救济原则"》，载《行政法学研究》2012 年第 3 期；郑磊：《宪法审查的穷尽法律救济原则》，载《现代法学》2009 年第 1 期。

② 关于"穷尽行政救济原则"的经典的案例诸如：1938 年的迈尔思诉贝思勒亨案（Myers v. Bethlehem Ship building Corp.）、1969 年的麦卡特诉美国政府案（McKart v. United States）、1992 年的麦卡锡诉麦迪根案（McCarthy v. Madigan）、1993 年的达比诉西斯内罗斯案（Darby v. Cisneros）。详见郑烁：《论美国的"穷尽行政救济原则"》，载《行政法学研究》2012 年第 3 期。

③ 关于"穷尽行政救济原则"的经典的立法规定诸如：1946 颁布实施的美国《联邦行政程序法》（*Federal Administrative Procedure Act*）第 704 条、美国统一法律委员会制定的《州示范行政程序法》（*Model State Administrative Procedure Law*, 1981）第 5~107 条。参见郑烁：《论美国的"穷尽行政救济原则"》，载《行政法学研究》2012 年第 3 期；郑磊：《宪法审查的穷尽法律救济原则》，载《现代法学》2009 年第 1 期。

第一节 穷尽行政救济原则的探索期（1896—1946）

一、穷尽行政救济原则探索时期典型案例解读

案例 A 简介。在穷尽行政救济原则的探索时期（1896—1946），其以 1938 年的迈尔思诉贝思勒亨造船公司案（Myers v. Bethlehem Ship Building Corp. ）最为典型。在该案当中，以 A. 霍华德·迈尔思（A. Howard Myers）为代表的雇员因不满查理斯·麦肯齐（Charles MacKenzie）与其他人共同所有的贝思勒亨造船有限公司所作出的相关决议，请求国家劳动关系委员会（National Labor Relations Board）保障其被《国家劳动关系法》（The National Labor Relations Act）所保障的权利。国家劳动关系委员会对贝思勒亨造船有限公司作出行政制裁，一并告知其享有听证申辩的权利。而以查理斯·麦肯齐为代表的贝思勒亨造船有限公司并未申请参加该行政听证会，而是直接在地区法院对 A. 霍华德·迈尔思为代表的劳工雇员个人以及国家劳动关系委员会（National Labor Relations Board）提起诉讼，主张其公司并未从事任何不正当的国内以及国际贸易，因而国家劳动关系委员会对其无管辖权。同时主张该听证行为将会危害到公司计划的信赖利益以及公司相关计划的执行，且会对公司利益造成不可弥补的损害。因而申请地区法院及时终止国家劳动关系委员会举行的行政听证程序。随后地区法院支持了贝思勒亨造船有限公司的主张，对国家劳动关系委员会的行政听证程序下达了禁令。纠纷当事人不服该裁决，对此提起上诉，主张地方法院无权干涉国家劳动关系委员会对于该行政听证事项的管辖权。[①]

案件争议焦点及裁判意见。迈尔思诉贝思勒亨造船公司案的争议焦点在于地区法院是否有权禁止国家劳动关系委员会（National Labor Relations Board）对相关行政争议举行行政听证，以及行政争议案件当中纠纷当事人在寻求司法救济之前是否需要穷尽诸如行政听证之类的行政救济。布兰迪斯法官（Brandeis）详细论述了法院判决的理由：其一，从国家权力分立的视角来看，议会已经将防止任何组织和个人从事不正当贸易之权力通过立法形式授予了国家劳动关系委员会以

---

① Myers v. Bethlehem S. Corp., 303 U. S. 43-50（1938）.

及巡回上诉法院，因此对相关争议举行听证属于其法定职权，其他主体不得干涉该委员会的正常履职，自然地区法院也就无权禁止国家劳动关系委员会对其管辖权范围之内的相关争议举行行政听证，否则将会造成司法权力对于行政权力的不当侵蚀。进一步就本案来看，贝思勒亨造船公司也并未提供足够理由支持为何要阻止国家劳动关系委员会行使议会授予它的职权，其即未指出何种法律条款和程序规则规定了该行政听证是违法的，或者国家劳动关系委员会处理该案件的时机尚未足够成熟、也未证明在行政听证过程中其申辩权利以及举证行为将被无理拒绝。其仅仅主张劳动关系法的相关条款不适用于该争议，因为该争议所指向的相关行为并未开始执行，其不仅会对公司职员的时间成本以及其他利益带来直接损失，而且还会损害之前公司内部所存在的融洽关系，但其并未能提供确凿的证据证明该听证行为将会给公司带来不可弥补的损失。概而言之，显然贝思勒亨造船公司的证据体系不足以支持其请求。其二，根据《国家劳动关系法》的相关规定，国家劳动关系委员会所作出的行政制裁只有完整历经行政听证程序以及巡回上诉法院的确认之后才能付诸实施。[1] 而贝思勒亨造船公司却拒绝参加该行政听证直接对该处罚提起诉讼，由于该行政处罚尚未历经行政听证程序这也表明该行政程序尚未终结，自然其时机也尚未成熟到适宜司法救济的介入，若在这种情形之下地区法院禁止国家劳动关系委员会对相关争议举行行政听证，这必将会损害到逐步建立起的司法行政原则，即任何纠纷当事人对于自身已经或即将遭受的权益侵损问题，在未用尽特定行政救济之前不得请求司法救济。[2] 其三，通常而言，地方法院所作出的裁决在上诉当中不被轻易推翻，但是在本案地区法院的裁决当中却存在一个明显的问题，即地区法院不适当地执行了司法裁判权，不适当地侵蚀了国家劳动关系委员会对于相关争议进行听证的权力，而该项权力是议会授予国家劳动关系委员会的法定权力。[3] 因而国家劳动关系委员会有权依照《国家劳动关系法》中的相关规定行使其法定权力，地区法院无权禁止国家劳动关系委员会对相关争议举行听证。

---

[1]　Myers v. Bethlehem S. Corp., 303 U. S. 43-50 (1938). 郑烁：《论美国的"穷尽行政救济原则"》，载《行政法学研究》2012 年第 3 期。

[2]　Bernard Schwart, "Timing of Judicial Review—A Survey of Recent Cases", *The Administrative Law Journal* 8, 1994-1995, pp. 261-290.

[3]　Myers v. Bethlehem S. Corp., 303 U. S. 43-50 (1938).

二、穷尽行政救济原则探索时期概述

从以上经典判例的研读当中不难发现，这一时期司法实践当中对于穷尽行政原则的运用还处于探索时期，法官仅仅是从行政权、司法权、立法权三者间的关系等宏观性的视角来论述穷尽行政救济原则，这一时期尚缺乏对于穷尽行政救济原则进行系统性、深入性、微观性的研究，且主要是通过经典判例的累计来逐步推动穷尽行政救济理论的初步成型。据国外相关专家的系统考证，首批①应用穷尽行政救济原则的案件为 1896 年的美国诉中国贸易公司案（United States v. China Trading Co.）②，该案指出："当事人在寻求巡回法庭司法审查之前需要先向申诉委员会提出申请，否则将会直接威胁到《海关行政法》的整体制度设计。"随后美国最高法院在 1904 年的美国诉斯因塔克案（United States v. Sing Tuck）再次涉及穷尽行政救济原则。③ 该案件的判决又进一步得到了迈尔斯诉贝斯乐亨造船公司案（Myers v. Bethlehem Shipbuilding Corp.）④ 的支持，该判决明确指出："任何纠纷当事人对于自身已经或即将遭受的权益侵损问题，在未用尽特定行政救济之前不得请求司法救济。"⑤ 之后伴随着判例法案例的逐渐积累，

---

①　著名行政法学家伯纳德·施瓦茨经过考察认为该案如不是第一个应用穷尽行政救济原则的案件也至少是首批应用该原则的案例之一。Bernard Schwart, "Timing of Judicial Review—A Survey of Recent Cases", *The Administrative Law Journal* 8, 1994-1995, pp. 261-290.

②　United States v. China Trading Co., 71 F. 864, 865, 866 (2d Cir. 1896). 该案当中法院认为，如果进口商与收藏者两者间的争端未经过其首先可寻求的申诉委员会的救济而在巡回法院得到审查，其将直接导致《海关行政法》（*the Customs Administrative Act*）的宏观制度设计被彻底击败。Bernard Schwart, "Timing of Judicial Review—A Survey of Recent Cases", *The Administrative Law Journal* 8, 1994-1995, pp. 261-290.

③　United States v. Sing Tuck, 194 U. S. 161 (1904). 在该案件当中，负责移民检查的工作人员拒绝当事人进入美国，依照法律规定其有权向商务和劳动委员会秘书处申诉。但其并未对该决定提起申诉而是申请对该决定进行司法审查。法院并未支持其越过行政申诉直接提起诉讼的申请。霍姆斯大法官认为，"法律规定的预先筛选程序必须要遵守"，也就是必须首先穷尽行政救济。Bernard Schwart, "Timing of Judicial Review—A Survey of Recent Cases", *The Administrative Law Journal* 8, 1994-1995, pp. 261-290.

④　Myers v. Bethlehem S. Corp., 303 U. S. 43-50 (1938). Bernard Schwart, "Timing of Judicial Review—A Survey of Recent Cases", *The Administrative Law Journal* 8, 1994-1995, pp. 261-290.

⑤　Bernard Schwart, "Timing of Judicial Review—A Survey of Recent Cases", *The Administrative Law Journal* 8, 1994-1995, pp. 261-290.

成文法开始将穷尽行政救济原则的基本理念吸纳其中。如美国统一法律委员会在1946 年制定的《州示范行政程序法》（*Model State Administrative Procedure Law*）第 5~107 条规定了纠纷当事人在寻求司法救济之前应穷尽行政救济的原则。① 而本书之所以将穷尽行政救济原则的探索阶段界定为自 1896 年开始到 1946 年，一个很重要的标志便在于穷尽行政救济原则逐渐从经典判例延伸到了成文立法当中，这也标志着该原则已经得到了更广泛的传播和认可。也正是得益于诸多经典判例及成文立法的相互涤荡回应，至此穷尽行政救济基本原则初步得以确立，其成为保障行政内部自治性、追求司法经济性的有效手段。②

从以上对于穷尽行政救济原则探索历程的梳理当中不难发现该原则主要起源于英美判例法系国家。而其之所以诞生于以美国为代表的判例法国家，而非德国为代表的大陆法系国家，其主要与这些国家实施的宪法审查模式③存在关系。以德国为代表的大陆法系国家，宪法审查模式采用集中式审查，审查方式以抽象式审查为主。在此类宪法审查模式当中允许公民提起宪法诉愿，同时其也带来了恶意滥用宪法诉愿制度的风险，为防止其可能对于宪法诉愿制度资源的浪费，因而必须要先穷尽其他法律资源救济之后才能进入宪法诉愿程序。以此为理论基础，《德国联邦宪法法院法》《德国基本法修正案》《瑞士联邦宪法》《西班牙宪法法院法》均对穷尽法律救济条款予以明确规定。④ 而以美国为代表的英美法系国家，其主要采用分散式审查模式，由普通法院在审理具体案件时附带审查相关宪

---

① 尽管由美国统一法律委员会制定的《州示范行政程序法》不具有强制效力，但其已经成为各个州制定行政程序法的重要参考。现如今美国已经有 29 个州及哥伦比亚地区参照其制定了自己的行政程序法。郑磊：《宪法审查的穷尽法律救济原则》，载《现代法学》2009 年第 1 期；郑烁：《论美国的"穷尽行政救济原则"》，载《行政法学研究》2012 年第 3 期。

② Marcia R. Gelpe, "Exhaustion of Administrative Remedies: Lessons from Environmental Cases", *George Washington Law Review* 53, 1984, pp. 10-26. 转引自郑磊：《宪法审查的穷尽法律救济原则》，载《现代法学》2009 年第 1 期。

③ 意大利著名宪法学家莫罗·卡佩莱蒂（Mauro Cappelletti）依照宪法审查机构设置方式的不同将宪法审查模式分为集中式（centralized form）和分散式（decentralized form），其中前者一般设置专门机构来负责宪法案件审查，而后者则是由各个普通法院来负责宪法案件的审查。其依照宪法审查程序与方式的不同将宪法审查模式分为抽象性审查（abstract review）和附随性审查（incidental review），其中前者可单独提起宪法问题诉讼，而后者则是通过具体纠纷解决当中附带解决相关宪法问题。参见郑磊：《宪法审查的穷尽法律救济原则》，载《现代法学》2009 年第 1 期。

④ 郑磊：《宪法审查的穷尽法律救济原则》，载《现代法学》2009 年第 1 期。

法问题，因而其不存在适用穷尽其他法律救济的场景，而是要穷尽司法之外的救济渠道①——主要以行政救济为代表，其类似于衡平法之理念②，其惟有穷尽了行政救济渠道才能获得司法救济的衡平保护。该原则历经悠久岁月③的涤荡最终得以确立。

第二节　穷尽行政救济原则的发展期（1947—1992）

一、穷尽行政救济原则发展时期典型案例解读

案例 B 简介。在 1975 年的路易斯安那州生态中心诉科尔曼案件（Ecology Center of Louisiana v. Coleman）案件当中，原告路易斯安那州生态中心（Ecology Center of Louisiana）联合奥尔良杜邦商会（the Orleans Audubon Society Inc.）、塞拉俱乐部（the Sierra Club）、路易斯安那州虾制品商会（the Louisiana Shrimp Association Inc.）向美国交通部秘书长威廉·T. 科尔曼（William T. Coleman）提起诉讼，主张在路易斯安那州内高速公路建设工程的环境影响规划当中存在大量的非法行为且其环境影响评估报告的信息披露不够充分。被告交通部以穷尽行政救济原则作为其抗辩理由，其认为原告应先通过行政听证或其他救济形式来寻求行政内部救济。路易斯安那州地区法院对此作出简易判决，原告不服提出上诉。上诉法院驳回地方法院的简易判决，判决该案适用穷尽行政救济原则的例外情形。④

案件争议焦点及裁判意见。路易斯安那州生态中心诉科尔曼案件的争议焦点为纠纷当事人自身之外的客观原因所导致穷尽行政救济不能的情形下是否可适用

---

①　郑磊：《宪法审查的穷尽法律救济原则》，载《现代法学》2009 年第 1 期。

②　所谓衡平法之基本理念即仅有案件当事人无法充分获得法律规定的相应救济之时，其请求衡平保护之理由才能获得支持。John F. Duffy, "Administrative Common Law in Judicial Review", *Texas Law Review* 77, 1998, pp. 113-214. 转引自郑烁：《论美国的 "穷尽行政救济原则"》，载《行政法学研究》2012 年第 3 期。

③　案件当事人需在穷尽行政救济之后才可向联邦法院提起诉讼，该原则甚至与联邦行政法的历史一样悠久。Raoul Berger, "Exhaustion of Administrative Remedies", *The Yale Law Journal* 48, 1939, pp. 981-1006.

④　Cology Center of Louisiana v. Coleman, 515F. 2d 860 (5thCir. 1975).

该原则的例外情形。在该案件审理当中上诉法院判决指出：简易判决主要适用于双方当事人对于案件事实认定不存在实质性争议的情形，而显然该案不符合该情形。依照《国家环境保护法》（*National Environmental Protection Act*）的相关规定在实施由联邦资助的高速公路修建规划之前应评估其对于生态环境的影响，公告该工程的环境影响声明并举行听证。而且依照相关规定，环境公共听证的通知应刊登在诸如报纸之类的公共媒体上，同时在听证之前应通过电子邮件通知所有相关机构以及已知对此感兴趣的私人组织。原告塞拉俱乐部曾致信路易斯安那州高速公路部门了解该工程对于生态环境的影响，该信件足以表明该组织对于该工程环境影响报告的关心。但原告的相关证据显示路易斯安那州高速公路部门既未在公众媒体上刊登举行听证的通知，同时原告也从未收到关于该工程项目环境影响评估报告的征求意见通知或举行行政听证的相关通知，显然高速公路交通部门属于怠于履行举行环境影响评估听证的通知义务。[1] 正是由于高速公路交通部门未及时提供听证通知信息才导致原告组织未能参与该环境评估听证，这种情形属于原告自身之外的客观原因所导致原告穷尽行政救济不能，若仍然要求原告穷尽行政救济属于对其附加了过高的要求，此类情形通常为适用穷尽行政救济原则的例外情形即视为纠纷当事人已穷尽行政救济。[2]

案例 C 简介。在 1992 年的麦卡锡诉麦迪根案（McCarthy v. Madigan）案件当中，约翰·J. 麦卡锡（John. J. McCarthy）是一个联邦监狱的囚犯，其对联邦监狱的管理人员提起诉讼，主张监狱管理人员以监狱关押人员所提请求需要商议讨论等借口漠视其关于医疗条件的需求，进而侵犯了他受到宪法第八修正案[3]所保障的权利，麦卡锡对此提出了金钱赔偿的请求。地区法院驳回了其主张，要求其必须在穷尽行政渠道的救济之后才可以向法院提起诉讼。原告不服该判决向联邦法院提起诉讼，联邦法院判决该案属于适用穷尽行政救济原则的例外情形，纠纷当事人在寻求司法救济时无须穷尽行政救济。[4]

---

[1] Cology Center of Louisiana v. Coleman, 515F. 2d 860 (5thCir. 1975).

[2] Cology Center of Louisiana v. Coleman, 515F. 2d 860 (5thCir. 1975). 转引自郑磊：《宪法审查的穷尽法律救济原则》，载《现代法学》2009 年第 1 期。

[3] 美国宪法第八修正案规定：不得要求过多的保释金，不得处于过重的罚金，不得施加残酷或非常的惩戒。

[4] McCarthy v. Madigan, 503 U. S. 145-146 (1992).

　　C 案件争议焦点及裁判意见。麦卡锡诉麦迪根案的争议焦点为行政纠纷救济当中穷尽行政救济原则的例外适用问题。地区法院在该案的裁决当中认为，纠纷当事人应该首先穷尽行政救济之后才能寻求司法救济。法院进一步指出是否需要首先穷尽行政救济其并不取决于原告申请救济的类型（诸如经济赔偿或是精神抚慰），而是取决于先行的行政救济程序是否有助于争议事实的初步查明。尽管在该案件当中原告仅仅提出了经济赔偿的请求，而且行政救济机关并不能最终决定纠纷当事人经济赔偿的请求，但先行的行政救济行为将有助于后续司法救济当中责任的认定以及损害程度的判定。此外该案当中之所以要穷尽行政救济原则还在于议会之前已经将管理和控制联邦惩戒矫正机构的权力授权给了联邦监狱管理局，若司法机关过早地介入其监管程序当中很可能会影响到联邦监狱管理局正常行使职权，尤其是伴随着监狱类纠纷的日益增多，寻求司法救济之前首先穷尽行政救济也就显得意义尤为重大。① 纠纷当事人不服其判决向联邦最高法院提起上诉。联邦最高法院判决指出：一个联邦监狱的囚犯其宪法性权利遭到非法侵害，同时其仅仅提出经济赔偿的请求。在此类情况下，其在寻求司法救济之前无须穷尽行政救济。联邦最高法院的法官首先从权力与责任彼此对等以及行政权力和司法权力优化资源配置的视角分析了穷尽行政救济原则的一般适用情形。若议会已明确将某项行政监管的权力授权给了行政机关，依照权责相统一的要求，监管机关自然要承担监管不利的相应责任，而穷尽行政救济原则的适用不仅有益于行政监管系统内部的自我纠错，同时也有利于后续司法救济的公正裁断。最高法院在此基础上进一步指出：但穷尽行政救济原则的适用同样存在例外情形，若议会对于某类纠纷是否需要穷尽行政救济的问题上保持了沉默，那么法官就需要运用裁量权进行多元利益的衡量，当纠纷当事人直接寻求司法救济所保障的权益远远大于穷尽行政救济所维护的行政效率以及行政自治权时可适用该原则的例外情形。② 具体而言，之前的已有判例已经充分论证了适用穷尽行政救济原则的三种

---

① Sonya Gidumal, "McCarthy v. Madigan: Exhaustion of Adminsitrative Agency Remedies and Bivens", *Administrative Law Journal of the American University* 7, 1993, pp. 373-408.

② McCarthy v. Madigan, 503 U. S. 145-146（1992）. 转引自郑烁：《论美国的"穷尽行政救济原则"》，载《行政法学研究》2012 年第 3 期。

例外情形：其一，先行的行政救济将会导致后续司法救济不合理的时间延迟；其二，该机构未被法律授权解决相关纠纷，因而缺乏解决相关争议的能力，比如纯粹的法律性争端和宪法性争端；其三，已有证据证明行政救济机关对争议问题存在偏见，从而导致先行的行政救济其公信力不足。① 而就本案而言，麦卡锡作为一个联邦监狱的囚犯，其宪法性权利遭到漠视，且其诉讼理由当中仅仅提出经济赔偿的请求，而议会对于此类情况是否需要穷尽行政救济保持了沉默，那么这就需要法官在其裁量权范围之内进行利益衡量。本案当中所涉及的主要是关于宪法第八修正案所保障的宪法性权利的争端，显然行政救济机关缺乏解决相关争议的能力，若仍要求纠纷当事人穷尽行政救济必然会对后续的司法救济带来不合理的时间延迟，综合衡量该案件当中所涉及的各种利益，显然其符合适用穷尽行政救济原则的例外情形。②

二、穷尽行政救济原则发展时期概述

从以上两个判例的解读当中不难发现，这一时期的穷尽行政救济原则的发展主要表现在以下两个方面，即历经诸多经典判例的延伸思考其基本内涵更加清晰明朗，其适用的边界更加规范有序。③ 而所谓其基本内涵更加清晰明朗最直观的表现为法官在诸多判例当中分别从不同的视角深入阐释了行政纠纷当中之所以适用穷尽行政救济原则的原因之所在。通常而言，法官若在行政纠纷解决过程当中选择适用穷尽行政救济原则，那么其裁判文书当中通常会围绕以下几个方面来展开论述：（1）假如案件争议焦点当中涉及了行政专业裁量事项，那么法官通常会在裁判意见当中阐明适用穷尽行政救济原则有利于行政主体充分发挥自身的专业优势从而保障行政事务治理活动的专业性和客观性。（2）假如案件的争议焦点当中涉及了尚未完全成熟的中间性行政行为，那么法官通常会在裁判意见当中阐明司法救济与行政救济两者间的关注重心有所区别，前者主要关注的是已终结的行

---

① Sonya Gidumal, "McCarthy v. Madigan：Exhaustion of Adminsitrative Agency Remedies and Bivens", *Administrative Law Journal of the American University* 7, 1993, pp. 373-408.

② Sonya Gidumal, "McCarthy v. Madigan：Exhaustion of Adminsitrative Agency Remedies and Bivens", *Administrative Law Journal of the American University* 7, 1993, pp. 373-408.

③ 郑磊：《宪法审查的穷尽法律救济原则》，载《现代法学》2009 年第 1 期。

政行为，其立足点为行政行为的结果；而后者主要关注的是尚未完全成熟的行政行为，其立足点为行政行为的中间性流程，而案件当中适用穷尽行政救济原则可以实现关注重心的前移，从而高效顺畅地实现两种救济模式相互间的衔接。（3）假如案件争议焦点当中涉及行政事务的执行效率问题，那么法官通常会在裁判意见当中阐明穷尽行政救济原则的适用充分顺应行政主体履职活动的内在特质，保障行政事务运行的自主性，有效减少行政事务的执行难度及行政监管活动的运行成本。（4）假如案件争议焦点当中涉及了司法裁判活动依赖于前期行政救济结果的情形，那么法官通常会在裁判意见中阐明穷尽行政救济原则的适用能够帮助各方当事人尽快查明纠纷事实真相以及作出行政行为选择的支撑证据，从而为之后的司法救济活动奠定重要的基础。（5）假如案件争议焦点当中涉及行政资源、司法资源、立法资源三者间的资源配置问题，那么法官通常会在裁判意见当中阐明穷尽行政救济原则的适用将会有力推动行政系统内部的自我监督和纠错，从而实现各类国家资源间的优化配置。[①]

而所谓其适用的边界更加规范有序的最直观的表现为在行政纠纷的救济过程当中通过判例累计的方式逐步明确了穷尽行政救济原则适用的例外情形。[②] 即假如现有成文法对于某类行政纠纷是否需要穷尽行政救济的问题上保持了沉默，那么法官就需要运用法律赋予的裁量权进行多元利益的衡量。此时若纠纷当事人直接寻求司法救济所保障的权益远远大于穷尽行政救济所维护的行政效率以及行政自治权的情形，[③] 甚至在一些极端情形当中案件穷尽行政救济将是徒劳无益的，或者成为影响当事人及时获取司法救济的一道门槛，那么通过纠纷救济成本与收

[①]　这些理由被法官在 1969 年麦卡特诉美国政府案（McKart v. United States）中所阐明，随后的 1992 年麦卡锡诉麦迪根案（McCarthy v. Madigan）对其中第 4 项和第 5 项理由做了进一步阐释。详见 McKart v. United States, 395 U. S. 185（1969）. 参见王名扬：《美国行政法》（下），中国法制出版社 2005 年版，第 652～653 页。McCarthy v. Madigan, 503 U. S. 140（1992）. 郑烁：《论美国的"穷尽行政救济原则"》，载《行政法学研究》2012 年第 3 期。

[②]　关于穷尽行政救济的例外情形很多并非来自法律明确规定而是通过先前判例的累积而逐渐明确的。关于穷尽行政救济原则的例外情形的详细介绍可参见邢鸿飞：《论美国穷尽行政救济原则的适用例外及对我国的启示》，载《法学论坛》2014 年第 2 期。

[③]　McCarthy v. Madigan, 503 U. S. 145-146（1992）. 转引自郑烁：《论美国的"穷尽行政救济原则"》，载《行政法学研究》2012 年第 3 期。

益的核算便可推导出诸如此类的情形可适用该原则的例外情形。同样是得益于判例法的传承累积效应，行政纠纷裁断机关在穷尽行政救济原则的例外适用情形上也逐渐达成共识。通常而言，法官若在行政纠纷裁断过程当中发现该争议属于适用穷尽行政救济原则的例外情形，那么其裁判文书当中通常会选择以下几个方面来展开论述：（1）假如案件争议焦点当中涉及纯粹法律性争端（或宪法性争端），那么法官通常会在裁判意见当中阐明司法机关在解决纯粹法律性争端（或宪法性争端）方面具有专业优势，先行行政救济渠道无法为该类纠纷提供适当救济，出于纠纷当事人权益保障的需要该类纠纷无须适用穷尽行政救济原则①。（2）假如案件争议焦点当中涉及行政救济渠道堵塞了纠纷当事人享有的程序性救济权的情形，那么法官通常会在裁判意见当中阐明该原则适用其目的在于为纠纷当事人提供全面高效的救济，既然前置的行政救济不能，那么纠纷当事人自然无须适用该原则。（3）假如案件争议焦点涉及行政主体明显超越法定授权行使职权的情形，那么法官通常会在裁判意见当中阐明按照依法行政的基本要求，行政权力的行使要于法有据。若行政主体明显超越法定授权行使职权，那么行政救济已经不具备正当性基础，这也就使得纠纷当事人直接寻求司法救济成为可能②。（4）假如案件争议焦点涉及穷尽行政救济原则的适用将会给纠纷当事人造成一定的损失且之后难以获得足额的情形，那么法官通常会在裁判意见当中阐明适用该原则其目的在于为纠纷当事人提供高效便捷的权利救济，若该原则的适用同时又为当事人带来新的消极负面影响，其显然是背离了适用该原则的基本目标，那么这种情况下适用该原则的例外情形似乎更为合适③。（5）假如案件争议焦点涉及行政主体积极主动的追求或者消极放任的默认态度从而导致行政救济渠道未能对纠纷当事人的损失提供有效救济的情形，那么法官通常会在裁判意见当中阐明既然前置的行政救济渠道的实际效果是令人质疑，任何失去信任基础的救济渠道只会无谓加重纠纷当事人的救济负担而无实际效果，那么选择适用该原则的例外情

---

① 详见 Grounds v. Tolar Indep. Sch. Dist. , 707 S. W. 2d, 889-892 (1986).

② 详见 Westheimer Indep. Sch. Dist. v. Brockette, 567 S. W. 2d, 780-786 (1978).

③ 详见 Houston Fed'n of Teachers Local 2415 v. Houston Indep. Sch. Dist. , 730 S. W. 2d, 644-646 (1987).

形将是更为明智的选择。(6) 假如案件争议焦点所涉及行政纠纷情况急迫且惟有司法救济渠道是最为合适有效的救济渠道，法官通常会在裁判意见当中阐明既然先行行政救济渠道的各项优势在此类情形当中已不复存在，那么适用该原则也就不再具备正当性基础，显然直接适用该原则的例外情形更符合理性当事人的最佳选择。①正如上文所言，在判定是否属于该原则的例外情形时最为关键的是要进行利益衡量，惟有其所保障的相对人利益显著大于穷尽状态下的行政秩序利益时例外情形才具有正当性。②

第三节 穷尽行政救济原则的转型期 (1993 年至今)

一、穷尽行政救济原则转型时期典型案例解读

案例 D 简介。在 1993 年的达比诉西斯内罗斯案 (Darby v. Cisneros) 中，R. 戈登·达比 (R. Gordon Darby) 是南卡罗莱纳州的一个私营房地产开发商，其专注于经营群居型房屋租赁工程业务。被告住房和城市发展部 (Department of Housing and Urban Development) 在《国家住宅法》的 §203 (b) 和 §207 当中分别规定了关于独户住宅和群居住宅的抵押保险。由于政府对于群居住宅工程保险给予了更高程度的监管，因而对投资商而言独户住宅抵押保险对其吸引力更大。在 20 世纪 80 年代的时候，抵押银行家朗尼·加尔文·Jr. (Lonnie Garvin Jr.) 开发了一个金融计划，其能够让群居住宅开发商获得来自于住房和城市发展部的独户住宅抵押保险。加尔文计划的最大优势便在于允许住宅开发商规避住房和城市发展部关于独户住宅以及群居住宅保险区别对待的规则，R. 戈登·达比也参与了该计划。1983 年之后，住房和城市发展部开始调查加尔文的金融计划，随后住房和城市发展部对 R. 戈登·达比作出了行政处罚决定。行政法官对此进行了听证，并作出了初步决定，指出原告的行为属于不适当曲解规则的诈骗

① 邢鸿飞：《论美国穷尽行政救济原则的适用例外及对我国的启示》，载《法学论坛》2014 年第 2 期。
② McCarthy v. Madigan, 503 U. S. 140 (1992), at 146. 转引自郑烁：《论美国的"穷尽行政救济原则"》，载《行政法学研究》2012 年第 3 期。

行为，禁止其在未来 18 个月之内参与联邦的任何项目。依照《住房和城市发展部规章》，若秘书处未在 30 日之内收到审查的请求，那么行政法官的决定将是最终的决定。纠纷当事人并未对行政法官所作出的初步的决定请求进一步的行政救济。之后，R. 戈登·达比向地区法院提起诉讼，请求颁布禁令，主张该行政处罚是为了达到惩戒的目的而强加的，其违反了住房和城市发展部的规章，因此并不符合《行政程序法》的相关规定。被告请求驳回原告主张，认为其跳过了秘书处的审查程序，其尚未穷尽行政救济。该案历经地区法院、上诉法院以及联邦最高法院，法院最终判定支持原告请求，在该案当中纠纷当事人可以直接寻求司法救济而无须穷尽行政救济。①

D 案件争议焦点及裁判意见。达比诉西斯内罗斯案的争议焦点为在缺乏法律明确规定的情形之下地区法院是否有权强加纠纷当事人在寻求司法救济之前必须要穷尽可获得的行政救济。在该案的裁断当中，联邦最高法院的法官在判决当中指出：《行政程序法》§10（c）条款规定纠纷当事人寻求可获取的行政救济是获得司法救济的前提要件，但其仅适用在法律明确规定的情形或法规规定纠纷当事人在寻求一定行政救济之前行政行为停止生效的情形。而在该案当中住房和城市发展部门并没有提供充足确凿的证据证明法律明确规定了纠纷当事人在寻求司法救济前需要穷尽行政救济，同时也未提供证据证明当事人未寻求适当行政救济将导致争议行政行为不发生法律效力的相关规定。而依照《住房和城市发展部规章》的相关规定，若秘书处未在 30 日之内收到审查的请求，那么行政法官的决定将是最终的决定。而就本案而言，行政法官在 1989 年 12 月举行了听证，并于 1990 年 4 月签署了行政处罚的初步决定，纠纷当事人是在 1990 年 5 月 31 日提起行政诉讼，而从签署行政处罚的初步决定起算的 30 日之内秘书处并未收到纠纷当事人需要获得进一步行政救济的请求。而符合规章时限要求的行政法官的裁决将不再是中间性行政行为，而是最终性的行政行为。再参照《行政程序法》第 704 条的相关规定（APA. 5U. S. C. A. §704.）在机构已作出最终行为的情况之下，法院无权在行政诉讼之前随便强加行政救济。此外在《住房和城市发展部规

---

① Darby v. Cisneros, 509 U. S. 137（1993）.

章》当中也并未明确规定，不动产开发商起诉住房和城市发展部的决定之前需要穷尽行政救济，否则将会影响其司法救济活动的展开。法官进一步指出尽管穷尽行政救济的信条作为司法歉抑的一个重要体现，其在不适用《行政程序法》管辖的案件当中得到了持续的适用，但低级法院并不可以在属于《行政程序法》管辖的案件当中随便要求纠纷当事人适用穷尽行政救济原则。而且在《行政程序法》的立法历史当中也并没有任何证据材料支持与本判决相反的解读。因此在本案当中法院无权强加穷尽行政救济作为行政诉讼的前提规则。①

二、穷尽行政救济原则转型时期概述

通过以上判例的研读不难发现所谓穷尽行政救济原则的转型期即以 1993 年达比诉西斯内罗斯案（Darby v. Cisneros）为分界点，其实现了适用穷尽行政救济原则分析框架的巨大转型，赋予了穷尽行政救济原则新的内涵。② 在该案当中，联邦最高法院推翻了联邦上诉法院的判决，法官对《联邦行政程序法》第704 条的后半部分进行了全新解读，针对以上规定，联邦最高法院认为，该案当中住房和城市发展部门并没有提供证据证明法律和规章当中对于"当事人寻求司法救济前需要穷尽行政救济以及行政救济期间争议行政行为不发生法律效力"的问题存在明确规定。正是鉴于此，联邦最高法院最后认定：此案当中行政法官的裁决并非中间性行政行为，而是最终性的行政行为，因而当事人可直接寻求司法救济而无须穷尽行政救济。而达比诉西斯内罗斯案之所以在穷尽行政救济原则的发展历史当中具有转型意义③主要是因为以下几点：其一，法官在该判例当中阐明若依照相关法律或规章规定当事人对争议行政行为"可以"（而非"必须"和"应当"）首先寻求行政救济。那么在此情况下，应允许当事人不穷尽行政救济

---

① Darby v. Cisneros, 509 U. S. 137（1993）.

② William Funk, "Exhaustion of Administrative Remedies: New Dimensions Since Darby", *Pace Environmental Law Review* 18, 2000, pp. 1-18. 转引自郑烁：《论美国的"穷尽行政救济原则"》，载《行政法学研究》2012 年第 3 期。

③ 著名行政法学家伯纳德·施瓦茨也曾在文章当中提到 1993 年的达比诉西斯内罗斯案影响深远。Bernard Schwart, "Timing of Judicial Review—A Survey of Recent Cases", *The Administrative Law Journal* 8, 1994-1995, pp. 261-290.

而直接申请司法救济。其二，若当事人提出救济申请的依据并非源自《联邦行政程序法》的相关规定，那么法院应该适用之前穷尽行政救济的规则，而不能适用该案所确立的新规则。① 正是得益于联邦最高法院在该判例当中的延伸，其在很大程度上颠覆了之前适用穷尽行政救济原则的分析模式。在达比诉西斯内罗斯案之前，当事人欲直接寻求司法救济，惟有提供证据证明其已经穷尽了可获取的行政救济或该案属于适用穷尽行政救济原则的例外情形（见图3-1）。

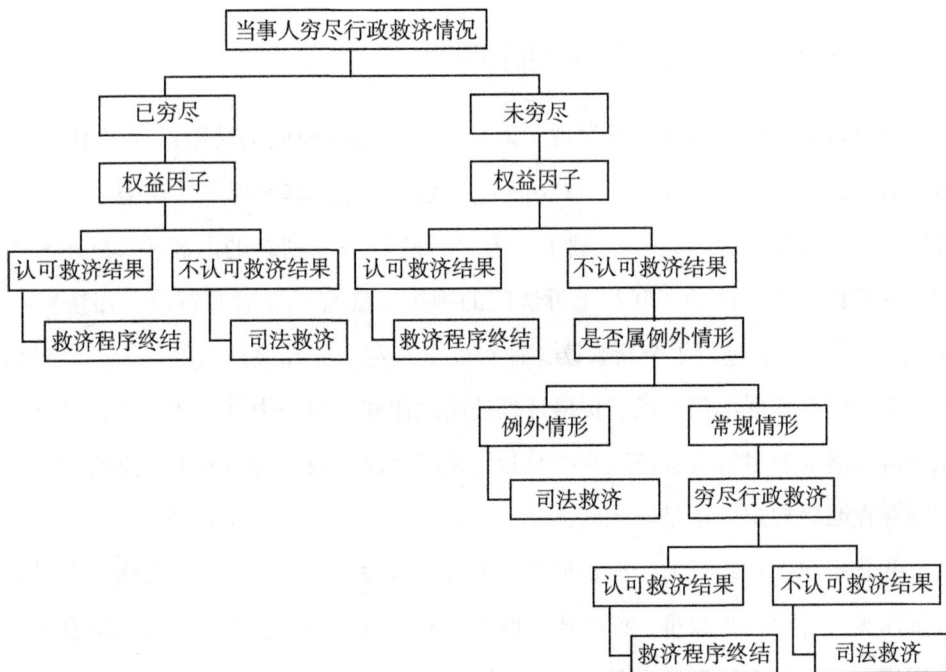

图 3-1 传统穷尽行政救济模式的分析框架图示②

而在此案之后，纠纷当事人若依照《联邦行政程序法》的相关规定申请司法救济时，其首先需要判断是否存在相关的法律或规章明确规定要求当事人对争议行政行为寻求司法救济之前"必须"或"应当"穷尽行政救济，如有则从其规定，

---

① Darby v. Cisneros，509 U. S. 137（1993）. 转引自郑烁：《论美国的"穷尽行政救济原则"》，载《行政法学研究》2012年第3期。

② 郑烁：《论美国的"穷尽行政救济原则"》，载《行政法学研究》2012年第3期。

如无相关规定当事人则可无须穷经行政救济而直接寻求司法救济。当事人若以
《联邦行政程序法》之外的其他规定为依据申请司法救济时，则仍遵守之前穷尽
行政救济原则的分析模式（见图 3-2）。①

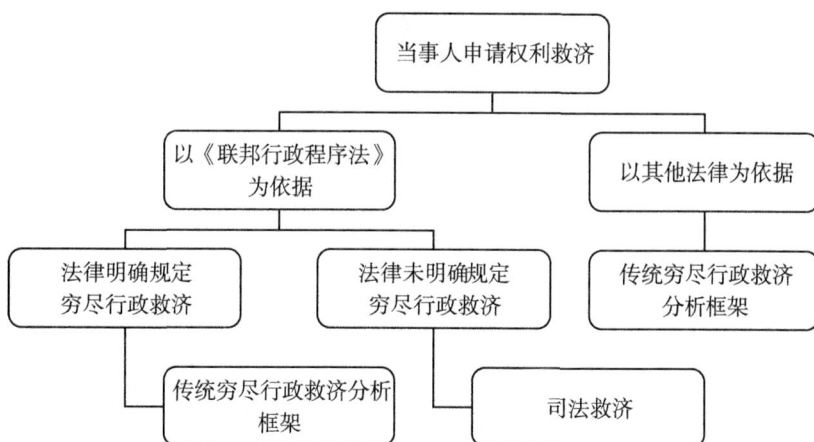

图 3-2　达比诉西斯内罗斯案之后新的分析框架图示②

　　① Darby v. Cisneros，509 U. S. 137（1993）. 转引自郑烁：《论美国的"穷尽行政救济原则"》，载《行政法学研究》2012 年第 3 期。

　　② 郑烁：《论美国的"穷尽行政救济原则"》，载《行政法学研究》2012 年第 3 期。

第四章 穷尽行政救济原则的法理基础

穷尽行政救济原则的法理基础主要回答了在行政纠纷救济当中为什么要适用穷尽行政救济原则的问题。从法理学视角来看，权力分立理论、行政自制理论以及司法有限理论，分别从不同的视角来证成了穷尽行政救济原则适用的必要性和可行性。首先，从权力分立的视角来看，不同国家权力之间性质有所差异，其所扮演的功能自然也就不同。而穷尽行政救济原则所创设的制度设计正是通过行政权和司法权二者间的合作博弈从而进一步明确了行政纠纷解决当中的不同救济渠道之间的先后位序问题。其次，从行政自制的视角来看，穷尽行政救济原则所创设的行政救济优先、司法救济殿后的救济位序旨在于充分激活行政系统内部的专业技术优势和救济效率优势，从而实现控制行政权力滥用，维持行政秩序有序运行之目的。最后，从司法有限的视角来看，正是鉴于司法救济的受案范围有限性、其审查强度有限性、其判决功能有限性、其裁判依据有限性、其救济资源有限性等诸多方面的制约，因而司法权在介入行政纠纷解决过程当中，其介入的广度和深度必须保持协调有所克制。而穷尽行政救济原则所创设的制度设计恰恰暗合了这一趋势，其既不会损害行政事务之效率，又保证了司法的最终性救济。①

第一节 权力分立理论

一、权力分立理论的基本内涵

依照分析视角的差异，权力分立制衡理论可分为宏观视角的国家权力分立理论和微观视角的行政内部分权理论。其中前者主要关注的是国家权力体系当中立

---

① 章剑生：《现代行政法基本原则之重构》，载《中国法学》2003 年第 3 期。

法权、行政权、司法权三者间彼此分立、相互制约的一种权力配置体制，而后者主要关注的则是行政系统内部的决策权、执行权和监督权三者之间相辅相成、相互协调的一种行政管理体制。①

（一）宏观视角国家权力分立理论

宏观视角下的国家权力分立理论其内涵就在于立法权、行政权、司法权三者之间要互相牵制，彼此平衡。② 其基本功能主要有以下四项：（1）实现权力区分；（2）实现权力平衡；（3）实现权力制约；（4）实现权利救济。

1. 宏观视角国家权力分立理论的基本思路

世界各国的法治实践已经表明："国家权力在应对复杂多变的社会关系当中具有能动性和易变性。即在国家权力受到既定规则的有效控制时其将具有建设性的功效，而其一旦失控其结果往往具有很大的破坏性。"③ 正是鉴于此，洛克、孟德斯鸠等众多思想家出于对人性"幽暗意识"的警觉以及国家权力自我扩张的防范，以"性恶论"为预设前提对于国家权力分立制衡的思想进行了有益的探索。④ 洛克出于削弱王权和贵族特权的考量，其设计了"立法权、行政权、对外权三足鼎立"的分权制衡思想。孟德斯鸠在继承洛克分权思想的基础上对"权力分立"学说进行了更为系统的论证和阐释，其强调："无分权即无自由""用权力对抗权力""以野心对抗野心"是解决权力无序扩张最为有效的手段，⑤ 并进一步完善了国家权力分立制衡的基本思想。其认为，社会个体皆具有人性的弱点，其自然无法抵抗权力的诱惑。若任何国家机构和社会个体集所有权力于一身，那么专横独断的弊端就不可避免。因而国家各项权力需要分立行使，惟其如此才能有效削弱专横独断，而国家权力之间同样需要彼此制衡，惟其如此才能有

① 郑代良、马敬仁：《浅析"行政三分制"与"行政三联制"的区别》，载《行政与法》2003 年第 9 期。

② 伍俊斌：《分权制衡理论的发展逻辑及其意义》，载《前沿》2011 年第 1 期。

③ ［美］博登海默：《法理学—法律哲学与法律方法》，邓正来译，中国政法大学出版社 1999 年版，第 360 页。

④ 虞崇胜、郭小安：《非对称性制衡：权力制衡模式发展的新趋势和新特点》，载《理论探讨》2008 年第 4 期。

⑤ ［法］孟德斯鸠：《论法的精神》，张雁深译，商务印书馆 1982 年版，第 154 页。

效防范腐败。①正是立基于此，其重新设计了"立法权、行政权、司法权"三权分立制衡的制度框架，其中立法权、行政权、司法权分别由国家议会系统、政府系统、法院系统来负责行使，各项权力之间要互相牵制，彼此平衡。② 至此，现代意义上的三权分立制衡的制度框架初步成型，其在美国联邦宪制的探索当中得到了很好的实践。

2. 宏观视角国家权力分立理论的基本功能

宏观视角下的国家权力分立制衡理论要求立法权、行政权、司法权三者之间互相分立彼此制衡，以此来避免因某一项国家权力的膨胀从而侵犯公民的合法权益。就其基本功能而言，其主要包含了以下几项基本功能：其一，实现不同国家权力相互之间的区分功能。要实现国家权力的分立行使，其前提便在于各项国家权力彼此之间存在一定区分度。宏观视角国家权力分立制衡理论正是将不同性质的国家权力彼此之间进行了区分，将其进一步细化为立法权、行政权、司法权三种权力。其中立法权主要是议会通过制定、修改、废除法律的形式来将国家统治阶层的意志表达出来，从而为各个国家机关和社会个体设定普遍遵守的行为准则的一项权力，其在性质上属于事先通过民主程序订立规则的权力。行政权主要是指国家各类行政机关在其职权范围内执行国家法律、政策，管理国家各项内政外交事务过程中所享有的权力，③ 在性质上属于执行性的权力。司法权主要是以法律文本规则或法律原则的规定为依据，在遵循法律逻辑推理的基础上实现定分止争、平息争议的一项权力，④ 其在性质上属于裁断性的权力，其借助案件裁断的形式来维护国家权力运行秩序。其二，实现不同权力相互之间的平衡功能。国家权力运行系统与自然界的生态系统具有共通性，自然界要求生态系统保持平衡，国家权力运行系统同样要求不同性质的各类权力保持一种大致平衡的状态。其中任何一种权力过大或过小，都会影响到整个国家权力系统的运行。例如，行政权力的过度膨胀必然会进一步威胁到立法权和司法权的权力行使空间，从而导致整

---

① 王立峰：《行政三分制的行政法治契合》，载《长白学刊》2009年第6期。

② 伍俊斌：《分权制衡理论的发展逻辑及其意义》，载《前沿》2011年第1期。

③ 应松年、薛刚凌：《论行政权》，载《政法论坛》2001年第4期。

④ Edward S. Corwin, *The Constitution and What it Means Today*, Princeton, Princeton Press, 1969, p. 132. 转引自徐汉明：《论司法权和司法行政事务管理权的分离》，载《中国法学》2015年第4期。

个国家权力运行超稳定结构的失衡，其他任何一种权力的失衡同样如此。其三，实现不同权力相互之间的制约功能。鉴于立法权、行政权、司法权三者性质上的差异，其职责功能也必定是有所差异的。立法权其主要职责是为行政权和司法权的运行设定基本的轨道，行政权是在立法设定的职责范围内保证行政事务得到有效执行，而司法权则是依照先前的立法规范来监督行政权是否依照既定规则行使，若出现越轨行为则要实施惩戒功能。正是得益于三种权力之间的相互牵制，从而保证各项权力均能各司其职、各负其责。其四，实现公民权利救济的功能。国家权力不受制约必将导致权力的滥用和腐败，最终还会侵害到公民的权利和自由，即孟德斯鸠所言的"无分权即无自由"，"当立法权和行政权集中于同一主体手中时，公民的权利和自由便不复存在了，因为立法机关很可能会制定暴虐的法律，并暴虐地执行这项法律"①，此时公民的权利和国家的利益必将受到极大的损害。反之，国家权力相互之间彼此分立相互制衡的状态之下，司法权必将对权力的滥用行为进行有效的救济，从而切实保障公民的权利和国家的整体利益。

（二）微观视角行政内部分权理论

微观视角行政内部分权理论其基本内涵就在于通过将行政权力进一步细化为决策权、执行权、监督权三种，从而实现行政权力资源格局的优化配置。其基本功能主要包括以下几个方面：（1）强化行政权力的公共服务属性；（2）明确行政系统内部的角色定位；（3）提升行政公共服务的科学化水平；（4）加强行政系统内部的权力制约。

1. 微观视角行政内部分权理论的基本思路

行政权通胀已是当今世界各国的通病，因而如何有效避免行政权力寻租、行政效能低下等诸多问题已成为全球性的热点议题。正是鉴于此，行政内部分权理论便应运而生。所谓行政内部分权理论，即在某一层级的行政管理系统内部，通过适度"合并同类项"的方式来改变之前行政权力的运行模式，将之前政府系统所享有的决策职能、执行职能、监督职能合理分离，从而形成一种行政系统内部

---

① ［法］孟德斯鸠：《论法的精神》，张雁深译，商务印书馆1982年版，第154页。

各项职能分立行使、彼此制约、相互协调的一种运行管理模式。① 相较之传统意义上的行政管理体制而言，其在很大程度上颠覆了之前"行政部门集决策权、执行权、监督权于一体，自行制定行政权力运行规则，自行负责执行权力、自行负责监督的行政集权运作模式"，"走出了之前行政监管当中普遍存在的行政权力部门化、监管部门利益化、攫取利益合法化的行政权力畸形运作模式"。② 通过制度优化从而将之前融为一体的行政权一分为三，在行政系统内部形成一种各项权力之间既相互合作同时又彼此博弈的态势，借此优化行政权力资源的配置格局。其正是通过适度规模"合并同类项"的方式，将行使权力性质大致类似的行政部门合并规制，这一改革举措不仅提升了行政部门的专业化和精细化程度，同时也有效防控了行政集权运作模式可能带来的执行乏力和监督缺位的问题，从而在行政系统内部形成不同部门各司其职、各负其责的行政权力良性运行模式。

2. 微观视角行政内部分权理论的基本功能

微观视角下的行政内部分权理论要求行政系统内部通过合理分离决策、执行、监督这三项职能，从而形成一种各项权力之间既相互合作同时又彼此博弈的良性运行态势。就其基本功能而言，其主要包含以下几项基本功能：其一，强化了行政权力的公共服务性质。现代行政管理活动正在经历一场深刻的革命，其从"传统公共行政"渐趋转向"新公共服务"。③ 伴随这一转型过程，现代行政过程中的公共服务理念逐渐凸显。而行政内部分权其正是通过优化制度设计的方式从而保证了行政系统内部各个不同职能部门所行使的权力与各自部门利益脱钩，尽可能避免因权力过度集中所导致的腐败和寻租，从而为社会提供高效优质的公共服务。④ 其二，明确了行政系统内部的职责角色定位。行政内部分权理论将行政系统内部的决策职能、执行职能与监督职能一分为三，其正是通过将行政系统

---

① 郑代良、马敬仁：《浅析"行政三分制"与"行政三联制"的区别》，载《行政与法》2003 年第 9 期。

② 郑玉敏：《"行政三分制"——行政自制的制度化尝试》，载《理论探讨》2010 年第 5 期。

③ ［美］罗伯特·B. 丹哈特、珍妮特·V. 丹哈特：《新公共服务：服务而非掌舵》，刘俊生译，张庆东校，载《中国行政管理》2002 年第 10 期。

④ 郑代良、马敬仁：《浅析"行政三分制"与"行政三联制"的区别》，载《行政与法》2003 年第 9 期。

内部不同性质的行政职权进行角色分化，从而进一步明确了行政系统内部各个职能部门的职权范围，① 避免了各个职能部门有利可图则蜂拥争抢，无利可图则互相推诿肘掣情形的出现。其三，提升了行政公共服务的科学化水平。在行政内部分权过程当中，通过行政决策组织的扁平化和行政决策程序的规范化改革从而推动行政决策更加民主和科学；通过对行政执行程序的绩效考核和社会化外包从而推定行政执行更加高效和低价；通过行政监督人员的专业化以及监督手段的多元化从而推动行政监督更加公平和公正。正是得益于以上众多举措的合力效果，从而在行政内部分权过程当中对于不同性质的权力资源进行了科学配置，进一步提升了行政公共服务的科学化水平。② 其四，加强了行政系统内部的权力制约。在行政系统内部分权过程当中，其决策主体、执行主体与监督主体三者之间彼此分离，其中任何一个主体的相关行为均要受到其他两个主体的制衡。如通过将行政系统内部的决策主体与执行主体相分离，从而有效避免了在行政监管以及公共利益分配过程当中相关决策主体与执行主体二者间合谋实现利益垄断情形的出现。③ 其正是得益于行政系统内部权力的分化从而有效避免了"自裁自行、审执不分、审监一体、高度集中的行政权力迷局"，其正是得益于行政系统内部的权力制衡从而有效扭转了"行政权力部门化、部门利益垄断化的行政权力异化怪象"。④

二、权力分立理论与穷尽行政救济原则的内在契合

就宏观视角的国家权力分立理论而言，穷尽行政救济原则主要涉及的是在行政纠纷解决的过程当中通过行政权和司法权相互之间的合作博弈从而明确两种救济方式的先后位序问题。在社会发展的某一特定阶段，国家所能够提供的行政纠纷救济资源的总量是一定的，要实现行政纠纷救济资源配置效用的最大化，就不

---

① 王立峰：《行政自制理论视阈下的"行政三分制"——以深圳市行政体制改革为例》，载《中州学刊》2010 年第 1 期。

② 薛刚凌、张国平：《论行政三分制的功能定位》，载《行政管理改革》2009 年第 3 期。

③ 薛刚凌、张国平：《论行政三分制的功能定位》，载《行政管理改革》2009 年第 3 期。

④ 王立峰：《行政自制理论视阈下的"行政三分制"——以深圳市行政体制改革为例》，载《中州学刊》2010 年第 1 期。

可避免涉及行政救济与司法救济两大救济途径相互间的博弈。就司法救济途径而言，司法审查的强度以及方式直接涉及了国家政治分权格局，稍有不慎即可能威胁到行政判决的合宪性①以及行政机关积极履职的主观能动性。再加之行政自由裁量权遍布行政事务每个细节、司法救济成本高昂、司法救济人员专业技术能力欠缺等问题。② 显然在此情形之下，司法救济途径不是解决行政纠纷优先考虑的方式，而是一种退而求其次的无奈选择。相比而言，行政救济途径则具有救济成本低、救济效率高、救济专业性强等众多的比较优势。立基于此，为充分实现两种救济方式的共赢，以达到国家不同权力资源合作博弈的理想状态，在行政纠纷解决过程中引入穷尽行政救济原则也就成为最优的选择。所谓合作博弈（Cooperation Game），是指各方参与主体在发生相互作用关系当中通过达成联盟协议从而实现利益共赢的一种博弈形式，其最主要关注的是共赢效果的实现过程以及利益资源的分配问题。③ 两种救济方式之所以能够达成合作博弈的共识，首先在于两者间均有共同的功能目标。无论是行政救济还是司法救济其功能目标均在于纠正行政主体的违法失职行为，保障行政相对人的合法权益，从而维持行政秩序的稳定。两者功能目标的一致性为其合作博弈的实现奠定了重要的前提基础。其次在于两者间存在达成联盟协议的可能性，这里所涉及的联盟协议是指行政纠纷救济渠道选择中的位序问题即穷尽行政救济原则的适用问题。既然是两种救济方式之间的博弈，那么必然涉及当事人在两者间如何选择以及如何实现选择最优的相关问题，而这一切均要依赖于当事人对于救济效果的信息预测，④ 而鉴于权利救济申请人在占有专业知识、信息获取渠道等方面的劣势，其不可能完全准确地预测各种救济渠道所达成的效果。一方面当事人占有的决策信息不足，而另一方面其又希望实现自己期望效用的最大化。在这种情况下，通过达成联盟协议的方式也就成为纠纷当事人的最优选择。通过穷尽行政救济这一联盟协议的达

①　谭冰霖：《行政裁量行为司法审查标准之选择：德国比例原则与英国温斯伯里不合理性原则比较》，载《湖北行政学院学报》2011年第1期。

②　崔卓兰、刘福元：《论行政自由裁量权的内部控制》，载《中国法学》2009年第4期。

③　王凯伟、李莉：《合作博弈应用于行政监督实效提升：相关性、必要性及可行性》，载《湘潭大学学报（哲学社会科学版）》2012年第6期。

④　张维迎：《博弈论与信息经济学》，上海三联书店、上海人民出版社1996年版，前言第1~2页。

成，从而帮助权利救济申请人能够以一种梯度有序的方式来实现自己权利救济的目标。而相对于权利救济中的另一方当事人而言，其也通过该联盟协议的达成从而实现了公共救济资源的优化配置，维护了国家权利救济秩序的良性运行。正是就此而言，该联盟协议的达成对于行政纠纷解决过程中的各方参与人均实现了期望效用的最大化。最后在于该联盟协议的达成实现了合作博弈之终极目标——合作剩余。所谓合作剩余是指博弈各方当事人达成协议之后实现了社会效用的最大化。正如上文所述，通过穷尽行政救济原则的达成，使得各种救济渠道均能依照其预设轨道理性运行，既避免了行政救济渠道的空转，同时又避免了行政诉讼案件剧增所导致的司法救济渠道堵塞，有效协调了救济渠道冷热不均的现状，进而实现了两大纠纷救济渠道合作效用的最大化——即两大纠纷救济渠道有序共存和谐共赢的局面。①

就微观视角的行政内部分权理论而言，穷尽行政救济原则主要涉及的是行政系统内部的权力监督问题，其目的在于通过优先行政系统内部自我纠错的制度设计，从而及时救济那些违法失当的行政行为。其宗旨在于通过行政救济优先、司法救济殿后的制度设计，从而实现行政救济和司法救济之间的良性互动。任何权力均有被滥用的倾向，当今日益膨胀的行政权力更是如此。而通过行政系统内部分权，将行政权力进一步细化为行政决策权、行政执行权和行政监督权，通过行政系统内部这三种权力相互间的制衡，不仅有效遏制了行政权力高度集中可能导致的盲目专断，同时也切实保障了行政相对人的基本权利。首先，就穷尽行政救济该制度设计的目的而言，其在于充分发挥行政系统内部权力监督的比较优势，从而及时救济那些违法失当的行政行为。相较之司法系统救济而言，来自行政系统内部的权力监督机关更熟悉行政权力运作的基本规范和流程，其更可能洞悉违法失当行政行为的起因和症结所在，其更容易纠正违法失当的行政行为，可以更有效地避免因过度依赖僵化滞后规则所导致的弊端。② 其次，就穷尽行政救济该制度设计的宗旨而言，其旨在通过行政救济和司法救济两者之间的良性互动，从而逐步优化各类救济资源的配置。穷尽行政救济原则的制度设计通过优先行政

---

① 王凯伟、李莉：《合作博弈应用于行政监督实效提升：相关性、必要性及可行性》，载《湘潭大学学报（哲学社会科学版）》2012年第6期。

② 崔卓兰、刘福元：《行政自制理念的实践机制：行政内部分权》，载《法商研究》2009年第3期。

内部监督，从而尽可能将行政纠纷解决在行政系统内部，以更低的救济成本获取更高的社会效益。而对于明显不当的行政行为虽已经穷尽了可获取的行政救济但仍未得到有效补偿的情形可由司法救济为其提供兜底救济，以便为行政侵权行为打造立体化的救济体系，充分激活行政系统内部的效率因子和司法系统内部的公正因子，推动行政救济和司法救济两者之间的良性互动，从而逐步优化各类救济资源的配置。

第二节　行政自制理论

行政自制本质上属于行政系统内部的一种自我纠错行为。无论是就行政自制的主体或客体而言，还是就其判断标准、性质以及功能而言，其均要求在行政纠纷解决过程当中不仅关注行政行为的专业性和科学性，同时也要关注其效率性和服务性，而穷尽行政救济原则的制度设计恰恰顺应了这种内在需求。

一、行政自制理论的基本内涵

所谓行政自制是指通过行政系统内部约束其所实施的行政行为从而逐步规范行政权在合法合理的范围内运行的一种内部纠错行为，其主要关注的是行政系统内部自我控制的问题。① 就其内涵而言，其主要包含行政自制的主体、行政自制的客体、行政自制的判断标准、行政自制的性质、行政自制的功能等诸多方面。

其一，就行政自制的主体而言，其主要是指行政系统内部纵向上的行政层级监督机关和横向上的行政职权监督机关。其中纵向上的行政层级监督机关即"基于行政科层隶属关系享有对下级行政机关或委托授权组织进行检查纠偏权力的上级行政机关"。② 而横向上的行政职权监督机关则主要是基于法律授权而享有监督权力的专门性行政机关，诸如行政系统内部的审计机关和行政监察机关。无论是设立纵向上的行政层级监督机关和横向上的行政职权监督机关其目的都在于规控行政权力依法依规行使，其不仅要对被监督行政机关所作出行政行为的合法性

---

① 于立深：《现代行政法的行政自制理论——以内部行政法为视角》，载《当代法学》2009 年第 6 期。
② 崔卓兰、刘福元：《论行政自由裁量权的内部控制》，载《中国法学》2009 年第 4 期。

进行监督，同时也要对其合理性与合目的性进行审查，① 并将其结果作为之后绩效考核、提拔升迁的重要指标。

其二，就行政自制的客体而言，其主要针对的是行政主体所享有的行政权力及其外在具体表现形式的行政行为。② 无论是设立纵向上的行政层级监督机关还是横向上的行政职权监督机关其监督的对象都是行政权力本身以及其外在表现形式行政行为。其正是凭借层级监督和横向监督体制所激发的内在活力来规范被监督行政机关所作出的行政行为要遵循组织行为流程，避免其在履行行政职能方面可能存在的方向性偏差，确保各项国家政策及目标纲领的达成，进而保障社会行政管理秩序的良性运行。③

其三，就行政自制的判断标准而言，鉴于行政系统自我纠错当中专业技术以及行政效率等领域所存在的便利条件，其不仅关注行政行为的合法性同时还关注行政行为的合理性。在合法性判定标准当中其主要关注"行政行为的作出主体是否合法，其职权行使范围是否合法，其履职程序是否合法，其事实认定是否合法，其法律适用是否合法等诸多事项"。④ 而在合理性审查标准当中其主要关注"行政行为是否遵循了比例原则的基本要求，其是否符合立法所设定的正当性目的，其在纠纷裁断过程当中是否考虑了与案件不相关因素或者未考虑与案件存在密切关系的相关因素，其最终结果是否存在偏私对待或显失公正的情形，其履职过程是否存在拖沓迟延等诸多情形"。⑤ 其借助行政系统内部的技术资源优势，通过合法性审查与合理性审查相结合的方式不仅及时对先前的违法失当行政行为进行了自我纠错，同时也借助于这一全面性的审查进一步增强了先前合法正当行政行为的可接受性，此外对于潜在的违法乱纪行政主体也具有一定的警示功能，以此来推动和谐善治目标的实现。⑥

---

① 杨伟东：《关于创新行政层级监督新机制的思考》，载《昆明理工大学学报（社科版）》2008 年第 1 期。

② 于立深：《现代行政法的行政自制理论——以内部行政法为视角》，载《当代法学》2009 年第 6 期。

③ 周仁标：《论地方政府政策执行的困境与路径优化》，载《政治学研究》2014 年第 3 期。

④ 江必新：《司法审查强度问题研究》，载《法治研究》2012 年第 10 期。

⑤ 江必新：《司法审查强度问题研究》，载《法治研究》2012 年第 10 期。

⑥ 崔卓兰：《行政自制理论的再探讨》，载《当代法学》2014 年第 1 期。

其四，就行政自制的性质而言，其属于行政系统内部控制行政权力滥用，维持行政秩序有序运行的一种行政行为。也正是鉴于其所具有的这一特质，从而将行政自制与立法监督和司法监督、社会舆论监督等众多的外部监督纠错机制区别开来。① 在这个行政权普遍通胀的时代，立法监督、司法监督、社会舆论监督等众多的外部监督纠错机制要想深入行政权的每个毛孔实现对其的全方位监控，其难度可想而知。② 而行政内部救济对此则具有独特的优势，其借助行政系统内部的便利条件、技术资源优势，进而及时对先前的违法失当行政行为进行自我纠错，③ 以此来强化行政系统内部的自我约束、自我控制功能，为行政纠纷当事人提供一套便捷、高效、可实现的救济机制，从而在行政权力系统内部有效治理失范行政行为，维护行政法律秩序的良性运行。

其五，就行政自制的功能而言，其主要具有以下三项功能：（1）实现行政系统内部的自我控制功能；（2）维持合法行政功能；（3）提高行政行为可接受性的功能。首先就实现行政系统内部的自我控制功能而言，其主要是通过对行政纠纷的处理而实现的。行政纠纷对行政权力运行体系具有重要的警示刺激功能。行政纠纷一旦产生，为维持行政权力体系的良性运行状态，行政系统内部必须要及时纠错，④ 即行政纠纷裁决人及时对双方当事人之间的争议纠纷予以裁断，对行政相对人受损的权益予以修复，对行政主体的违法失职行为予以惩戒，尽可能让行政纠纷止步于行政系统内部，避免行政纠纷的扩大化，从而实现行政权力系统的自我控制。也正是借助于诸如行政纠纷之类的反面教材的警示效应，通过多元化的形式⑤为之后的行政权力运行机制提供了一套可供参照比对的规则，任何行政权力均需要依照既定的轨迹行使，一旦出现越轨行迹，其责任主体将承担相应

---

① 于立深：《现代行政法的行政自制理论——以内部行政法为视角》，载《当代法学》2009 年第 6 期。

② 崔卓兰、刘福元：《行政自制理念的实践机制：行政内部分权》，载《法商研究》2009 年第 3 期。

③ 崔卓兰：《行政自制理论的再探讨》，载《当代法学》2014 年第 1 期。

④ 王莉：《行政复议功能研究——以走出实效性困局为目标》，社会科学文献出版社2013 年版，第 132 页。

⑤ 诸如通常采用的行政复议建议书或意见书等形式。王莉：《行政复议意见书制度探析——以行政复议监督功能的实现为中心》，载《浙江学刊》2012 年第 3 期。

的法律责任。① 其次，就维持合法行政的功能而言，在行政系统自我监督的过程当中，对于纠纷当事人提出争议的行政行为并非全部存疑，其中那些实体合法合理、程序正当规范的行政行为，通过行政自我监督审视的过程，无论是争议行政行为的合法性还是合理性均再次得以确认，该决定进一步维持了先前所作出的行政行为。一旦送达其对当事人便产生可预期的法律效力。该法律效力主要表现为三种形式：（1）决定行为的确定效力，即行政纠纷当事人之间的权利义务关系得到进一步明确；（2）决定行为的拘束效力，即行政纠纷当事人行为均要符合决定的要求，接受其约束；（3）决定行为的执行效力，即行政纠纷的当事人均要严格遵照决定的内容予以执行，如违反则要承担相应的法律责任。② 也正是得益于该决定所具有的法律效力，从而维持了之前行政主体所作出的合法性与合理性兼备的行政行为，平息了行政法律关系的争议状态，恢复了行政法律秩序的稳定。再次，就提高行政行为可接受性功能而言，行政自制的过程同时也是对原行政行为的合法性与合理性问题再次进行全面审视的过程。在该过程当中，通过对先前行政行为当中的事实认定、法律适用、裁量事项等要素逐一予以论证，③ 借助透彻细致的说理程序缓释纠纷双方当事人的误会和冲突，赢得行政相对人的认同，从而进一步提高争议行政行为的可接受性。

二、行政自制理论与穷尽行政救济原则的内在契合

现代行政管理活动正在经历一场深刻的革命，其从"传统公共行政"渐趋转向"新公共服务"。④伴随这一转型过程中，现代行政过程中的专业性和科学性色彩逐渐凸显，效率意识及服务意识日渐增强，至此行政自制理论也便应运而生。

首先，就专业性和科学性的视角而言，实现行政自制的过程同时也是充分发

---

① 关保英：《论行政权的自我控制》，载《华东师范大学学报（哲学社会科学版）》2003 年第 1 期。

② 王莉：《行政复议功能研究——以走出实效性困局为目标》，社会科学文献出版社2013 年版，第 97~142 页。

③ 王万华：《重构公正行政复议程序制度 保障行政复议公正解决行政争议》，载《行政法学研究》2012 年第 2 期。

④ ［美］罗伯特·B. 丹哈特、珍妮特·V. 丹哈特：《新公共服务：服务而非掌舵》，刘俊生译，张庆东校，载《中国行政管理》2002 年第 10 期。

挥行政系统内部的专业性和科学性的过程，在这一过程当中其技术理性色彩更为明显，不再拘泥于由"事实"到"法律"的简单逻辑推理，其甚至掺入了复杂模型评估以及数据统计分析等尖端技术，至此"事实""法律""科技""经验"等要素完全融为一体。面对诸如此类的纠纷，作为专司法律的法官显然心有余而力不足，① 正是鉴于此，其通常会对行政专业判断予以尊重。而面对诸如此类高度精细科学的行政纠纷，穷尽行政救济的轨道设计则具有其独特的优势。穷尽行政救济的过程充分利用了行政裁决机关对于之前行政决策相关信息资料的掌握，解决纠纷专业人员业务精通熟练的优势。行政裁决机关通过行政救济渠道在复杂疑难的专业案件当中综合考量法律应然规定、国家政策基本精神、专业技术因素、社会公共利益、个案细节等诸多事项，从而得出一个相对平衡理性的纠纷解决方案。② 即使行政救济的结果未获得纠纷当事人的认可，其仍可进入下一层级的司法救济，而前期经历的行政救济程序使双方当事人的争议焦点更加明确、个案细节更加清晰、专业判断更加精准，而这也恰恰是行政自制的重要目的之一。

其次，就效率意识及服务意识的视角而言，行政自制的过程同时也是优化行政效率、增强行政服务的过程。伴随网络信息技术的飞速发展以及电子政务系统的日益普及，现代行政的高效性、能动性、直接性、规范化的特质再次得以凸显，这也恰恰印证了卢西恩·派伊之前的断言："现代社会发展问题的根源便在于必须要建立效率更高、适应性更强、组织形态更加复杂、组织结构更加合理的政府服务机构。"③ 依照行政自制理论的基本要求，其客观要求重构行政组织结构及行政服务程序，从而推进行政服务秩序的最优化。④ 而提供最优服务的政府也必然是行政纠纷及时得到化解的政府，毕竟"迟到的正义非正义"。而行政自制理论则恰恰实现了纠纷化解的流程化控制，其不仅重视对于行政纠纷的过程性

① Joel Yellin, "Judicial Review and Nuclear Power: Assessing the Risks of Environmental Catastrophe", *George Washington Law Review* 45, 1977, pp. 969-981. 转引自宋华琳：《制度能力与司法节制——论对技术标准的司法审查》，载《当代法学》2008 年第 1 期。

② 范愉：《行政调解问题刍议》，载《广东社会科学》2008 年第 6 期。

③ 转引自余潇枫：《行政体制改革与行政现代化》，载《浙江大学学报》1997 年第 4 期。

④ ［美］罗伯特·B. 丹哈特、珍妮特·V. 丹哈特：《新公共服务：服务而非掌舵》，刘俊生译，张庆东校，载《中国行政管理》2002 年第 10 期。

分析与善后性处理,① 同时也十分重视行政纠纷的预防,从而借助行政内部规制将纠纷解决的端口逐渐前移,从而更为便捷高效地化解行政纠纷。② 面对行政自制理论对于行政纠纷救济提出的新要求,显然其与司法救济的理念是相距甚远的。行政纠纷的司法救济程序当中,考虑到中间性行政行为可能会被最后的行政决定所吸纳,司法机关通常会待行政纠纷已经发展到适合司法救济活动介入的阶段才会予以受理。毕竟司法救济资源有限且行政纠纷尚处于未完全成熟的中间阶段,此时案情尚不明朗且查明案情所投入人力、物力成本与其纠纷解决的实际效果不成比例。因而,出于节约有限司法资源和纠纷救济成本的考虑,司法救济活动则主要以结果性审查为主。③ 而穷尽行政救济原则的制度设计则恰好契合了行政自制理论的基本要求,其通过两种救济渠道的优化衔接,从而充分发挥了前置性行政救济渠道的制度优势。因为在前置的行政救济过程当中,行政主体不仅全面掌握争议行政行为作出过程中的每一个细节信息、决定过程中的技术考量要素、决定作出的具体流程。同时,行政主体作为社会公共利益最佳维护者的角色定位也赋予了其积极主动监督各类行政决定、及时高效救济行政纠纷的职权定位,这就要求其不仅关注行政自由裁量权运行的结果,同时还要关注行政自由裁量权运行的过程,通过逐步完善对于行政决定及其相关行为的监督,从而将行政决定的整个过程全部纳入监督审查的视野当中,将合理性审查与合法性审查作为其监督救济的重要手段,从而避免了直接启动司法救济可能导致的纠纷救济的缺憾,有效降低了行政纠纷救济过程中的各项成本支出,进一步拓展了行政服务的领域,大力提升了行政服务的效能。

第三节　司法有限理论

鉴于司法救济的受案范围有限性、其审查强度有限性、其判决功能有限性、

① 左卫民:《变革时代的纠纷解决及其研究进路》,载《四川大学学报(哲学社会科学版)》2007 年第 2 期。

② 韦长伟:《公共冲突中政府的第三方干预角色研究》,南开大学周恩来政府管理学院 2013 年博士学位论文,第 123 页。

③ 蔡乐渭:《行政诉讼中的成熟性原则研究》,载《西南政法大学学报》2005 年第 5 期。

其裁判依据有限性、其救济资源有限性等诸多方面的制约，因而司法权在介入行政纠纷解决过程当中，其介入的广度和深度必须要保持协调有所克制。而穷尽行政救济原则所创设的制度设计恰恰顺应了这一趋势，其既不会损害行政事务之效率性，又保证了司法救济的最终性。①

一、司法有限理论的基本内涵

所谓司法的有限性即司法权在行政纠纷解决过程当中，其介入的广度和深度必须要保持协调、有所克制，既不能损害行政事务之效率，又要保持行政秩序的稳定。② 其具体表征为以下几个方面：

其一，司法救济的受案范围是有限的。尽管依照国家职权分工的要求，司法机关被授予了解决行政争议的职权，但鉴于司法资源有限性、法官能力局限性、行政权与司法权关系的复杂性、司法救济的复审性等诸多特质所限，③ 同时也为有效防止纠纷当事人滥用诉讼权利，司法救济的受案范围总是被限于一定的边界之内，④ 并非纠纷当事人之间的任何争议均可进入司法救济渠道当中。通常而言，惟有那些满足特定起诉条件的案件才可以进入司法救济渠道当中。首先，纠纷当事人请求救济的争议事项必须是属于法律规范的调整范围，因此对于诸如属于道德调整领域的争议事项或者属于政治、外交等特殊国家行为领域的争议事项显然不具有司法可裁判性。其次，申请救济的当事人必须是对于争议事项具有法律上利害关系的当事人，毕竟利害关系当事人最有优势搜集各类诉讼证据，最有动力及时采取司法救济从而避免了法律关系长期处于不稳定状态。再次，申请司法救济的争议事项本身属于可因判决行为而获得法律上终局解决的主观性纠纷。⑤ 依照争议生成的社会背景以及形成机理方面的差异，有些学者将争议划分为客观性纠纷和主观性纠纷。"前者是指那些因社会结构转型、多元价值分裂而引发的冲突，如无法从根本上消除社会结构对立以及多元价值分裂的问题，此类

---

① 章剑生：《现代行政法基本原则之重构》，载《中国法学》2003 年第 3 期。
② 章剑生：《现代行政法基本原则之重构》，载《中国法学》2003 年第 3 期。
③ 江必新：《司法审查强度问题研究》，载《法治研究》2012 年第 10 期。
④ 尽管伴随社会的逐渐演进，司法救济的审查范围呈现出了不断延伸扩展的趋势，但其救济范围总是有所限制的，不可能无限扩展。
⑤ 王源渊：《略论审判权的范围与限度》，载《法学评论》2005 年第 4 期。

纠纷则难以得到有效解决。正是鉴于此，显然对于此类纠纷司法救济机关无法提供终局性的解决方案。而后者则是指那些独立于社会结构对立而存在的私人性的、表面性的纠纷。"① 显然后者才是最为适合寻求司法救济的纠纷。最后，纠纷当事人请求司法救济的纠纷必须要有明确的诉求请求、详尽的案件事实证据、具体的法律条款依据且案件已经足够成熟（历经了必要的前置性救济途径）适合由司法机关作出最终的裁断。② 惟有满足以上条件的争议才适宜纳入司法救济渠道当中，借此避免因滥用诉权所导致的司法救济渠道 "梗阻"。

其二，司法救济的审查强度是有限的。鉴于司法机关既非行政事务的决策者，也非国家政策的执行者，因而不宜轻易用司法裁断来推翻之前行政机关的决定，同时这也决定了司法机关对于行政纠纷实行相对宽松的审查强度——"合法性审查"标准而非"合理性审查"标准。③ 所谓"合法性审查"即司法机关依照法律、法规等制定法（参照规章）的相关规定对于被诉行政行为"其作出主体是否合法，其职权行使范围是否合法，其履职程序是否合法，其事实认定是否合法，其法律适用是否合法等诸多事项作出最终的、最权威的裁断"。④ 而所谓"合理性审查"则主要是关注行政行为内在要素以及行政行为过程当中行政裁量权行使的正当性。从行政行为内在要素的视角来看，其主要关注的是"主观层面上的目的正当性和裁量正当性，客观层面上的内在正义性（符合比例原则的基本要求）、外在正义性（符合平等对待不偏私原则的基本要求）和对正当权利保护需求的回应积极性（不合理迟延问题）。从行政行为过程的视角来看，其主要关注的是行政行为各个环节当中（行政事实认定、法律条文适用、行政决定作出）裁量权行使的正当性问题"。⑤ 正是就此而言，合理性审查标准是一种以合法性审查为前提但又不仅仅限于此，其标准更高、强度更深，主要关注行政主体裁量

---

① 季卫东：《调解制度的法律发展机制——从中国法制化的矛盾情境谈起》，载强世功编：《调解、法制与现代性：中国调解制度研究》，中国法制出版社2005年版，第36页。

② 王源渊：《略论审判权的范围与限度》，载《法学评论》2005年第4期。

③ 尽管在新修改的《行政诉讼法》当中，对于行政行为司法审理范围有所扩大，其将"明显不当"行政行为纳入司法审查的范围，但就总体而言，其采用的仍然是"合法性审查"标准而非"合理性审查"标准。蒋惠岭：《司法学视角下的新行政诉讼法述评》，载《法律适用》2015年第2期。

④ 江必新：《司法审查强度问题研究》，载《法治研究》2012年第10期。

⑤ 王振宇：《行政裁量及其司法审查》，载《人民司法·应用》2009年第19期。

权行使正当性的审查方式。① 正是鉴于两种审查标准在审查强度上所存在的差异，显然法院系统对于行政管理事务中广泛存在的行政裁量权心有余而力不足。若强行让法院系统全面参与到行政裁量权的合理性审查当中不仅不符合司法资源配置当中成本效益的考量，同时还很可能会损害到行政事务执行的效率。因而，在司法救济程序当中其审查强度是有限的，以"合法性审查"为主。

其三，司法救济的判决功能是有限制的。依照彼德·凯恩（Peter Cane）的"决定等级"（decision-making hierarchies）相关理论，在行政纠纷解决过程当中，鉴于行政权与司法权两者间的差异性，行政系统内部的上下级之间皆具有大致类似的人员资质、技术经验和专业能力，因而其相互之间构成了一个决定等级。在这一决定等级的序列当中，上级可依据相关职权变更或撤销下级行政机关之决定。② 而司法机关作为权利救济机关，其更多的精力在于对于法律相关问题的审查，而对于行政专业知识相关的问题显然不可能如同行政机关那样聘请大量的专业技术人员对其进行严格的审查。正是鉴于此，司法机关对于涉及行政技术的相关纠纷，其表现出了极大的歉抑性，不能轻易推翻行政机关之前的实体性判断，通常不会直接代替行政主体作出相应的行政行为。③ 诸如，依照新《行政诉讼法》第72条的规定，在当事人请求行政主体履行法定职责的纠纷当中，法院一旦判定行政主体符合不履行法定职责的情形，其通常不会直接代替行政主体履行其法定职责，而是会判定行政主体限期履行其法定职责。之所以出现这一判决形式更多的是出于不同性质国家权力彼此分立这一宪法制度结构的考量，而非出于司法成本效益的考量。再比如，依照新《行政诉讼法》第70条的规定，符合该条所规定六种情形的，法院可以判决撤销或者部分撤销行政主体已作出的行政行为，并且可以同时判决相关行政主体重新作出行政行为，而行政主体重新作出行政行为很可能再次引发相关纠纷，这也就显示出了行政纠纷解决当中司法判决功

---

① 江必新：《司法审查强度问题研究》，载《法治研究》2012年第10期。

② Cf. Peter Leyland &Terry Woods（eds.），*Administrative Law Facing the Future：Old Constraints &NewHorizons*，London，Blackstone Press Limited，1997，pp. 246-247. 转引自余凌云：《论行政复议法的修改》，载《清华法学》2013年第4期。

③ 吴英姿：《司法的限度：在司法能动与司法克制之间》，载《法学研究》2009年第5期。

能的有限性。①

其四，司法救济的裁判依据是有限的。在行政纠纷的司法审查当中对于法律位阶高于行政规章的法律规范要依照其作出裁断而不得提出异议，对于国务院部门规章以及地方性规章予以参照，而对于法律效力低于行政规章的规范性文件则不可纳入作为裁判的依据。② 依照新《行政诉讼法》第 63 条规定，人民法院在案件审理当中以法律、行政法规、地方性法规为依据，参照规章，在民族自治地区的案件审判以自治条例和单行条例为依据。此外，新《行政诉讼法》第 53 条规定，法院可以对法律效力低于规章的规范性文件进行附带性审查。第 64 条进一步规定，在审判当中发现规范性文件不合法的情形可以向制定机关提交处理建议。综合这些法条来看，新《行政诉讼法》将法律效力低于规章的规范性文件纳入了附带审查的范围，但却忽视了地方性法规的附带性审查问题。当前的地方性法规的数量巨大、体系庞杂，其涉及行政事务的方方面面，其立法质量也是良莠不齐。尽管依照《宪法》《立法法》的相关规定也设置了相应的备案审查机制，但现实的运行情况却是不容乐观的，而地方性法规又是行政主体作出行政行为当中运用最为频繁的依据之一，一旦在行政纠纷当中出现地方性法规之间规定不一致的情形，便给行政审判工作带来法规适用上的难题。③ 因为在现行的司法体制之下，法院系统无权评判地方性法规的合法性问题，自然其在裁判文书当中也就无法深入阐述为何不援引 A 地方性法规而选择援引 B 地方性法规作为裁判依据，这必将影响到裁判文书当中法律论证的严谨性和裁判结果的可接受性。④

其五，司法救济资源是有限的。所谓司法资源是指"国家通过运用法律这一形式所确认、调整、规范的，能够满足社会个体需要的物质条件和社会环境"。⑤这里所涉及的司法资源概念是一个广义概念，其包含"法律机制运行过程当中为满足司法主体实现其既定目标所具有或可资利用的一切要素"。有些学者依照司

① 章剑生：《论司法审查有限原则》，载《行政法学研究》1998 年第 2 期。

② 章剑生：《论司法审查有限原则》，载《行政法学研究》1998 年第 2 期。

③ 刘行：《行政审判依据研究》，中国法制出版社 2011 年版，第 111～113 页。

④ 林明民：《论行政审判"参照"地方性法规——基于优化行政审判功能的分析》，载《东南大学学报（哲学社会科学版）》2014 年增刊。

⑤ 林喆：《权利、资源与分配——平等分配问题的法哲学思考》，载《法学研究》1996年第 2 期。

法资源表现形式上的差异将其划分为有形司法资源和无形司法资源。前者是指司法救济主体在实现法定权利救济职责的过程当中可供利用的所有天然物质资源的集合，这当中主要包含维持法律运行机制所必需的人力资源、物力资源、财力资源等多种有形体的集合。而后者是指司法救济主体在实现法定权利救济职责的过程当中可供利用的一切社会力量、国家力量，这当中主要包含了权利、义务、权力、责任等多种无形体的集合。① 尽管各个国家会在综合考虑社会经济发展状况、国家综合国力以及违法犯罪案件的变化趋势等因素的基础之上适当调整有形司法救济资源供给，但"社会实践已经表明，社会资源的供给总量远远不能满足社会各个成员的绝对需求"。② 有形司法救济资源同样如此，再加之司法救济当中对于程序性和公正性的格外关注，这必将导致有形司法救济资源的供需矛盾更加显著，有形司法资源更为稀缺。而无形司法资源的总量其并不受社会经济发展状况、国家综合国力以及违法犯罪案件的变化趋势等外部因素的影响，其只会伴随整个社会民主法治建设的进步而在结构上做适当的调整。③ 正是鉴于此，伴随公民维权意识的不断提高，其对于司法资源的需要更加强烈，而司法救济资源的供给总量却远远不能满足其需求，这也就到导致了司法救济资源有限的问题将长期存在。

二、司法有限理论与穷尽行政救济原则的内在契合

正是鉴于司法救济的受案范围有限性、其审查强度有限性、其判决功能有限性、其裁判依据有限性、其救济资源有限性等诸多方面的制约，因而司法权在介入行政纠纷解决过程当中，其介入的广度和深度必须要保持协调有所克制，从而既不损害行政事务之效率，又能保持行政秩序的稳定。④ 一方面司法的有限性要求司法救济在介入行政纠纷解决过程当中有所克制，另一方面伴随行政权不断膨

---

① 胡铭：《论诉讼效率的提高与资源配置的优化——从刑事诉讼的角度分析》，载《甘肃社会科学》2005 年第 1 期。

② ［美］阿瑟·奥肯：《平等与效率》，王忠民等译，四川人民出版社 1988 年版，第 2 页。

③ 胡铭：《论诉讼效率的提高与资源配置的优化——从刑事诉讼的角度分析》，载《甘肃社会科学》2005 年第 1 期。

④ 章剑生：《现代行政法基本原则之重构》，载《中国法学》2003 年第 3 期。

胀的世界潮流，正处于社会转型期的当今中国各种矛盾凸显、社会纠纷频发也是不争的事实。有纠纷的存在就需要相应救济方式与之相配套，惟其如此，才能有效地疏导各类频发的社会矛盾，避免因矛盾得不到及时解决所导致的群体性事件。再加之立案登记制改革和法官员额制改革所产生的催化效应，直接加剧了司法救济资源配置的紧张局面。2015 年 4 月，中共中央全面深化改革领导小组第十一次会议审议通过了《关于人民法院推行立案登记制改革的意见》，自 2015 年 5 月 1 日起施行。该意见进一步改革了人民法院案件受理制度，变立案审查制为立案登记制。其中规定，对依法应该受理的案件，做到有案必立、有诉必理，保障当事人诉权。正是得益于立案登记制改革的推进，之前一些由于立案审查的原因而无法进入法院系统的案件都涌向法院，这在各级法院受理及审结一审行政案件的数据中均有所体现。如图 4-1 所示，由于受到社会结构多元化、社会矛盾复杂化、行政事务庞杂化、民众诉求个性化、维权活动潮流化等众多因素的影响，2013—2020 年期间各级法院审结一审行政案件数量基本呈现逐年递增的趋势，其中 2014—2015 年期间的递增趋势最为明显。2014 年各级法院受理一审行政案件 15.1 万件，审结 13.1 万件，而 2015 年各级法院受理一审行政案件 24.1 万件，审结 19.9 万件，同比分别上升 59.2% 和 51.8%，[①] 这一陡增趋势在很大程度上是受到立案登记制改革的影响，这也就不难理解 2015 年之后各级法院审结一审行政案件数量则呈现了相对平稳的增长趋势，甚至 2020 年数据还呈现出了缩量回调的趋势。司法并不是万能的，"不是所有的司法裁判活动均能达至公平正义的效果"，毕竟其受理案件的范围是有限的，其审查案件的强度是有限的，其判决的功能是有限的，其裁判的依据是有限的，"但每一个司法裁判活动均要消耗社会资源这一点是毫无疑问的"。[②]此外司法改革实践中逐渐落地的法官员额制度改革[③]进一步明确了法官员额比例应控制在中央政法专项编制 39% 以下，这也意味着有将近 9 万名之前的法官改革之后未能进入员额序列，这更是恶化了案件

---

① 相关统计数据来源于 2015 年度和 2016 年度最高人民法院工作报告。

② 方流芳：《民事诉讼费用考》，载《中国社会科学》1999 年第 3 期。

③ 2017 年 7 月 3 日，最高人民法院首批 367 名员额法官完成宪法宣誓。至此，法官员额制改革在全国法院已全面落实，全国共有 12 万余名员额法官。而在法官员额制改革前，全国有近 21 万名法官，这也意味着将近 9 万名法官没有进入员额序列。李万祥：《汇聚法治中国建设新力量》，载《经济日报》2017 年 8 月 16 日，第 5 版。

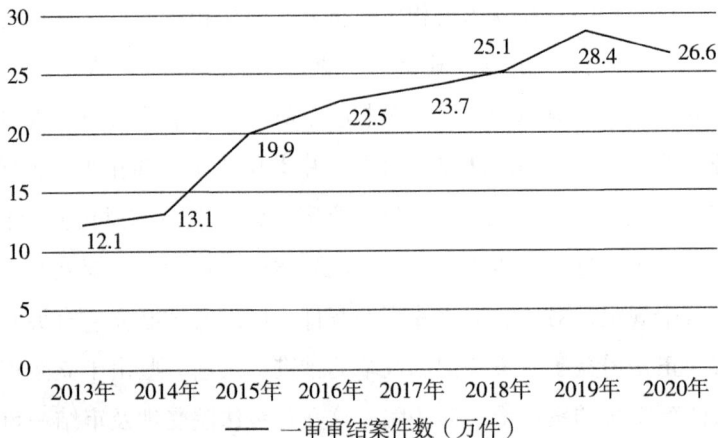

图 4-1　2013—2020 年各级法院审结一审行政案件数量统计表①

数量与法官员额两者间的这种紧张状态。在以上诸多因素的综合作用下，行政纠纷激增与司法救济有限两者的矛盾再次凸显。面对此困境，行政纠纷解决当中救济资源的优化配置问题也就日渐被提上议事日程，而行政纠纷救济资源优化配置的过程就是如何协调均衡行政纠纷解决供给制度与社会需求两者间矛盾的过程。而这里的行政纠纷解决供给制度主要涉及行政救济与司法救济制度。而行政纠纷解决的社会需求则是行政纠纷当事人选择具体纠纷解决渠道的主观愿望及其客观能力，就其本质而言就是纠纷当事人对于现已存在或尚待构建的行政纠纷解决机制的肯定性诉求以及现实行动。从制度经济学的理论视角而言，行政纠纷解决的社会需求从根本上指引着行政纠纷解决供给制度的变革。② 而纠纷解决供给制度的优化又会对纠纷解决社会需求产生反作用力，逐步引导纠纷当事人权利救济路径的选择倾向，从而让权益救济更加高效、规范、理性。申言之，行政相对人遭遇了权益侵损事实迫切需要高效便捷的救济途径，而就司法救济渠道而言，基于法官生理机能、心理认知判断水平、专业知识储备情况的客观现实，其不仅不可

① 相关统计数据来源于 2014—2021 年度最高人民法院工作报告，其中 2017 年度各级法院审结一审行政案件数量由作者根据相关统计数据计算而来，其他年度数据均为报告中直接摘录而来。

② 李莉：《法经济学与纠纷解决》，载《河北法学》2008 年第 7 期。

能对于纷繁复杂的行政纠纷作出准确的是非判断,① 而且其受理案件的范围是有限的，其审查案件的强度是有限的，其判决的功能是有限的，其裁判的依据是有限的，其救济的资源是有限的，其救济的效率是迟滞的，显然在以上诸方面司法救济渠道远远比不上行政救济渠道所具有的优势。基于理性经济人的前提预设，这必然会导致司法救济渠道与纠纷解决社会选择倾向两者间的背离态势，也就决定了行政纠纷解决供给制度设计中司法救济不应是首选性的救济渠道，而应是备位性的救济渠道，这也恰恰是穷尽行政救济原则的基本价值定位，借此来充分发挥行政救济渠道的比较优势。同时穷尽行政救济原则这一纠纷解决供给制度的优化方案也会对纠纷当事人的救济渠道选择提供反作用力，进而逐步引导当事人选择救济渠道的先后位序，从而逐步形成行政救济优先、司法救济殿后的行政纠纷救济位序关系。

---

① 江必新：《司法审查强度问题研究》，载《法治研究》2012 年第 10 期。

第五章　穷尽行政救济原则的适用

穷尽行政救济原则的具体适用主要回答了穷尽行政救济原则在具体的行政纠纷解决当中如何适用的问题。首先就该原则适用的基本条件而言，行政纠纷救济模式要与纠纷特质相契合，公正价值与效率价值要相互平衡，司法有限理念和司法最终的理念要相互协调。其次就该原则适用的具体模式而言，行政纠纷依照其发展阶段，大致历经了行政纠纷的萌芽期、行政纠纷的公开期、行政纠纷的升级期三个阶段。在行政纠纷解决当中，在充分考虑纠纷发展阶段的基础之上，通过各种救济渠道之间的良性有序竞争，逐步形成和解救济优先、行政内部救济紧随其后、司法外部救济殿后的纠纷救济优先等级，最终实现各种救济资源的有序配置。再次就该原则适用的制约因素而言，在行政纠纷救济过程当中，当事人穷尽行政救济的难度，司法与行政解决争议的成本效益情况，纠纷救济依赖行政事实的程度，纠纷解决运用专业知识的程度等诸多要素均会制约穷尽行政救济原则的适用。最后就该原则的例外适用而言，惟有当纠纷当事人直接寻求司法救济所保障的权益远远大于穷尽行政救济所维护的行政效率以及行政自治权时才符合该原则的例外适用情形。①

第一节　穷尽行政救济原则适用的基本条件

在穷尽行政救济原则的适用当中必须要满足以下几个基本条件：救济模式要与纠纷特质相契合，公正价值与效率价值相平衡，司法有限和司法最终相协调。惟其如此，才能实现行政纠纷救济资源的最优化配置。

---

①　McCarthy v. Madigan, 503 U. S. 145-146 (1992). 转引自郑烁：《论美国的"穷尽行政救济原则"》，载《行政法学研究》2012 年第 3 期。

一、救济模式与纠纷特质相契合

所谓救济的模式是指行政相对人在其合法权益受到行政行为侵害之时采取何种渠道予以补救的相关问题,① 其最主要涵盖了行政救济渠道和司法救济渠道两类。而所谓纠纷的特质是指对行政相对人造成权益侵损事实,当事人申请相关主体予以审查救济的行政行为所具有的性质及其禀赋,② 其通常涵盖了纠纷的性质、纠纷的阶段等。而所谓救济模式与纠纷特质相契合是指针对不同性质、不同阶段的行政纠纷要采用不同的救济渠道,同时在行政纠纷救济渠道的设置以及选择当中也应充分考虑其与行政纠纷的特质是否实现了最优衔接,惟其如此才能有效实现行政纠纷救济资源的最优配置。反之则不仅不能实现救济效果的最优化,甚至还可能会侵蚀到行政纠纷救济机制的社会公信力以及裁断权威性。③ 具体言之,救济模式与纠纷特质相契合主要表征为以下两个方面:其一,救济的模式要与纠纷的性质相契合;其二,救济的模式要与纠纷的阶段相契合。

就第一个方面而言,在行政纠纷解决当中不仅可能会涉及失当行政行为,也可能涉及违法行政行为。对于失当行政行为,其通常与行政权力的自由裁量事项息息相关。鉴于诸多因素的制约,涉及行政自由裁量权的纠纷很难进入司法救济的视域当中,即使其有幸进入司法救济环节也仅有十分有限的行政纠纷能够得到有效的救济。④ 而对于除此之外的大多数涉及行政自由裁量权的纠纷若选择了司法救济渠道不仅不可能得到救济,甚至还可能会增加当事人的时间和精力成本,损害司法的公信力。显然在此情形之下,当事人直接选择行政救济将是最佳选择。而对于违法行政行为,当事人则可以在寻求行政救济无效的情况下再次寻求司法救济渠道,从而为当事人打造全方位的权利救济体系,而这正是穷尽行政救济原则的基本内涵所在。

就第二个方面而言,伴随着行政纠纷的不断演进发展,其大致历经了一个冲

---

① 林莉红:《中国行政救济理论与实务》,武汉大学出版社 2000 年版,第 42 页。

② 黄启辉:《行政救济构造研究:以司法权与行政权之关系为路径》,武汉大学出版社 2012 年版,第 44~45 页。

③ 林莉红:《论行政救济的原则》,载《法制与社会发展》1999 年第 4 期。

④ 崔卓兰、刘福元:《论行政自由裁量权的内部控制》,载《中国法学》2009 年第 4 期。

突萌芽期、冲突公开期、冲突升级期三个阶段。在行政纠纷的冲突萌芽期，各类冲突元素处于低度紧张状态，且正面效应强于负面效应，在此阶段纠纷化解的关键在于防止双方当事人之间冲突的进一步扩大化，有效避免冲突负能量的规模集聚。① 立基于此，该阶段化解行政纠纷的最佳手段为行政纠纷的私力救济②。在行政纠纷的冲突公开期，随着双方紧张关系的升级，双方间的负面情绪日益滋长，各类冲突性元素处于中度紧张状态，相互之间的争议焦点也日益明朗。在此阶段纠纷化解的关键在于有效协调平衡争议双方间的不相容负面情绪，尽力消弭冲突双方间的对立分歧。③ 立基于此，该阶段化解行政纠纷的最佳手段为行政救济。其借助行政救济渠道从而找寻到争议双方的核心争议焦点，借此来深度挖掘争议背后的各类潜在影响因素，积极培养双方之间的正面情绪，增强双方当事人之间的交流互动，充分利用各类行政资源有效化解双方间的分歧，以此达成共识，尽快化解行政纠纷。④ 在行政纠纷的冲突升级期，双方当事人相互之间的分歧已经从相对缓和的具体利益争端走向更为激烈的立场对峙，此时的各类冲突性元素处于高度紧张状态，双方间的负面情绪占据主导性地位，当事人的诉求也从之前的实现合作共赢变为之后的谋求单方胜出。⑤ 在此阶段纠纷化解的关键在于通过利益关系的决断来修复受损社会法律关系，维护社会秩序的稳定。立基于此，该阶段化解行政纠纷的最佳手段为司法救济。其借助司法裁断的权威性来尽快扭转社会法律关系当中的不确定状态，避免行政纠纷久拖不决可能引发的连锁

---

① Alice Ackerman, "The Idea and Practice of Conflict Prevention", *Journal of Peace Research* 40, 2003, pp. 339-347. 转引自韦长伟：《公共冲突中政府的第三方干预角色研究》，南开大学周恩来政府管理学院 2013 年博士学位论文，第 106 页。

② 有些学者认为行政纠纷的私力救济手段主要包括自力救济手段与非（半）官方介入下的救济手段这两种类型。参见周佑勇、解瑞卿：《作为行政性纠纷解决之道的私力救济》，载《当代法学》2011 年第 1 期。

③ Peter Wallensteen, *Understanding Conflict Resolcrtion: War, Peace and The Global System*, London, SagePublishing, 2007, p. 5. 转引自韦长伟：《公共冲突中政府的第三方干预角色研究》，南开大学周恩来政府管理学院 2013 年博士学位论文，第 109 页。

④ Michael Lund, *Preventing and Mitigating Irolent Conflicts: A Revised Guide for Practitioners*, WashingtonD. C., Creative Associates International, 1997, pp. 3-4. 转引自韦长伟：《公共冲突中政府的第三方干预角色研究》，南开大学周恩来政府管理学院 2013 年博士学位论文，第 109 页。

⑤ 韦长伟：《公共冲突中政府的第三方干预角色研究》，南开大学周恩来政府管理学院 2013 年博士学位论文，第 108~109 页。

效应。

综上所述，在行政纠纷解决当中，必须要充分考虑纠纷性质以及纠纷所处阶段，借助各种救济渠道相互之间的良性竞争，从而逐步优化不同救济渠道之间的位序关系，最终实现各种救济资源的有序配置，而这恰恰是适用穷尽行政救济原则的基本要求。

二、公正价值与效率价值相平衡

所谓行政纠纷救济当中所包含的公正价值，即"行政纠纷救济机关在解决相关争议过程中既能运用体现公平正义精神的实体规范来认定和分配当事人之间的权利义务，同时又能确保其认定和分配的过程及方式均体现了公平正义之精神内涵"。① 具体表征为以下四个层面：其一，通过刚性立法明确规定救济程序之科学性和合理性，确保各个参与当事人均可实现公平正义之价值诉求；其二，救济过程严格依照法定程序行事，从而确保救济活动不偏不倚；其三，行政纠纷救济中充分保障并合理配置各个诉讼当事人的权利义务关系；其四，确保行政纠纷的救济结果实现公平正义之宗旨。②

所谓行政纠纷救济中所包含的效率价值，即"行政纠纷救济过程中能够迅速而高效地解决相关争端事项，力求通过最少的救济资源投入进而实现最大的社会效益"。③ 具体表征为以下几个方面：其一，行政纠纷救济之程序要符合及时高效之内涵，从而有效避免救济程序的拖沓延误；其二，行政纠纷救济之程序要符合繁简分流之内涵，从而充分优化各类救济资源之配置；其三，行政纠纷救济之机制要符合科学有序之内涵，通过不同救济机制之合理衔接，从而有效避免了救济空白地带和救济重叠地带所导致的资源浪费；④ 其四，纠纷救济之定位要符合边际成本效益核算之要求，通过救济边际成本与边际收益之综合衡量，从而有力

---

① 吕忠梅：《司法公正价值论》，载《法制与社会发展》2003 年第 4 期。
② 高珊琦：《论刑事司法中公正与效率之均衡及途径》，载《河北法学》2006 年第 8 期。
③ 姚莉：《司法效率：理论分析与制度构建》，载《法商研究》2006 年第 3 期。
④ 高珊琦：《论刑事司法中公正与效率之均衡及途径》，载《河北法学》2006 年第 8 期。

实现各种纠纷救济资源的统筹规划。①

具体到行政纠纷救济机制的选择过程当中，公正价值与效率价值两者间的关系也并非是决然对立的，而是紧密衔接的。一方面，当事人无论选择何种救济渠道，其内心对于公平正义的不懈追求将是永恒的主题，任何救济机制当中效率价值追求均以不违反基本的社会公平正义为底线，舍此必将导致纠纷解决机制的阻滞，大量纠纷得不到公正解决，其最终必将进一步威胁到救济机制的效率要素，至此救济机制也就逐渐演变成晦涩的理论说教。另一方面，现代社会各类救济资源日益稀缺已是不争的事实，若救济渠道选择当中不计成本效益一味地追求所谓的实质公平正义，其显然也并非理性之举，毕竟"迟到的正义非正义"。再者，为某一个争议较小的纠纷占用大量的社会救济资源，其直接堵塞了其他更加激烈的社会纠纷的救济渠道，其必然引发更大的社会冲突。因此，行政纠纷救济渠道在实现社会公平正义之时也不能脱离效率，毕竟促进行政纠纷的尽快解决同时也是社会公平正义的内在价值诉求。惟有通过各类救济资源的优化配置才能有效避免行政纠纷救济当中因拖沓迟延对于社会公平正义所造成的各类损害。②

综上所述，当前行政纠纷救济渠道的选择当中所涉及的一个关键问题便是如何实现公正价值和效率价值之间的平衡，而穷尽行政救济原则恰是最优的选择。其首先通过行政救济的方式不仅考虑了行政活动的效率要素同时又兼顾了救济活动的公正因素，从而将两者之间的紧张关系调试到了最低程度。③ 也正是得益于先行的行政救济从而有效避免了全部行政纠纷均进入司法救济渠道所导致的救济资源浪费和救济渠道阻滞等弊端。如先行的行政救济无效则再进入司法救济机制，通过该救济分流机制从而让司法救济渠道专注于那些案情复杂争议激烈的行政纠纷。

三、司法有限与司法最终相协调

所谓司法的有限性即司法权介入行政纠纷的过程当中，其介入的广度和深度

---

① 姚莉：《司法效率：理论分析与制度构建》，载《法商研究》2006 年第 3 期。

② 高珊琦：《论刑事司法中公正与效率之均衡及途径》，载《河北法学》2006 年第 8 期。

③ 黄学贤、马超：《行政复议：制度比较、功能定位与变革之途》，载《法治研究》2012 年第 6 期。

必须要保持协调有所克制，从而既不损害行政事务之效率，又能保持行政秩序的稳定。① 其具体表征为以下几个层面：其一，司法救济的受案范围是有所限制的。鉴于司法资源有限性、法官能力局限性、行政权与司法权关系的复杂性、司法救济的复审性等诸多特质所限，② 司法救济其受案范围总是限于一定的边界之内。③其二，司法救济的审查强度总是有所限制的。鉴于司法机关既非行政事务的决策者，也非国家政策的执行者，因而不宜轻易用司法裁断来推翻之前行政机关的决定，同时这也决定了司法机关对于行政纠纷实行相对宽松的审查强度——"合法性审查"标准而非"合理性审查"标准。④ 其三，司法救济对原告资格总是有所限制的。立案登记制改革之后，为有效防止滥诉行为的发生，对于原告资格的限制也就更为迫切，从而限制那些与自身合法权益无直接关联的组织和个人动辄提起诉讼。该滥诉行为不仅挤占本已不堪重负的司法救济资源，而且还很可能危害到行政机关维持社会秩序良性运行之效能。其四，司法救济的判决功能总是有所限制的。在行政纠纷的司法外部救济当中，鉴于行政权与司法权二者间的差异性，很多情况之下司法机关不能直接以司法判决来代替行政决定，诸如撤销判决附带的重作判决、履行法定职责判决以及变更行政行为的判决均为典型例证。⑤ 其五，司法救济的裁判依据是有所限制的。在行政纠纷的司法审查当中对于法律位阶高于行政规章的法律法规要依照其作出裁断而不得提出异议，而对于法律效力低于行政规章的规范性文件则不可作为裁判的依据。⑥

所谓司法最终性即对于所有属于诉讼受案范围之行政纠纷当事人均可向人民法院提起诉讼，法院发生法律效力的终审判决非经法定的程序或方式，任何国家机关和当事人均不得随意废止、变更。⑦ 其具体表征为以下几个层面：其一，只要当事人所提交的行政争议事项在行政诉讼受案范围之内，司法机关均应为其提供救济，不得拒绝裁断。其二，终审判决是司法机关代表国家对于待决纠纷所作

① 章剑生：《现代行政法基本原则之重构》，载《中国法学》2003年第3期。
② 江必新：《司法审查强度问题研究》，载《法治研究》2012年第10期。
③ 尽管伴随社会的逐渐演进，司法救济的审查范围呈现出了不断延伸扩展的趋势，但其救济范围总是有所限制的，不可能无限扩展。
④ 蒋惠岭：《司法学视角下的新行政诉讼法述评》，载《法律适用》2015年第2期。
⑤ 章剑生：《现代行政法基本原则之重构》，载《中国法学》2003年第3期。
⑥ 章剑生：《论司法审查有限原则》，载《行政法学研究》1998年第2期。
⑦ 杨伟东：《关于我国纠纷解决机制的思考》，载《行政法学研究》2006年第3期。

出的最权威的决断，其非经法定程序不得推翻。一旦出现"终审不终现象"必将会损害国家司法制度的公信力以及法律秩序的稳定性。其三，终审判决以国家强制力为后盾保证其落实到位，当事人有能力履行而故意逃避履行必将承担相应的法律责任。其四，司法过程当中所追求的是法律真实而非客观真实，其司法判决的正确性寓于逻辑推理以及证据运用的过程当中，而非司法判决结果本身。① 因而法律的终审判决将是具有法律约束力的裁断结果，其不以当事人的意志为转移，必须全面得到履行。

就司法有限性与司法最终性两者的关系而言，两者间紧密联系互相依存。司法有限性是司法最终性的前提性要素。司法不是万能的，要想保证司法救济的最终权威性必须要优化司法救济资源配置，真正实现有所为有所不为。可以设想，假如全部的行政纠纷不经分流均一起涌入司法救济渠道，司法救济渠道必将不堪重负，不仅难以实现个案的正义，甚至还会损害司法的权威性和最终性。立基于此，法院拒绝对那些尚未成熟到适宜司法系统救济的案件进行审理，那些诸如此类的行政案件可首先通过行政救济渠道予以分流，若先行的行政救济及时平息了待决的行政争议，则其有效减少了司法救济渠道案件的涌入。若先行的行政救济未取得理想效果，可再将其进一步纳入司法救济渠道当中，以司法判决的形式来对于行政争议关系作出最终的决断。正是得益于穷尽行政救济原则的制度优化，从而实现了不同救济渠道的相互分流，确保了司法救济的有限性和权威性。而司法最终性则是司法有限性的后盾支撑。在所有的行政纠纷当中能够进入司法救济渠道的案件少之又少，正是得益于最终司法判决的权威性，从而能够让数量极为有限的司法判决产生巨大的辐射效应，警示行政主体对于那些已发生的行政纠纷及时进行自我纠错，对于可能存在隐患的潜在行政纠纷及时进行自我整改。也正是得益于最终司法判决的权威警示效应，从而让司法救济主体无须关注全部的行政案件，其仅需集中主要精力裁断疑难行政纠纷即可。既然并非全部案件均可进入司法救济渠道，那么如何遴选哪些案件可以进入而哪些案件又无须进入呢？显然穷尽行政救济原则的制度安排则恰是比较合适的安排，从而让部分行政纠纷梯度有序地进入司法救济渠道。

---

① 江国华：《常识与理性（四）：走向综合的司法改革》，载《河南财经政法大学学报》2012年第2期。

第二节　穷尽行政救济原则适用的基本模式

当今转型社会各类行政纠纷频发，其迫切需要一套多元有序的行政纠纷解决机制与之相配套。而所谓多元化的行政纠纷解决机制，其必然是包含诸如调解、行政复议、行政诉讼等多种纠解决手段的救济机制，从而便于各种救济手段比较优势的充分发挥；而所谓有序的行政纠纷解决机制，其必然是在各种纠纷解决手段之间存在着大致确定的优先位序等级，从而便于当事人根据冲突的阶段选择最为恰当的行政纠纷解决机制。正是鉴于此，惟有建立起调解解纷机制优先，行政复议救济紧随其后，行政诉讼负责殿后这样一套多元有序的行政纠纷解决机制才能真正地促进当前行政纠纷解决当中实现公正价值和效率价值二者之间的平衡（见图 5-1）。

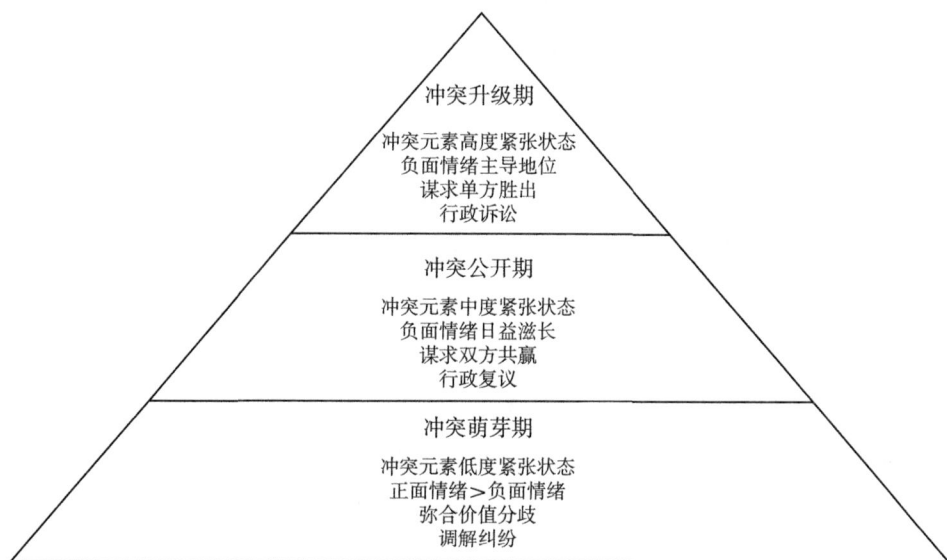

图 5-1　行政纠纷救济的发展阶段图示

一、冲突萌芽期

就行政纠纷的一般发展阶段来看，其大致历经了一个冲突萌芽期、冲突公开期、冲突升级期三个阶段。在行政纠纷的冲突萌芽期，各类冲突元素处于低度紧张状态且正面效应强于负面效应。在此阶段行政纠纷化解的关键在于防止双方当事人之间冲突的进一步扩大化，有效避免冲突负能量的规模集聚。① 立基于此，该阶段化解行政纠纷的最佳手段为通过调解（私力救济）的方式来化解行政纠纷，从而避免因行政复议或者行政诉讼等救济机制的强力介入而导致双方之间的矛盾升级。其正是通过减少双方之间的对抗性从而在根本上弥合双方当事人之间的价值分歧。有时为了实现纠纷的彻底化解甚至可以超越当事人的个体请求来协调解决相关纠纷的争议焦点，其以现有的证据材料和法律规定为基本出发点，但却不仅仅局限于此，很多情形之下行政纠纷的彻底化解离不开双方当事人在不违背法律明文规定的基础上进行必要的妥协。正是得益于其必要的妥协从而有效避免了因为非黑即白棱角分明的裁断所导致的"案结事不了"的情形。在调解当中其着眼于未来社会关系的维护，其更加注重的是利益上的平衡和情感上的接纳，而在法律裁断当中则是着眼于过去的纠纷事实，其更加注重的是法律上的是与非以及权利上的增与减。② 正是鉴于此，对于冲突萌芽期的案件显然调解的救济方式将是最为合适之选。

二、冲突公开期

在行政纠纷的冲突公开期，随着双方紧张关系的升级，双方间的负面情绪日益滋长，各类冲突性元素处于中度紧张状态，相互之间的争议焦点也日益明朗。在此阶段纠纷化解的关键在于有效协调平衡争议双方间的不相容负面情绪，尽力消弭冲突双方间的对立分歧。③ 处于该阶段的行政纠纷一方面对于行政领域专业知识的依赖程度较高，另一方面双方当事人的冲突关系也都还存在一定的缓和余地，双方都在极力避免丁是丁卯是卯的司法判断，因而救济处于这一阶段的行政

---

① Alice Ackerman，"The Idea and Practice of Conflict Prevention"，*Journal of Peace Research* 40，2003，pp. 339-347. 转引自韦长伟：《公共冲突中政府的第三方干预角色研究》，南开大学周恩来政府管理学院 2013 年博士学位论文，第 106 页。

② 傅郁林：《"诉前调解"与法院的角色》，载《法律适用》2009 年第 4 期。

③ Peter Wallensteen，*Understanding Conflict Resolcrtion：War，Peace and The Global System*，London，Sage Publishing，2007，p. 5. 转引自韦长伟：《公共冲突中政府的第三方干预角色研究》，南开大学周恩来政府管理学院 2013 年博士学位论文，第 109 页。

纠纷，行政复议救济途径具有比较优势。依照彼德·凯恩（Peter Cane）的"决定等级"（decision-making hierarchies）的理论，鉴于行政系统内部的上下级之间皆具有大致类似的人员资质、技术经验和专业能力，因而其相互之间构成了一个决定等级。在这一决定等级的序列当中，上级可依据相关职权变革或撤销下级行政机关之决定。① 而司法救济机关将其更多的精力投入法律相关问题的审查，其权威性依赖于非黑即白的判决文书，同时其对于纠纷所涉及行政专业知识也不可能如同行政机关那样聘请大量的专业技术人员对其进行严格的审查。② 正是鉴于此，对于尚处于冲突公开期的行政纠纷司法救济并非最优之选，而该阶段化解行政纠纷的最佳手段为行政复议救济。其正是借助行政救济渠道从而细致探究争议双方的核心争议焦点，借此来深度挖掘争议背后的各类潜在影响因素，积极培养双方之间的正面情绪，增强双方当事人之间的交流互动，充分利用各类行政救济资源有效化解双方间的分歧，以此达成共识，尽快化解行政纠纷。③

三、冲突升级期

在行政纠纷的冲突升级期，双方当事人相互之间的分歧已经从相对缓和的具体利益争端走向更为激烈的立场对峙，此时的各类冲突性元素处于高度紧张状态，双方间的负面情绪占据主导性地位，当事人的诉求也从之前的实现合作共赢变为之后的谋求单方胜出。④ 在此阶段行政纠纷化解的关键在于通过利益关系的决断来修复受损社会法律关系，维护行政秩序的稳定。立基于此，该阶段化解行政纠纷的最佳手段为司法救济。其借助司法裁断的程序性、权威性、强制性来尽快扭转社会法律关系当中的不确定状态。在纠纷解决的整个过程当中，作为国家

---

① Cf. Peter Leyland &Terry Woods（eds.），*Administrative Law Facing the Future：Old Constraints &NewHorizons*，London，Blackstone Press Limited，1997，pp. 246-247. 转引自余凌云：《论行政复议法的修改》，载《清华法学》2013 年第 4 期。

② 吴英姿：《司法的限度：在司法能动与司法克制之间》，载《法学研究》2009 年第 5 期。

③ Michael Lund，*Preventing and Mitigating Irolent Conflicts：A Revised Guide for Practitioners*，WashingtonD. C.，Creative Associates International，1997，pp. 3-4. 转引自韦长伟：《公共冲突中政府的第三方干预角色研究》，南开大学周恩来政府管理学院 2013 年博士学位论文，第 109 页。

④ 韦长伟：《公共冲突中政府的第三方干预角色研究》，南开大学周恩来政府管理学院 2013 年博士学位论文，第 108～109 页。

强制力化身的司法判决效力贯穿其中，每一位纠纷当事人均要严格按照国家法律规定的时限要求、救济步骤以及方式方法的要求来寻求权利救济，[1]一旦当事人未严格遵循既定规程行事则要承担相应的不利后果。也正是得益于司法救济程序的规范性，从而通过救济程序本身的正义性来证成司法裁断结果的正当性，以此来缓释双方当事人之间的高度紧张状态，引导双方当事人从负面情绪主导逐渐走向正面情绪主导，从而让双方当事人更容易接受最终的裁断结果，有效避免了因执行不到位从而导致行政纠纷久拖不决可能引发的连锁效应。

综上所述，在行政纠纷救济过程当中，在充分考虑纠纷发展阶段的基础之上，通过各种纠纷救济渠道相互之间的良性有序竞争，逐步形成调解救济优先、行政复议救济紧随其后、司法救济殿后的纠纷救济优先等级，最终实现各种救济资源的有序配置。惟其如此，才能真正实现救济模式与纠纷发展阶段的完美契合。

第三节　穷尽行政救济原则适用的制约因素

在当前行政纠纷救济过程当中，当事人穷尽行政救济的难度，司法与行政解决争议的成本效益情况比较，纠纷救济依赖行政事实的程度，纠纷解决运用专业知识的程度等诸多要素均对行政纠纷救济机制的选择造成重要影响。因此，在穷尽行政救济原则的设计当中要充分考量这些要素。

一、当事人穷尽行政救济的难度

制约是否采用穷尽行政救济制度设计的重要因素便是当事人穷尽行政救济的难度，其同时也是制约该原则是否得以顺利实施的前提性要素。就当下中国行政纠纷救济的国情现状而言，其中当事人穷尽行政救济的难度主要表征为以下几个方面：其一，行政行为相对人对于行政救济渠道的知晓率偏低。依照全国人大常委会在全国大范围（全国 15 个省份）关于行政复议的执法检查调查数据来看，该调研当中共发放相关调查问卷 4800 份，其中有效问卷 4351 份，其中超过 60%的个体对于行政复议制度缺乏了解（有些省份该比例超过 80%），接近 1/3 的被

---

①　江国华：《走向中庸主义的司法偏好》，载《当代法学》2013 年第 4 期。

调查者（1184 人）对于行政复议制度完全不了解，其中 67.3% 的被调查者认为当前行政复议制度之所以空转的重要原因之一便在于行政相对人对于行政复议救济渠道的知晓率偏低。①

其二，行政行为相对人与行政救济主体之间存在诸多沟通障碍。基于角色场景的设定，各方当事人参与沟通旨在于表达个体诉求、交换单方独占信息从而助力于行政纠纷的解决。② 但由于行政救济程序中的纠纷裁断者与被申请者两者同属于行政系统且存在着上下级之间的隶属关系，从而在行政纠纷救济申请者与纠纷裁断者之间无形当中营造了一种防御性而非建设性的沟通氛围，其在很大程度上阻碍了当事人之间的有效沟通，削弱了纠纷当事人对于裁断者中立公正裁断纠纷的信任基础。③ 再加之在行政救济中申请人与行政纠纷裁断者两者间在信息占有以及信息搜集能力上的差异，直接导致双方信息占有严重不对等。而在行政救济过程当中又主要以书面审理为主的审理方式并未配套必要的信息披露制度，信息的不透明更加剧了行政救济申请人占有信息资源的不对称。于是行政救济程序当中一旦行政救济申请人的诉求得不到满足，其对于行政救济渠道的猜忌和不信任便会迅速蔓延，而有效信息供给不足则成为滋生对于行政救济渠道猜忌不信任的温床，这种信任危机又进一步加剧了双方之间的沟通障碍。④

其三，行政救济申请人与行政救济被申请人两者间实力相差悬殊，行政救济极易受到"对手效应"的制约而导致行政救济渠道的阻滞。通常而言，在行政纠纷解决的过程当中，纠纷双方当事人通常会客观评估自身的资源占有现状，并与对方当事人的资源占有情况进行初步的比较，以此为依据理性审视自己资源占有

---

① 杨海坤、朱恒顺：《行政复议的理念调整与制度完善——事关我国〈行政复议法〉及相关法律的重要修改》，载《法学评论》2014 年第 4 期。

② Robert M. Krauss, Ezequiel Morsella, "Communication and Conflict", in Morton Deutsch and Peter T. Colemaneds. , *The Handbook of Conflict Resolution: Theory and Practice*, San Francisco, Jossey-Bass Publishers, 2006, p. 144.

③ Jennifer Becker et al, "Defensive Communication and Burnout in the Workplace: The Mediating Role of Leader/Member Exchange", *Communication Research Reports* 22, 2005, pp. 143-150. Arnaud Stimec, Jean Poitras, "Building Trust with Parties: Are Mediators Overdoing It", *Conflict Resolution Quarterly* 26, 2009, pp. 317-331.

④ 韦长伟：《公共冲突中政府的第三方干越角色研究》，南开大学周恩来政府管理学院 2013 年博士学位论文，第 43~69 页。

优势及劣势所带来的利弊，从而科学选择纠纷救济的最佳方案。① 具体就行政纠纷解决过程而言，鉴于纠纷双方当事人在资源占有禀赋、知识结构、利益分配地位、权力话语体系、专业技术能力、沟通谈判能力、论辩说服能力、影响对方决策能力、救济成本及侵权损失的承受能力、最终解决方案的议价能力等方面均存在悬殊，② 其中作为行政纠纷一方当事人的行政救济被申请人由于享有公权力附随的诸多优势资源，因而在行政纠纷救济过程当中多处于优势地位，甚至在很大程度上将会主导行政纠纷的发展态势及处理结果。③ 而在资源占有方面处于劣势的行政救济申请人很大程度会受到"对手效应"的影响从而及时修正自己的权利救济诉求以及救济渠道的选择方案，从而选择外观上更加中立公正、救济程序参与感更强的司法救济，这很可能会导致行政救济渠道的空转。全国人大常委会的一项调研数据也进一步说明了这一问题，在行政复议执法检查活动覆盖的 1407 个县当中，竟然有 306 个县在全年之内未办理 1 起行政复议案件，有些县甚至从 1999 年以来从未办理过 1 起行政复议案件。全国人大常委会实地调研获取的数据与基层政府行政纠纷频发的现状两者存在着明显的不匹配。④ 正是由于以上诸多要素的制约，从而加重了行政纠纷解决中当事人穷尽行政救济的难度，制约了当事人救济渠道的选择倾向。立基于此，这些因素自然也就构成了下文穷尽行政救济制度重构的主要关注点与突破口。

二、司法与行政解决争议的成本效益分析

基于理性经济人的前提假设，行政相对人的权利受到侵害之后在关于行政救济渠道还是司法救济渠道的选择上必然是基于成本－收益衡量之后所作出的行为策略。就当事人选择司法救济渠道可能支付的成本而言，其主要包括以下四类：(1) 因参与司法救济活动所支出的必要费用，诸如聘用律师或代理人参与司法救

---

① ［美］L. 科塞：《社会冲突的功能》，孙立平等译，华夏出版社 1989 年版，第 122 页。

② 韦长伟：《公共冲突中政府的第三方干预角色研究》，南开大学周恩来政府管理学院 2013 年博士学位论文，第 62 页。

③ 蔡仕鹏：《法社会学视野下的行政纠纷解决机制》，载《中国法学》2006 年第 3 期。

④ 彭波、毛磊：《执法检查表明：行政复议作用远未充分发挥》，载《人民日报》2013 年 12 月 24 日，第 15 版。

济活动所产生的代理相关费用，当事人参与司法救济所支付的案件审理费用、差旅及食宿费用等相关费用。① （2）当事人为司法救济所支付的时间和精力成本。当前行政纠纷司法救济所花费的时间和精力成本较大，其中适用简易程序的行政诉讼案件为自立案之日起的 45 日内审结，适用普通审理程序的案件为自立案之日起的 6 个月之内审结，案情特殊，经高级人民法院批准（最高人民法院）可延期。且当前的行政审判效率偏低，其超审限率远高于民事诉讼和刑事诉讼案件，法官在案件之外进行大量的协调工作导致案件久调不决，无形中增加了当事人的时间和精力成本。② （3）当事人寻求司法救济的风险成本和机会成本。所谓当事人寻求司法救济的风险成本即在诉讼活动尚未终结之前，救济申请人其诉讼结果的胜负状况处于不确定状态，诸如案件事实状态、法律制度的完备程度、法官是否公正中立裁断、纠纷当事人法律知识素养等要素均会对司法救济的结果造成影响，在这些要素的综合作用下更加剧了当事人寻求司法救济的风险成本。③ 鉴于司法救济的最终性和权威性，当事人一旦选择司法救济渠道，那么他同时也就放弃了诸如行政救济渠道可能获得的收益，这也在无形中推高了当事人寻求司法救济渠道的机会成本。④ （4）当事人寻求司法救济的无形成本。行政纠纷司法救济案件的执行难也是当前司法实践当中反映比较突出的一个问题。即使纠纷当事人的诉求得到法院的支持，由于执行难所导致的"法律白条"也是屡见不鲜，再加之行政机关败诉后，变相的打击报复，从而导致当事人"赢了一阵子输了一辈子"的现象时有发生，这些都进一步加剧了纠纷当事人寻求司法救济的无形成本。

就当事人选择行政救济渠道所产生的成本而言，也主要包括以下四类：（1）当事人参与行政救济活动所支付的各类费用，但由于该救济途径中最主要是以书面审理为主，因而省去了开庭审理的差旅食宿等相关费用，该成本相较之司法救济渠道所耗费的成本更低。（2）当事人为行政救济所支付的时间和精力成本。依照相关规定，当前行政复议案件的审理期限为法律规定少于 60 日的依其规定，普通情形之下自受理 60 日之内作出裁断，若案情较为复杂，经复议机关负责人

---

① 杨海坤、邹焕聪：《略论行政诉讼成本》，载《天津商学院学报》2006 年第 4 期。
② 江必新：《完善行政诉讼制度的若干思考》，载《中国法学》2013 年第 1 期。
③ 杨海坤、邹焕聪：《略论行政诉讼成本》，载《天津商学院学报》2006 年第 4 期。
④ 张国玉：《行政诉讼困境的成本——收益分析》，载《行政论坛》2005 年第 3 期。

批准可适当延长，但最长不得超过 30 日。由此看来，当事人在行政复议救济渠道所花费的时间和精力成本通常要低于经过司法救济渠道所花费的时间和精力成本。（3）当事人寻求行政救济的风险成本和机会成本。就其风险成本而言，其基本与司法救济渠道所面临的风险成本大体类似。就其机会成本而言，除去复议终局的案件之外，大多数案件经过行政救济渠道之后当事人若对救济结果不满，只要其符合司法救济案件的受理范围，其仍可再次进入司法救济渠道，就此而言，当事人选择行政救济的机会成本可能要小于直接选择司法救济的机会成本。（4）当事人寻求行政救济的无形成本。相较之司法救济而言，当事人寻求行政救济所支付的无形成本更低。在行政救济当中其通过一种相对平和理性的方式来化解双方之间的争议焦点，从而实现了对行政权越轨行为的纠偏和当事人受损权利的救济。该救济渠道不仅有效避免了司法程序当中非黑即白判决所引发的对抗情绪，而且在很大程度上避免了将行政纠纷付诸司法审判从而可能对行政机关权威造成损失以及行政机关长官害怕因出庭当被告而影响自身职位升迁和社会美誉度的担心。① 正是鉴于此，行政主体也更愿意主动执行行政内部自我裁判结果，从而有效减少了"法律白条现象"或"软抵抗现象"的出现，自然当事人所支付的无形成本也就更低。

就当事人运用司法救济渠道和行政救济渠道所获得的收益而言，两者均是通过特定的救济程序从而将普遍性的问题个别化，将价值判断问题转化为技术裁断问题，以此来缓解和中和特定纠纷对于社会正常运行秩序的冲击，② 因而这两种救济途径所获得的收益也基本类似，主要包括以下两个层面：就微观层面的收益而言，主要表现为通过特定的救济程序填补纠纷当事人所遭受的权益侵损现状，努力消弭权益被侵损者与侵害者双方的对峙状态；就宏观层面的收益而言，主要表现为通过权利救济案例的榜样示范效应，从而有力控制当事人权益遭到侵损事实的扩大化，避免个例行为无序传播所导致的社会化效应，借此来维护行政运行秩序的良性化运作。③ 通过上文对于司法救济渠道和行政救济渠道解决行政争议的成本效益核算当中不难发现，两种救济渠道所获得的收益大体类似，但司法救

---

① 杨海坤、邹焕聪：《略论行政诉讼成本》，载《天津商学院学报》2006 年第 4 期。

② 蔡仕鹏：《法社会学视野下的行政纠纷解决机制》，载《中国法学》2006 年第 3 期。

③ 许明月：《侵权救济、救济成本与法律制度的性质：兼论民法与经济法在控制侵权现象方面的功能分工》，载《法学评论》2005 年第 6 期。

济渠道所支付的成本要远远大于行政救济渠道所支付的成本。通过两种救济渠道之间成本收益的核算不难发现：在行政纠纷解决过程当中，行政救济是理性当事人最优化的选择，而司法救济渠道则是行政救济渠道无效之后的无奈选择，毕竟"当事人个体对于正义的诉求更多情况下是在法院系统之外而不是法院系统之内来获得"。① 而这也恰恰是穷尽行政救济原则的基本制度内涵。

三、纠纷救济依赖行政事实的程度

行政纠纷解决过程当中事实概念相对于法律概念而存在。从纠纷解决的视角来看这里所指的事实概念"主要指事实之主张而非事实之本体"，② 其是对争议行政行为所指向的事实根据及相关辅助证据逐一进行甄别判断之过程，其中最为核心的是关于事实认定的相关问题。在行政纠纷解决的事实认定当中，不可避免地涉及对于争议事项特性的把握和认定。但争议双方基于自身知识结构、专业立场的差异对于争议事项可能会存在不同的认知感受，至此纠纷解决当中对于事实问题的决断自然成为其中最为关键的环节之一。③ 通常而言，在行政纠纷解决当中所涉及的行政事实决断主要包括以下几个方面：其一，行政主体在作出相应行政行为时作为事实证据的相关材料是否符合规定证据的种类和形式；其二，其取得相关证据材料的方法和程序是否符合相应的规定；其三，在运用事实证据证成行政行为正当性的过程中所运用的行政推定或认知逻辑是否符合相应规定；其四，双方当事人在举证责任的分配上是否符合相应规定；其五，证成行政行为正当性的证据材料是否充分；其六，证据材料与待证事实两者间的因果关系是否充分；其七，行政主体对于事实证据的定性是否准确合理。④ 在诸如此类行政事实决断的过程当中，诸多事项涉及行政权力执行中的自由裁量权行使问题。鉴于不同国家权力机关相互间分工行使的客观现实，行政救济渠道具有专业性、技术性、效率性、政策性等诸多特质，因而在应对行政事实认定的问题上更具优势。

---

① ［英］卡罗尔·哈洛、理查德·罗林斯：《法律与行政》，杨伟东译，商务印书馆2004年版，第74页。

② 陈计男：《行政诉讼法释论》，台北三民书局2000年版，第419页。

③ 潘荣伟：《行政诉讼事实问题及其审查》，载《法学》2005年第4期。

④ 朱新力：《论行政诉讼中的事实问题及其审查》，载《中国法学》1999年第4期。

当然，这并不是是说司法救济对于行政机关事实认定等事项上完全放弃审查，而是在审查强度和救济位序上有所区别。

就审查强度而言，法院系统对于行政机关的事实判断的审查强度常见为两类：（1）实质性证据标准（the substantial evidence test）；（2）专断、反复无常和滥用自由裁量权标准（arbitrary, capri-cious and abuse of discretion）。两者间的主要区别在于前一审查标准主要适用于行政主体所作出的相对正式的行政程序，而后一审查标准则主要适用于非正式行政程序。① 就前者而言，实质性证据标准的内涵主要指作为一个正常理性的当事人依据现有证据可推导出所争议事实的存在，那么该证据即可推定为符合实质性证据标准的基本要求。②就后者而言，专断、反复无常和滥用自由裁量权标准的内涵主要包括以下几个方面：（1）争议行政行为违反正当法律程序的相关要求；（2）争议行政行为在作出过程当中考虑了不相关因素；（3）争议行政行为存在明显错误；（4）争议行政行为的作出是基于不正当的目的；（5）争议行政行为未遵循之前先例；（6）争议行政行为构成了不合理的迟延。③ 从以上两个审查标准当中不难发现，司法救济对于行政机关在事实认定等事项上给予了高度的尊重，不轻易以自己的判断来代替行政机关的判断。

就救济位序而言，在关于事实认定类型的行政争议解决过程当中，优先行政救济，司法救济作为最后的救济手段仅提供必要的补充。之所以在关于事实认定类型的行政争议解决过程当中要遵循行政救济优先，司法救济殿后的大致救济位序主要是因为行政机关是对多元化的公共资源进行优化调配的最佳之选，其在关乎事实认定的行政争议解决当中具有天然的优势，其"直接、迅捷、顺应社会大众的选择意向、依循普通民众的日常直觉行事、不受传统社会规则之约束、不受

---

① 这两大标准间的区别伴随时间的演进逐渐模糊化，表现出了相互融合的趋势。在1971 的奥弗顿公园案（Overton Park Case）正式标志着两者间的区别失去意义。刘东亮：《我国行政行为司法审查标准之理性选择》，载《法商研究》2006 年第 2 期。

② Bernard Schwartz, *Administrative Law*, Boston, Little, Brown& Company, 1976, p. 595. 转引自刘东亮：《我国行政行为司法审查标准之理性选择》，载《法商研究》2006 年第 2 期。

③ 韩春晖：《美国行政诉讼的证明标准及其适用》，载《法商研究》2011 年第 5 期。

法院专门证据规则之束缚"，① 而这些优势均是司法救济所无法比拟的。在救济位序的排列当中优先行政救济的制度设计则恰恰充分释放了行政救济渠道的比较优势，有效避免了司法资源的无谓浪费。

四、纠纷解决运用专业知识的程度

在当前我国公共行政现代化的进程当中，行政事务的技术理性色彩越来越浓厚，② 其主要表征为以下两个层面：

其一，社会分工引发的行政管理专家集聚化。伴随社会的逐步演进，社会分工日益精细化，由"之前承担多种功能的某一结构要素逐渐裂变为承担单一功能的多个结构要素"。③ 社会结构要素功能的一元化必然会助推社会各个结构要素走向专业化、技术化、理性化，其反映在职业活动中就表现为形成了掌握专门知识的大量专家，每个专家均恪守自己的专业领域而不轻易跨界，其在公共行政领域具体表现为行政管理专家大量聚集，各个专家基于自身所掌握的专业知识在公共事务治理当中发挥其影响力，从而保障各项行政事务的顺利开展。④

其二，技术传播引发的公共服务模式现代化。网络信息技术的广泛传播推动了社会治理技术的不断演进，网络电视电话会议、网络无纸化办公平台、电子政务信息公开平台等新兴公共服务模式不断涌现。其不仅从时间上提高了公共服务的效率，而且从技术上革新了公共服务的模式。从而将新型的公共服务模式打造成为"技术门类繁多、技术层次庞杂、技术联系紧密的公共服务系统"。⑤ 伴随现代社会行政事务的技术理性色彩越来越浓厚，其所涉及的领域越来越纷繁复杂，行政纠纷解决当中对于专业知识的依赖程度也呈现出逐渐增强的趋势。依照彼德·凯恩（Peter Cane）的"决定等级"（decision-making hierarchies）的相关

---

① 叶必丰：《行政法的人文精神》，湖北人民出版社 1999 年版，第 142 页。

② 杨文华：《技术行政视阈中的科学发展》，载《东南大学学报（哲学社会科学版）》2010 年第 6 期。

③ 朱景文：《现代西方法社会学》，法律出版社 1994 年版，第 93 页。

④ 张康之、向玉琼：《政策问题建构专业化对民主政治的影响》，载《浙江学刊》2014年第 1 期。

⑤ 苏曦凌：《行政技术论》，载《内蒙古社会科学》2012 年第 5 期。

理论，在行政纠纷解决过程当中，鉴于行政系统内部的上下级之间皆具有大致类似的人员资质、技术经验和专业能力，因而其相互之间构成了一个决定等级。在这一决定等级的序列当中，上级可依据相关职权变革或撤销下级行政机关之决定。① 显然，在这种情形之下，司法救济并非最为合适的纠纷解决路径。一方面，司法机关作为权利救济机关将更多的精力投入对法律相关问题的审查，而对于行政专业知识相关的问题显然不可能如同行政机关那样聘请大量的专业技术人员对其进行严格的审查。正是鉴于此，司法机关对于涉及行政技术的相关纠纷，其表现出了极大的歉抑性，不轻易推翻行政机关之前的实体性判断。② 另一方面，出于司法效率低下以及司法资源有限等因素的考量，司法救济资源远远无法适应行政权力膨胀所带来的副产品——各类社会矛盾激增同时也对社会解纷资源提出了更高的要求。正是鉴于此，司法救济不仅不具备解决行政纠纷所必需的技术理性优势，同时，司法资源有限以及效率低下的客观现实也让其不可能成为解决行政纠纷的首选路径。而行政救济渠道在应对此问题上则具有其独特的优势，一方面行政机关具备独特的行政技术理性优势，其所掌握的行政专业知识不仅经过了精密细致的逻辑推导，同时也历经了复杂严苛的行政实践的检验，因而其不仅具有客观性同时还具有实用性，自然更有可能高效地应对各类行政纠纷的挑战；另外，行政专业知识的获取过程均历经了从感性认识到理性认识这样一个螺旋式上升不断检验的过程，这也就决定了行政救济渠道在应对行政纠纷时不仅具有针对性同时还具有可操作性，自然更有可能快速解决各类行政纠纷。③ 正是鉴于此，面对纷繁复杂技术事务的行政纠纷，行政救济渠道显然是最为合适的首选路径。因为在行政系统内部，存在大致类似的自由裁量权限，均可以影响公共政策的大致走向。基于责任与权力对等的原则，在行政隶属体系当中，上级行政部

---

① Cf. Peter Leyland &Terry Woods（eds.），*Administrative Law Facing the Future*：*Old Constraints & NewHorizons*，London，Blackstone Press Limited，1997，pp. 246-247. 转引自余凌云：《论行政复议法的修改》，载《清华法学》2013 年第 4 期。

② 吴英姿：《司法的限度：在司法能动与司法克制之间》，载《法学研究》2009 年第 5 期。

③ 苏曦凌：《分殊还是融合：科学行政与民主行政之关系探讨》，载《行政论坛》2015 年第 2 期。

门相较下一级别而言，其责任要求更重，其能力要求更大，自然其意愿的优先级别也就更高，下级机关自然要服从上级机关的裁断结果。基于权力分立行使的基本逻辑，显然司法救济系统不属于这一"决定等级体系"。① 自然司法救济渠道对其应保持必要的歉抑，只要其不存在严重的程序瑕疵均应予以尊重，其仅可以对于行政自由裁量范畴之外的合法性问题进行裁断。② 这不仅是司法效率使然，更是行政事务专业性使然。当然，司法的歉抑并不表示司法救济渠道放弃对于行政行为的审查监督，而是其角色应定位于对行政救济失效之后的补充性监督。毕竟在行政纠纷解决当中，法官并非行政事务的专家，其惟有树立起有所为有所不为的基本理念才能真正保障司法的权威性。

第四节　穷尽行政救济原则适用的例外情形

穷尽行政救济原则鉴于自身所具有的独特优势在行政纠纷救济过程中扮演着举足轻重的角色，但不可否认其也如同其他法律原则一样均具有特定的适用场景，因而在一些特殊情景之下由于多种要素的综合作用从而导致本来可以顺利进行且能按时完成的先行行政救济活动失去了其存在的必要性和可能性，③ 而这些特殊的场景则构成了穷尽行政救济原则适用的例外情形。通常而言，在以下几种特殊情形当中，穷尽行政救济原则不具有其存在的必要性和可能性。

一、待决纠纷为纯粹法律问题的情形

待决纠纷是一个纯粹的法律问题。鉴于行政救济渠道和司法救济渠道两者在解决纠纷上的专业特长所限，对于纯粹性法律纠纷，显然司法救济渠道属最佳之选。因为在纯粹法律性纠纷的化解过程当中离不开严密的法律逻辑推理能力、熟练的法律知识运用能力、准确的法律争议分析能力，而这些司法专业能力的培养

---

① Cf. Peter Leyland & Terry Woods (eds.), *Administrative Law Facing the Future*: *Old Constraints & New Horizons*, London, Blackstone Press Limited, 1997, pp. 246-247. 转引自余凌云：《论行政复议法的修改》，载《清华法学》2013 年第 4 期。
② 余凌云：《论行政复议法的修改》，载《清华法学》2013 年第 4 期。
③ 郑磊：《宪法审查的穷尽法律救济原则》，载《现代法学》2009 年第 1 期。

离不开长期的法律实践活动。司法工作人员正是在高强度、长时间的法律专业知识积累、法律实践观摩学习的过程当中逐渐地锻炼了自身的司法实践能力，形成了法官行业特有的裁断技能、论证策略以及价值平衡方法，从而帮助法官在纯粹法律性纠纷裁断当中更为公正地解决待决纠纷，更加清晰地论证其裁判依据，更加理性地说服纠纷当事人以及社会舆论，从而真正实现案结事了、定分止争的目的。① 行政救济渠道则与其不同，其主要集中在公共事务的监管与服务领域，其职务活动主要以事实性问题判断为主。正是鉴于此，对于待决纠纷属于纯粹法律性争端的情形，若仍旧设定穷尽行政救济的前置要件，则不仅违背了专业人干专业事这一职责分工的基本原则，同时也不利于纠纷的高效及时化解，此外其也是对本已经十分有限的救济资源的一种浪费。正是鉴于此，待决纠纷是一个纯粹的法律问题属于穷尽行政原则的一种例外适用情形。进一步推演之，我们在判断某一案件是否符合穷尽行政原则的这一例外情形时首先需要判定待决纠纷的争议焦点之所在，然后进一步聚焦该争议焦点是否"能够让法院不依赖于行政机关的事实判断结果独自去解决它。"对于那些司法救济渠道当中可能会涉及微量的影响法律裁断的事实要素的情形，其并不必然导致穷尽行政救济原则例外情形判定的失败。在此类情形之下，就需要借助价值衡量的手段，审慎判定事实要素对于法律问题的影响程度，若其影响程度仅仅是微乎其微的那么基本可断定其属于纯粹性的法律争议，若其对于案件的影响程度较大或影响到争议焦点的判定或实际争议的解决，则基本可断定其不属于该例外情形的适用范围。②概而言之，在综合考量纠纷的性质、行政自由裁量权行使幅度、裁断当中运用专业技术知识的效果等方面因素的基础上来判定其是否属于穷尽行政救济原则的例外情形。③

二、行政救济渠道堵塞当事人程序性救济权的情形

　　行政救济渠道堵塞了当事人享有的程序性救济权，使得当事人寻求行政救济

---

　　① 李红海：《普通法的司法技艺及其在我国的尝试性运用》，载《法商研究》2007 年第 5 期。

　　② Buffalo Equities, Ltd. v. City of Austin, WL 1990295 at 5（2008）. 转引自邢鸿飞：《论美国穷尽行政救济原则的适用例外及对我国的启示》，载《法学论坛》2014 年第 2 期。

　　③ McKart v. United States, 395 U. S. 185（1969）. 转引自郑烁：《论美国的"穷尽行政救济原则"》，载《行政法学研究》2012 年第 3 期。

不能。这里所指的行政救济渠道堵塞了当事人享有的程序性救济权主要是指由于行政机关的推诿拖延等原因从而导致行政相对人寻求救济的程序性权利受到损害。其主要包含以下几种情形：①（1）纠纷当事人依照法律的规定寻求行政救济，纠纷裁断机关明确拒绝受理，其属于因行政救济机关的拒绝受理从而导致当事人寻求行政救济不能的情形。在此情形之下若坚持要求纠纷当事人穷尽行政救济显然是强人所难，会在客观上剥夺当事人之救济权利，因而此类情形属于该例外情形的适用范围。（2）纠纷当事人依照法律的规定寻求行政救济，纠纷裁断机关在法定时限范围之内既未拒绝受理同时又未明确受理，从而在客观上阻滞了纠纷救济程序的进一步开展。此时为避免法律关系长期处于不确定状态可能对当事人造成的额外损失以及可能因此而导致的矛盾激化效应，通常将该情形划归为穷尽行政救济原则例外情形的适用范围。（3）纠纷当事人依照相关法律规定寻求行政救济，纠纷裁决机关在受理之后已超过法定时限尚未作出相应裁断的情形。在该情形之下，行政裁断机关怠于行使相应解纷职能，高效便捷解决行政纠纷的预设功能已无履行之可能，出于尽快修复受损社会法律关系，保障纠纷当事人合法权益的考虑，显然此时宜划归为穷尽行政救济原则例外情形的适用范围。

三、对当事人造成损失且难以获得足额补偿的情形

如果出现遵守穷尽行政救济原则的要求会对当事人造成损失且之后难以及时获得足额补偿的情形则属于该原则的例外范畴。该例外情形首先通过 1938 年的迈尔斯诉贝斯乐亨案件（Myers v. Bethlehem S. Corp.）得以确立，在该案件的判例当中法官指出：若当事人确有充分翔实的证据足以证明之前行政机关的指控行为是缺乏相应法律依据支撑的，或其确有充分翔实的证据足以证明其依照穷尽行政救济原则寻求行政听证等行政救济活动对当事人所造成的损失之后难以及时获得足额补偿，在此类情形之下，出于对当事人权益保障的需要，可适用穷尽行政救济原则的例外情形。② 不过在行政纠纷解决当中要想判定待决纠纷符合该例外情形，首先需要判断纠纷当事人若遵循穷尽行政救济原则的规定之后将难以获得

① 需要说明的是其所包含的第二种情形和第三种情形与上文所提及的视为穷尽行政救济的情形基本类似。就本质而言，此类情形均因行政救济不能因而无须完整经历行政救济渠道就可直接进入司法救济渠道。

② Myers v. Bethlehem S. Corp., 303 U. S. 41,（1938）. 转引自郑烁：《论美国的"穷尽行政救济原则"》，载《行政法学研究》2012 年第 3 期。

及时足额的补偿。在休斯敦学区教师诉休斯敦学区委员会案件（Houston Fed'n of Teachers，Local 2415 v. Houston Indep. Sch. Dist.）当中，该学区的教师对该学区决定延长白天学习时间的计划直接提起了诉讼，学区教育委员会主张该纠纷应首先通过行政救济渠道予以解决。法院最后判决认为，学区教育委员会并未获得法定授权可立即采取相应救济措施，因此行政救济渠道可能会导致行政相对人遭受的损失在拖延一定期限之后难以获得足额的补偿。① 其次需要判定纠纷当事人付诸行政救济渠道将是徒劳无益的，为证明这一点需要证明行政救济机关针对该类纠纷在长期救济实践当中已经形成了相对固定的态度，因而纠纷当事人的主张在行政救济活动中确定不会得到支持。在欧根特里诉格伦罗斯独立学区案件（Ogletree v. Glen Rose Indep. Sch. Dist）当中，欧根特里因被解雇而对格伦罗斯独立学区提起诉讼，格伦罗斯独立学区则主张应首先寻求行政救济。欧根特里则主张格伦罗斯独立学区的警督曾告知他该项决定已是最终决定且不会因为其他外部条件而变更。法院最后拒绝支持其诉求，认为仅凭学区警督的说明不足以证明当事人寻求行政救济将是徒劳无益的，同时缺乏长期权利救济实践当中一贯的态度予以佐证，因而判定其不属于穷尽行政救济原则的例外情形之范畴。② 最后还需要进一步判定行政相对人会因穷尽行政救济的过程而遭受重大困难或难以弥补的损失，该要件的判断在行政相对人需要社会救助的案件当中最为常见。在该类案件当中，当事人大多是因为遭遇了某种生活变故而寻求国家救助以此来维持基本生活的需要。鉴于此类案件当中直接涉及公民基本生存权的问题，如果其符合之前两大要件，那么在此情况之下仍要求当事人穷尽行政救济，其很可能会为纠纷当事人的基本生活带来"实质性的重大困难或其他无法弥补的损害"，此时出于高效及时保障纠纷当事人基本权益的考量，其符合适用穷尽行政救济原则例外情形的基本要求，因而其无须首先穷尽行政救济。③

---

①　Houston Fed'n of Teachers，Local 2415 v. Houston Indep. Sch. Dist.，730 S. W. 2d，644-646（1987）. 转引自邢鸿飞：《论美国穷尽行政救济原则的适用例外及对我国的启示》，载《法学论坛》2014 年第 2 期。

②　Ogletree v. Glen Rose Indep. Sch. Dist. 314 S. W. 3d，450-454（2010）. 转引自邢鸿飞：《论美国穷尽行政救济原则的适用例外及对我国的启示》，载《法学论坛》2014 年第 2 期。

③　奎纳诉施威克案件（Kuehner v. Schweiker）属于此类型案件的典型判例。Kuehner v. Schweiker，717 F. 2d 813，822-823（3rd Cir. 1983）. 转引自郑烁：《论美国的"穷尽行政救济原则"》，载《行政法学研究》2012 年第 3 期。

四、行政主体明显超越法定授权行使职权的情形

行政主体明显超越法定授权行使职权从而使得适用穷尽行政救济原则的例外情形成为可能。基于不同国家权力之间彼此分立行使、互相监督平衡这一基本假设，不同的国家机关均应独立行使其法定职权而不应受到其他机关的非法干涉，但同时各国家机关所行使的权力均应受到相应的监督制约，其仅能在法定授权范围之内行使法定职权，而不可能在权力的疆场任意驰骋。但任何权力均具有自我扩张的冲动，且其扩展行为并不会自行停止，当然行政权力也不例外，伴随行政权力的不断扩张，其同时也就存在着滥用权力之可能。一旦其超越法定的授权范围行使职权，为实现国家权力体系内部的平衡状态，从而为司法救济渠道的干预奠定了重要基础，其以韦斯特海姆独立学区诉布鲁凯特案件（Westheimer Indep. Sch. Dist. v. Brockette）最为典型。在该案当中，州教育长官主张通过听证会这一行政救济渠道来审查州教育委员会关于设立韦斯特海姆独立学区的相关指示。但最后法院认为依照相关法律规定，州教育长官必须要依照法定授权行使职责，但法律当中并未包含要通过听证会形式来为此类争议提供救济的相关规定，因此可判定州教育长官明显超越法定授权行使职权，且该听证会的举行可能会进一步侵害到州教育委员会所颁布命令的有效性，而法院此时的目标正是通过司法救济渠道来切实保障州教育委员会的命令得以履行，其并没有对行政权力的行使构成非法干涉，因而其自然无须穷尽州教育长官自行设定的行政救济途径。① 当然需要进一步指出的是，该例外情形的适用以行政主体明显超越法定授权行使职权为基础，但仅仅满足这一前提要件并不必然导致适用原则例外情形。比如在一些涉及运用行政专业技术的案件当中，为保障纠纷解决的效率性和专业性，这就需要在寻求司法救济之前首先经历行政救济活动，进而帮助更快地查明相关纠纷的关键争议点。在此类情形之下若仅以行政救济行为未获得法律的明确授权，或行政救济行为未遵循行政程序的基本要求作为理由并不必然构成适用穷尽行政救济的

---

① Westheimer Indep. Sch. Dist. v. Brockette, 567 S. W. 2d, 780-786（1978）. 转引自邢鸿飞：《论美国穷尽行政救济原则的适用例外及对我国的启示》，载《法学论坛》2014 年第 2 期。

例外情形。① 因为在此类情形下还需要进一步考量越过行政救济是否会影响到后面司法救济的效率性和专业性的问题，惟有其所保障的相对人利益显著大于穷尽状态下的行政秩序利益时例外情形才具有正当性。②

① Appraisal Review Bd. of Harris Cnty. Appraisal Dist. v. O'Connor & Assocs. , 267 S. W. 3d, 413-419（2008）. 转引自邢鸿飞：《论美国穷尽行政救济原则的适用例外及对我国的启示》，载《法学论坛》2014 年第 2 期。

② McCarthy v. Madigan, 503 U. S. 140 (1992), at 146. 转引自郑烁：《论美国的"穷尽行政救济原则"》，载《行政法学研究》2012 年第 3 期。

第六章 穷尽行政救济原则的中国场景展开

穷尽行政救济原则的中国场景主要回答了源自国外的穷尽行政救济原则如何逐步实现中国本土化转型的问题。首先就我国行政救济前置的历史流变而言，其大致历经了曲折探索期（1910—1977）、恢复发展期（1978—1988）、规范成熟期（1989 年至今）三个阶段。其次就穷尽行政救济原则中国范式的可行性而言，社会文化传统为穷尽行政救济原则奠定了文化根基，"ADR 理论"为穷尽行政救济原则奠定了理论根基，法治政府理念为穷尽行政救济原则奠定了政治根基，司法改革实践为穷尽行政救济原则奠定了法制根基。再次就当前穷尽行政救济原则中国范式的基本样态而言，其主要存在常规类型的行政复议前置、行政复议之后的选择终局、行政复议终局三种类型。然后就探索穷尽行政救济原则中国范式过程中所存在的问题而言，其主要存在着行政复议前置体系庞杂、行政救济前置机制实际效果堪忧、行政救济与司法救济衔接不畅、行政救济终局范围过宽等诸多问题。最后就未来完善穷尽行政救济原则中国范式的对策而言，主要包括整合行政救济前置体系、激发行政复议的内在活力、优化行政救济和司法救济的衔接、缩限行政救济终局的范围等一系列的举措。

第一节 我国前置性行政救济的历史流变

一、我国行政救济立法实践的曲折探索期（1910—1977）

在我国行政救济立法实践的曲折探索时期，行政救济制度被称为"诉愿制度"。其实，早在清末的宣统二年（公元 1910 年）清政府已经开始了关于建立行政救济的探索。① 当时的晚清政府处于内忧外患当中，为继续维持政权的稳定，其被迫开始了法制近代化的探索。进程中多种元素同台并陈：西学与传统、精英与大众、国家与民间、理论与实践，互相交织碰撞，② 书写了一段波澜壮阔的历史。其间，法科留学生居功至伟，他们或筹建法政学堂"培养佐理新政人才"，或借鉴域外国家的经验打造中国自己的权利救济体系，从而为法制近代化奠定了重要根基，③ 而当时提出设置"诉愿制度"的动议（但其仅仅属于动议并未真正付诸制定法律文本）便是借鉴域外法制先进经验的重要成果。随后于1914年5月颁布的《中华民国约法》第8条明确规定："人民依照法律的规定，依法享有请愿于行政官署以及陈述于平政院的权利。"④ 就法律文本的意义而言，其属于我国行政复议制度的开端。随后北京政府于同一年修正了《中华民国约法》，在该法当中最为明显的变化便是将人民之"陈诉权"修改为"诉愿权"，政府进一步制定了《诉愿条例》与之相配套。依照相关规定，诉愿制度成为社会民众防御国家公权力非法侵害的一项基本权利。⑤ 随后同年6月，参政院奉令代行立法院之职权，审议通过了《诉愿法》，7月由袁世凯大总统颁布实施，该法共包含18个条款，其确定了我国近代意义上的行政复议制度的基础格局。当然，其也存在一定的历史局限性，由于当时缺乏对于本国现实国情的考量以及实践操作方面的经验，其更多的是照搬了西方法治发达国家的先进经验，再加之清末民初战乱频发，《诉愿法（1914）》所规定的行政诉愿救济制度在实践当中遭遇了落地难题。⑥

随后1930年南京国民政府进一步制定了《诉愿法（1930）》，全文共有14条，尽管该法立法技术还比较粗糙，但该行政诉愿制度的雏形已显现。依照该法

① 故宫博物院明清档案部编：《清末筹备立宪档案史料》（上），中华书局1979年版，第89~90页。

② 张仁善：《近代法学期刊：司法改革的"推手"》，载《政法论坛》2012年第1期。

③ 江国华、韩玉亭：《清末民初法科留学生与中国法制近代化》，载《求索》2017年第1期。

④ 青锋：《中国行政复议制度的发展、现状和展望》，载《法治论丛》2006年第1期。

⑤ 张文郁：《我国台湾地区诉愿制度之过去、现在与未来》，载《行政法学研究》2015年第3期。

⑥ 翟小波：《制度在历史的积累中成长——行政复议制度：中国与广州》，载《博览群书》2006年第4期。

的规定行政救济实行诉愿和再诉愿两级诉愿制度。其中第 4 条明确规定对于行政合理性问题和行政合法性问题区别对待。其中对于行政不当类纠纷，可历经诉愿和再诉愿两次救济，而对于行政违法类纠纷，其除去可经历诉愿和再诉愿两次救济之外，纠纷当事人若对再诉愿之救济结果仍不服的，其可以进一步向行政法院提起撤销之诉，并可附带提出损害赔偿请求。① 由此规定不难发现，其对于涉及合法性问题的争端要在穷尽两次行政诉愿之后才可以向行政法院提起撤销之诉。我国台湾地区现行的行政诉愿制度仍旧以该法为参照蓝本，在历经多次的修订完善之后一直沿用至今。随后 1935 年南京国民政府颁布实施的《行政诉讼法》第 1 条明确规定："因中央或地方行政主体的违法处分行为对人民之权利造成损害的，其可以向行政法院提起行政诉讼。对于已经提起行政诉愿或再诉愿的情形，在行政诉愿或再诉愿救济已得出决定之前不得提起行政诉讼。"② 该法又进一步规定了行政诉愿和再诉愿制度前置的相关内容。我国台湾地区对于行政诉愿前置的有益探索不仅为我国大陆地区行政复议制度建设提供了重要的参考样本，其同时也是我国行政复议制度的一个重要支脉。③

中华人民共和国成立之后，由于我国迟迟未建立行政诉讼制度，因此公权力对于公民个人权利造成的侵害，主要依赖于行政复议制度。④ 我国先后在财政领域、税收领域、海关领域等行政技术专业色彩较强的部门实行了行政复议救济制度。⑤ 比如，在 1950 年政务院批准财政部公布实施的《财政部设置检查机关办法》第 6 条明确规定："被检查的相关部门认为检查机构所采取措施不当时，在具备充足理由的情况下其可向其上级检查机构申请复核处理。"这里涉及的"复

---

① 张文郁：《我国台湾地区诉愿制度之过去、现在与未来》，载《行政法学研究》2015年第 3 期。

② 蔡文斌：《行政复议先行程序研究》，中国政法大学法学院 2001 年博士学位论文，第 20 页。

③ 湛中乐：《新中国行政复议制度的历史变迁与发展》，载明辉、李昊主编：《北航法律评论》（2010 年第 1 辑），法律出版社 2010 年版，第 138 页。

④ 中华人民共和国成立初期行政复议制度的名称并不统一，有些法律或者法规称之为"复核处理"，有些称之为"复查"，但其实质上均为我国大陆早期的行政复议制度。湛中乐：《新中国行政复议制度的历史变迁与发展》，载明辉、李昊主编：《北航法律评论》（2010 年第 1 辑），法律出版社 2010 年版，第 139 页。

⑤ 张春生、童卫东：《我国行政复议制度的发展和完善》，载《中国法学》1999 年第 4期。

核处理"实质上便是行政复议救济的前身。① 随后于 1950 年 12 月颁布的《税务复议委员会组织通则》在该规定当中首次明确出现了"复议"二字。后来伴随着社会经济的快速发展，国家社会秩序的有序恢复以及国家救济资源供给的不断增加，越来越多的领域当中出现了行政复议的救济形式。② 如 1951 年颁布实施的《中华人民共和国城市房地产税暂行条例》（属政务院发布的行政法规）第 12 条明确规定："纳税纠纷当中，纳税义务人如果对于房地产评价的结果存在异议时，其必须得一面交纳应缴税款，一面向房地产评价委员会申请行政复议。"之后 1958 年颁布实施的《湖南省农业税实施办法》第 31 条明确规定："纳税义务人认为农业税的征收过程当中存在调查不实、评议不公、错算或错征的情况，其可以向乡镇人民委员会申请复查和复议，若纳税义务人对于复查和复议的结果仍不满意的，其还可请求上一级人民委员会进行复查。"③

　　在十年动乱期间，我国刚刚建立起的法制秩序遭到严重的破坏，不仅全国各地的人民检察院系统、人民法院系统被合并裁撤，同时中央政府和地方各级政府的职权也因受到严重的冲击而无法维持正常的运转，各级党政部门基本处于停摆状态，随之全国各地普遍建立起了"集党、政、军权于一身"的革命委员会，其包揽了诸如行政监管、党内事务、立法等诸项事务。④ 在这样的时代背景之下，之前法律法规当中明确规定的行政复议制度也就失去了存在的土壤，行政复议工作也就大多处于中断状态，⑤ 仅在个别领域零星存在着行政复议制度。比如 1971 年由交通部颁布《海损事故调查和处理规则》（试行）第 13 条明确规定："纠纷当事人若对港务管理机关作出的海损事故结论存在不同意见时，其可以在法定期

---

　　① 青锋：《中国行政复议制度的发展、现状和展望》，载《法治论丛》2006 年第 1 期。

　　② 祝诚：《行政复议前置问题研究》，中南民族大学法学院 2013 年硕士学位论文，第 11 页。

　　③ 湛中乐：《新中国行政复议制度的历史变迁与发展》，载明辉、李昊主编：《北航法律评论》（2010 年第 1 辑），法律出版社 2010 年版，第 139 页。

　　④ 高飞乐：《对"文化大革命"错误的政治实践和理论的历史反思》，载《党史研究与教学》2003 年第 4 期。

　　⑤ 张春生、童卫东：《我国行政复议制度的发展和完善》，载《中国法学》1999 年第 4 期。

限之内向作出海损事故结论的港务管理机关上级领导机关申请复查。"①

二、我国前置性行政救济立法实践的恢复发展期（1978—1988）

党的十一届三中全会之后，国家各项工作的重心也实现了从阶级斗争向经济建设的转型。之前遭到中断的前置性行政复议制度也逐渐得到恢复，但这一时期的前置性行政复议制度散布于各个单行性法律、法规和规章当中，由于缺乏诸如《行政诉讼法》和《行政复议法》等综合性法律的指导，因而其表现出了诸多的弊端：其一，由于众多的法律和法规，甚至部门规章均对于前置性行政复议制度的情形作出了相应规定（见表 6-1），但其中却缺乏相对清晰明确的设定标准，且无特定规律可循，从而丧失了对于纠纷当事人在选择权利救济途径上的指引功能。② 正是由于权利救济制度设计上的随意性和模糊性，从而导致各个纠纷救济主体在有利可图的情形下则蜂拥争抢，在无利可图的情形下则互相推诿肘掣，其直接制约了纠纷当事人权利救济活动的效果。③ 同时，在一些大致类似纠纷上，不同的法律法规对于纠纷救济途径的规定上却存在较大的差距，从而让纠纷当事人不知如何选择。其二，前置性行政复议救济制度的法律规范性和逻辑自洽性欠缺。这一时期前置性行政复议救济制度的立法技术粗糙，完全继承了中华人民共和国成立初期的做法，有的法条称之为申诉，有的法条称之为复议，有的法条称之为复核，甚至还存在一些其他的称谓，在法律规范性和逻辑自洽性方面存在着诸多的问题，这直接损害了法律规范体系的整体性。比如在《中国公民出境入境管理法》（1985 年）第 15 条当中称之为申诉，《商标法》（1982 年）第 35 条当中称之为复审，《个人所得税法》（1980 年）第 13 条当中称之为复议。④ 其三，关于前置性行政复议救济制度的时限规定多元化。这一时期关于前置性行政复议救济制度的时限规定存在长短不一的情形，有些时限规定为 15 天，有些时限规

---

① 祝诚：《行政复议前置问题研究》，中南民族大学法学院 2013 年硕士学位论文，第 12 页。

② 章志远：《我国行政复议与行政诉讼程序衔接之再思考》，载《现代法学》2005 年第 7 期。

③ 淄博市中级人民法院课题组：《行政复议与行政诉讼衔接问题研究》，载《山东审判》2010 年第 2 期。

④ 刘莘：《行政复议的定位之争》，载《法学论坛》2011 年第 5 期。

定为 30 天，有些时限规定则为 90 天。① 正是由于时限规定差异化，这就导致想要通过行政复议途径来寻求救济的当事人必须是精通相关领域的法律专家，否则就可能因为超过了救济时效的相关规定而要承担不利责任。显然在当时的时代背景之下，其对于行政纠纷当事人法律知识储备的要求超出了合理的界限。

表 6-1　　　　　1978—1988 年前置性行政复议制度的相关立法②

法律渊源名称	颁布年份	具体条款
《外国企业所得税法》	1981 年	第 16 条
《中外合资经营企业税法》	1983 年	第 15 条
《城乡个体工商户所得税暂行条例》	1986 年	第 15 条
《产品税条例》	1984 年	第 17 条
《增值税条例》	1984 年	第 22 条
《盐税条例》	1984 年	第 17 条
《营业税条例》	1984 年	第 16 条
《资源税条例》	1984 年	第 18 条
《国营企业所得税条例》	1984 年	第 21 条
《国营企业调节税征收办法》	1984 年	第 17 条
《集体企业所得税暂行条例》	1985 年	第 19 条
《耕地占用税暂行条例》	1987 年	第 12 条
《国税征收管理暂行规定》	1986 年	第 40 条
《治安管理处罚条例》	1986 年	第 39 条
《水路运输管理条例》	1987 年	第 27 条
《航道管理条例》	1987 年	第 29 条
《公路管理条例》	1987 年	第 36 条
《电力设施保护条例》	1987 年	第 32 条
《麻醉药品管理办法》	1987 年	第 34 条

---

① 刘莘：《行政复议的定位之争》，载《法学论坛》2011 年第 5 期。
② 蔡文斌：《行政复议先行程序研究》，中国政法大学法学院 2001 年博士学位论文，第 83~85 页。

法律渊源名称	颁布年份	具体条款
《城乡个体工商户管理暂行条例》	1987 年	第 25 条
《价格管理条例》	1987 年	第 32 条
《投机倒把行政处罚暂行条例》	1987 年	第 11 条
《进出口关税条例》	1987 年	第 34 条
《企业法人登记管理条例》	1988 年	第 32 条
《私营企业暂行条例》	1988 年	第 44 条
《医疗用毒性药品管理办法》	1988 年	第 12 条
《精神药品管理办法》	1988 年	第 25 条
《现金管理暂行条例》	1988 年	第 22 条

三、我国前置性行政救济立法实践的规范成熟期（1989 年至今）

从严格意义上来讲，我国行政救济与司法救济的基本分布格局是由 1989 年第七届全国人大二次会议所通过的《行政诉讼法》所确立的。其中该法第 37 条①和第 38 条②对于行政复议的一般模式以及行政复议的期限作出了规定。但由于这一时期仍然缺乏一部专门规定行政复议救济的法律规定，从而也给行政复议救济的实践操作带来了一定的难度。③ 国务院为进一步规范行政复议实践，因而在 1990 年及时颁布了《行政复议条例》。正是得益于该条例的及时颁布，从而在一定程度上改观了之前在我国行政复议立法实践当中一直存在的零散分布的问题，并且在一定程度上便利了纠纷当事人寻求行政救济。国务院法制办的统计数据显示，从 1991 年（即《行政复议条例》实施之后）到 1998 年年底（即颁布《行政复议法之前》）期间，全国共受理各类行政复议案件达到了 24 万件，其

---

① 其中第 37 条明确规定："对于那些属于行政诉讼受案范围的相关纠纷，纠纷当事人其可以先向法定的复议机关寻求复议救济，对于复议结果不服的，可以再向人民法院提起诉讼，也可以直接向人民法院提起诉讼。若相关法律、法规当中明确规定纠纷当事人应当先向行政机关申请复议，若对复议结果不服的再向人民法院提起诉讼，则依其规定行事。"

② 其中第 38 条则是对行政复议的期限作出了统一明确的规定。

③ 刘莘：《行政复议的定位之争》，载《法学论坛》2011 年第 5 期。

中撤销类决定占到 20%，变更类决定占到 10%，维持类决定占到 50%，其他类型的决定占到 20%，纠纷当事人对于复议决定仍旧不服继续提起行政诉讼的占到总案件的 25%。从以上数据当中不难发现，尽管《行政复议条例》在其颁布实施之后的一段时间之内曾在保障行政相对人的合法权益、监督行政主体依法行使职权等方面发挥了一定的积极作用，但其实施的效果和立法的预期目标仍存在较大的差距。① 此外，《行政复议条例》的法律位阶偏低，这也在一定程度上影响了行政复议救济的效果。正是鉴于此，国家及时出台了更高法律位阶的《行政复议法》。至此，行政复议救济制度也就正式成为与行政诉讼救济制度并列的行政纠纷救济制度。但这一时期的《行政复议法》在规定方面过于宏观，在实际可操作性方面仍存在着诸多的问题。② 也正是鉴于此，国务院随后于 2007 年颁布了《中华人民共和国行政复议法实施条例》，该条例不仅对于行政复议救济制度的落地问题做了进一步的细化，此外还将"解决行政争议"纳入行政复议救济的立法目的中，进一步引入了调解、和解等行政纠纷解决手段，以此来有效应对当前行政复议当中普遍存在的案结事不了的情形，以此来提高政府的合法性认同。③

第二节　探索穷尽行政救济原则中国模式的可行性

当前中国探索穷尽行政救济原则的中国模式不仅具有必要性，同时具有可行性。就文化传统的视角而言，我国社会深受"息讼"传统文化的影响，主张两造对峙的司法救济显然不是行政纠纷救济的优先选择，其只能是最终无奈的选择，而相对平和理性的行政救济则优势更为明显。就理论演进的视角而言，"ADR 理论"的勃兴同时也将沟通、自治、高效的理念移植到行政纠纷救济的程序当中，其倡导通过更加便捷、多元的救济渠道尽快弥补当事人的权益侵害，及时修复受损法律关系，从而摒弃行政纠纷救济当中对于司法救济渠道的路径依赖。就政治基础的视角而言，当前在法治政府逐步推进的过程中，行政权一权独大是不争的事实，为有效避免改革阻力，在行政纠纷救济当中同样需要充分利用国家权力体

---

① 青锋：《中国行政复议制度的发展、现状和展望》，载《法治论丛》2006 年第 1 期。
② 刘莘：《行政复议的定位之争》，载《法学论坛》2011 年第 5 期。
③ 马超：《行政复议的政治功能阐释——基于立法史的考察》，载《交大法学》2013 年第 4 期。

系当中行政权独大的优势，行政救济优先，将司法救济作为其后盾补充，从而确保法治政府改革的顺利推进。就法制基础的视角而言，新《行政诉讼法》的修改以及诸多司法改革举措的推进均加剧了当前案多人少的矛盾。为应对当前行政纠纷井喷态势，穷尽行政救济原则着眼于行政纠纷解决渠道的分流，通过行政救济渠道的优先设计从而有效避免了司法救济当中普遍存在案多人少的压力，顺应了当前司法改革的客观要求。

一、社会文化传统为穷尽行政救济原则奠定了文化根基

在中国传统社会演进过程中，儒家"贱讼""耻讼""息讼"思想贯穿其中，其主张"讼是祸首，讼是恶行"，孔子所倡导的"听讼，吾犹人也。必也使无讼乎"便是其典型例证。① 历经多代传承，"无讼"的理想情节，"厌诉"的文化情怀成为中华法系法律思想的显著特征。社会民众深受该思想的影响，其一旦遇到纠纷往往还是通过法律之外的救济渠道予以解决，以避免诉累。② 对此，著名社会学家费孝通先生曾有过精辟论述："当今中国社会正处在从乡土社会向现代社会逐渐蜕变的进程当中，之前厌诉观念在普通民众中间还有很大的生存空间，这也导致了现代司法制度的推行存在一定的困难。如果不考虑这种社会文化传统，贸然推行法律制度建构，那么很可能导致协调有序的法治秩序尚未建立，而传统的礼治秩序却早已丧失殆尽的问题。"③ 正是鉴于此，当今社会行政纠纷救济制度建构时要充分考虑这一社会文化传统，不能将两者割裂开来。申言之，行政纠纷救济制度建构中要兼顾"息讼"的社会传统以及行政权力独大的现实境遇。对于"息讼"的社会传统要在尊重的基础上进行引导性改造，引导行政相对人对于行政纠纷既要"敢诉"，又要避免动辄提起司法救济的"滥诉"，有效衔接各类救济渠道，逐步引导纠纷当事人在行政纠纷寻求司法救济之前首先穷尽行政救济，避免司法资源不必要的浪费。同时对于行政权独大的客观境遇要在承认客观现实的基础上予以巧妙利用，不仅要对行政履职行为给予适度的信任，同时又要构建高效畅通的行政系统内部监督救济机制，充分利用行政救济渠道所具有

---

① 于语和：《〈周易〉"无讼"思想及其历史影响》，载《政法论坛》1999 年第 3 期。

② 范愉：《诉讼的价值、运行机制与社会效应：读奥而森的〈诉讼爆炸〉》，载《北大法律评论》1998 年第 1 期。

③ 费孝通：《乡土中国 生育制度》，北京大学出版社 1998 年版，第 58 页。

的众多优势，有效化解各类行政纠纷，① 逐渐将行政救济渠道打造成为解决行政纠纷的主渠道。之所以将其作为行政纠纷解决的主渠道主要是因为：行政救济渠道不仅实现了行政纠纷当事人纠纷解决的客观需要，同时又暗自契合了"息诉"的社会文化传统，通过行政机关内部消化纠纷的方式有效避免了行政主体作为诉讼被告所导致的冲突放大效应，同时又给予行政主体及时自我纠错的机会，有效缓和了行政纠纷双方当事人之间的紧张状态，让行政纠纷在一种平和理性的氛围中予以解决，同时又避免了司法救济中可能导致的"赢一阵子，输一辈子"的负面效应。若之前的行政救济未能达到理想的救济效果，当事人可进一步寻求司法救济。依照穷尽行政救济的制度安排，纠纷当事人选择启动司法救济是谨慎的，其请求司法机关以国家的名义对各类行政纠纷提供最为权威的裁断结果，以此来修复受损的社会秩序。② 概而言之，我国社会深受"息讼"传统文化的影响，主张两造对峙的司法救济渠道显然不是行政纠纷救济的优先选择，其只能是最终无奈的选择。而行政救济渠道则不但顺应了行政权独大的客观现实，同时也有效避免了纠纷解决过程当中纠纷当事人之间的激烈对峙，通过行政内部监督的"非诉讼方式"来化解行政纠纷，其自然成为解决行政纠纷的首要选择，当纠纷当事人在行政救济渠道失效时还可以通过司法救济渠道寻求进一步的救济。正是鉴于此，中国社会传统文化为穷尽行政救济原则奠定了文化根基。

二、"ADR 理论"为穷尽行政救济原则奠定了理论根基

在市场经济的时代背景之下，行政活动方式不再局限于传统的强制命令模式，实现了从"行政监管"理念向"服务行政"理念的转移，至此契约协商理念也渐次移植到行政法的内涵当中。再加之现代行政事务所涉及领域日益广袤，所涉及事项日益复杂，这些都为行政裁量权的行使奠定了广阔的空间。③ 任何权力想得到良性运行必须要配套相应的监督方案，行政裁量权当然也不例外。如何

① 周兰领：《行政复议强制前置模式的重建》，载《长安大学学报（社会科学版）》2008 年第 4 期。

② 江国华：《常识与理性（四）：走向综合的司法改革》，载《河南财经政法大学学报》2012 年第 2 期。

③ 江国华、胡玉桃：《论行政调解：以社会纠纷解决方式的多元化为视角》，载《江汉大学学报（社会科学版）》2011 年第 3 期。

有效规范行政裁量权的行使，显然司法救济不是最为合适的途径，而"ADR 理论"的勃兴则为行政裁量权的救济提供了一条重要路径。"ADR 理论"的全称为"替代性纠纷解决方案理论"（Alternative Dispute Resolution），其替代性是相对于司法救济而言的，主要指由中立第三方（非法官）负责协调解决各类纠纷的相关步骤及其程序的总称。① 具体到行政纠纷解决过程当中，"ADR 理论"所倡导的协商妥协主要涉及行政调解、行政复议等行政救济机制，其是以遵循法治主义原则和法律规则基本要求为基本前提，并不违背法治政府的精神内核，② 这就为"ADR 理论"在行政纠纷解决领域的应用奠定了重要的前提。再加之在当今这样一个科学技术飞速发展的现代社会，各类风险规制日益盛行、利益关系日益多元化、立法局限性日渐凸显，在以上诸要素的综合作用下，现代行政法律关系日益多元、纠纷事实状态的不确定性增加、案件法律状态的不明确性陡增，这也就为"ADR 理论"在行政纠纷解决领域的应用奠定了现实基础。③ 正是鉴于此，将"ADR 理论"应用于行政纠纷解决领域不仅是正当的而且是必要的。尽管世界各国鉴于法制传统的差异，在行政纠纷解决领域当中"ADR 理论"的应用规模与发展速度有所差异，但其价值导向却基本相同：（1）减轻司法救济渠道的压力；（2）帮助当事人高效便利地解决行政纠纷，进而避免冗长的诉讼程序及高昂的诉讼费用支出；（3）提升纠纷双方当事人对于解决方案的满意程度，进而便利纠纷解决方案的后期履行；④（4）便利行政系统内部纠错，从而增强社会公众对于政府的情感认同。正是鉴于此，无论是就"ADR 理论"应用于行政纠纷救济领域的可行性而言，还是就其基本价值导向而言，其与穷尽行政救济原则的制度设计均高度契合，两者均提倡对于行政纠纷救济渠道进行分流，将沟通、自治、高效的理念移植到行政纠纷救济的内涵当中，通过更加便捷、多元的救济渠道尽快弥补当事人的权益侵害，及时修复受损法律关系，摒弃行政纠纷救济当中对于司法

---

①　U. S. Code，Vol. 28，sec. 651（a）. 转引自［美］史蒂文·苏本、玛格瑞特·伍：《美国民事诉讼的真谛》，蔡彦敏、徐卉译，法律出版社 2002 年版，第 205 页。

②　王锡锌：《规则、合意与治理：行政过程中 ADR 适用的可能性与妥当性研究》，载《法商研究》2003 年第 5 期。

③　赵银翠：《行政复议和解制度探讨》，载《法学家》2007 年第 5 期。

④　［美］斯蒂芬·戈尔德堡等：《纠纷解决——谈判、调解和其他机制》，蔡彦敏等译，中国政法大学出版社 2004 年版，第 8 页。

救济渠道的路径依赖，进而推进服务型政府建设。正是鉴于此，"ADR 理论"的勃兴为穷尽行政救济的制度设计提供了重要的理论给养，推动其逐步走向完善。

三、法治政府理念为穷尽行政救济原则奠定了政治根基

自 1978 年改革开放以来，尤其是 2004 年国务院颁布实施《全面推进依法行政实施纲要》（以下简称《纲要》）以来，法治政府的理论日渐深入人心，同时法治政府的内涵也逐步得到深化。2004 年的《纲要》当中首次以官方文件的形式提出建设法治政府的蓝图，并将其进一步细化为六个方面："合法行政、合理行政、程序正当、高效便民、诚实守信、权责统一。"[1] 为顺利推进法治政府建设，国务院曾于 2010 年颁布《关于加强法治政府建设的意见》指出要科学设定法治政府考核指标，进一步强化依法行政工作的绩效考核，并将其纳入各级地方政府的考核指标体系中。据有关学者初步统计，全国目前共有 16 个省级政府出台了法治政府的相关绩效考核办法，并将其作为推动法治政府建设的重要驱动力。[2] 之后党的十八届三中全会通过的《中共中央关于全面深化改革若干重大问题的决定》当中明确提出了"法治国家、法治政府、法治社会三位一体建设的新思路"。十八届四中全会又对法治政府的目标做了进一步的深化，"明确要求各级政府部门必须坚持在党的领导下、在法治轨道上开展工作，加快建设职能科学、权责法定、执法严明、公开公正、廉洁高效、守法诚信的法治政府"。[3]

通过以上对于法治政府发展脉络的梳理不难发现，当前我国的法治政府目标实现过程属于典型的政治推动模式，该机制是通过颁布党内文件以及相关法律法规的形式来规范政府的行为，从而实现法治政府建设的目标。就其背后的逻辑来看，在法治政府逐步推进的过程中，行政权力一权独大是不可争辩的事实，为确保法治政府改革的顺利推进，充分发挥行政权的诸多优势，巧借政治力量推进法治政府建设也成为自上而下改革的必然选择。其作为一种自上而下的改革模式，具有改革力度大、改革周期短、改革见效快的比较优势，因而我国的法治政府建

---

① 杨小军、宋心然等：《法治政府指标体系建设的理论思考》，载《国家行政学院学报》2014 年第 1 期。

② 郑方辉、卢扬帆：《法治政府建设及其绩效评价体系》，载《中国行政管理》2014 年第 6 期。

③ 周汉华：《构筑多元动力机制 加快建设法治政府》，载《法学研究》2014 年第 6 期。

设工作才能在短时期之内取得如此巨大之成就。① 正是鉴于此，在行政纠纷救济当中同样需要充分利用国家权力体系当中行政权独大的优势，通过穷尽行政救济原则的制度设计，充分激活行政救济渠道的制度优势，有序衔接多种救济渠道之间的位序关系，从而严格规范各项公权力的行使过程，使得各级公权力机关能够真正做到有权必有责，权责相统一，最终推进法治政府的建设。反之亦然，法治政府建设工作有序推进的社会也一定是公民权利得到切实保障的社会，其内在地要求行政救济制度不仅供给充分同时也能够迅速化解纠纷，从而切实保障行政相对人受损之权益得到高效及时的救济，因而穷尽行政救济的制度设计也就成为纠纷当事人最优的选择。毕竟，行政相对人权益受到侵害直接提请司法救济，不仅其成本高昂，不利于案件事实的及时查明，同时也是对国家司法救济资源的浪费。司法救济渠道理应定位于行政纠纷救济的最后一道屏障，而非事事冲锋在先的救济首选渠道。正是鉴于此，穷尽行政救济原则的制度设计促进了法治政府建设的有序开展，同时法治政府的理念又为穷尽行政救济原则的制度设计奠定了重要的政治基础。

四、司法改革实践为穷尽行政救济原则奠定了法制根基

当前司法救济渠道所面临的案多人少的矛盾依旧突出，其最主要表现在两个方面：其一，2014 年修改的《行政诉讼法》进一步扩展了行政诉讼案件的受案范围，从具体行政行为扩展到了行政行为，从立案审查制改为立案登记制，起诉期限从 3 个月调整为 6 个月。《行政诉讼法》的这些修改直接导致行政主体成为被告的可能性更大，从而引发行政诉讼案件激增的局面。② 《行政诉讼法》修改之后的相关统计数据也进一步印证了这种分析，③ 从 2015 年 5 月 1 日至 31 日期间，全国法院系统行政案件共登记立案 29924 件，同比增长 221%。天津市各级人民法院共登记行政案件 991 件，同比增长 752.40%，湖南省各级人民法院新收

---

① 周汉华：《构筑多元动力机制 加快建设法治政府》，载《法学研究》2014 年第 6 期。

② 程应游、戚燕平：《新形势下行政复议和行政应诉工作的实践及思考》，载《探求》2015 年第 4 期。

③ 2014 年新修订的《行政诉讼法》自 2015 年 5 月 1 日起实施，新法刚实施阶段行政案件的增减情况最具说服力，因此此处相关数据选取了从 2015 年 5 月 1 日至 31 日期间法院系统行政案件登记立案情况作为参照。

一审行政案件 1444 件，同比增幅达 127.4%，山西省各级人民法院行政案件同比增长 480.85%，上海市各级人民法院行政案件同比增长 475.86%，浙江省各级人民法院同比增长 296.80%，江苏省各级人民法院行政案件增幅为 68.9%。（见图 6-1）①

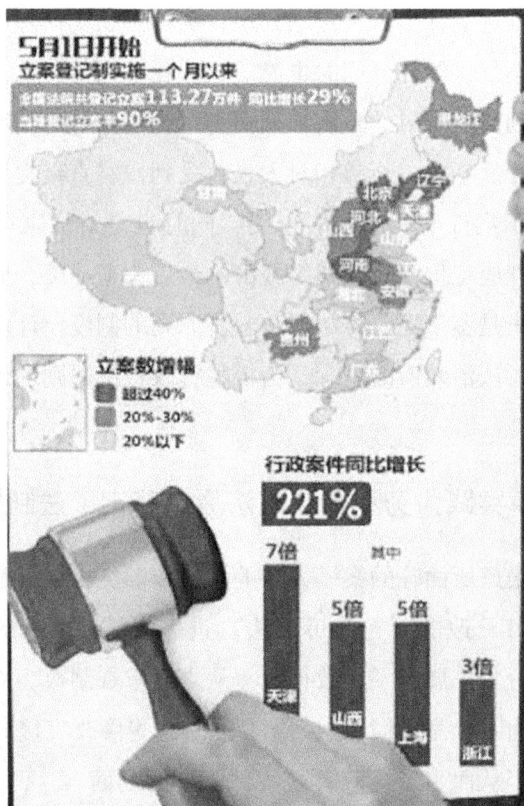

图 6-1　立案登记制一个月行政案件情况图示②

　　①　相关数据来源参见杨翔、谷国文等：《落实立案登记制　保障当事人诉权——湖南高院关于行政诉讼案件立案登记制实施情况的调研报告》，载《人民法院报》2015 年 7 月 2 日，第 8 版；朱旻、杨长青：《立案登记制"满月"改革有序运行问题及时应对》，载《江苏法制报》2015 年 6 月 11 日，第 1 版；胡斌：《立案登记制改革：创新与踟蹰》，载《决策》2015 年第 7 期。
　　②　胡斌：《立案登记制改革：创新与踟蹰》，载《决策》2015 年第 7 期。

其二，《关于全面深化人民法院改革的意见——人民法院第四个五年改革纲要（2014—2018）》明确提出要根据法院所管辖区域的经济发展状况、人口分布数量、案件数量及其分布类型等统计数据来科学设定各级法院法官的员额。2017 年 7 月，最高人民法院首批 367 名员额法官完成宪法宣誓，这也标志着法官员额制改革在全国法院已全面落实，至此全国共有 12 万余名员额法官。而在法官员额制改革前，全国有近 21 万名法官，这也意味着将近 9 万名法官没有进入员额序列。① 一方面是行政案件呈现激增的局面，另一方面则是原法官队伍当中大量人员无法进入法官员额序列，两者综合作用必将进一步激化当前行政纠纷领域案多人少的矛盾。伴随案多人少问题的进一步加剧，其很可能会导致司法从业人员的工作强度加大，进一步丧失了职业尊崇感，同时还将导致司法解决纠纷能力不足，从而危及社会普通民众对于司法的信仰。当前应对这一矛盾的方法主要有两条路径：其一，通过加强法官职业培训、选拔审判技术熟练法官、借助智慧法院技术辅助法官审判等多种方式从而增加单位法官的办案数量，提升法官的办案效率；其二，通过合理设计行政纠纷解决机制来分担司法救济压力，从而在源头上减少进入司法救济渠道的相关案件。就前一种方案而言，尽管其对于缓解当前普遍存在的案多人少的矛盾具有一定的效果，但其终究是不可持续的，因为毕竟每个法官单位时间能够审结案件的数量总是存在上限的，不可能对其实行无限加压。② 如果法官压力得不到有效控制很可能随之而来的将是熟练法官的辞职潮。就第二种方案而言，其主要通过畅通行政纠纷的解决渠道，优化多种行政纠纷解决渠道的位序关系，从而充分发挥行政救济渠道的优势所在，有效化解当前行政诉讼中案多人少的激烈矛盾，进一步缓解进入司法救济渠道的案件数量，从源头上控制行政诉讼案件数量。相较之第一种解决方案而言，第二种方案具有可持续发展性，而穷尽行政救济原则的制度设计恰是依照第二种方案的思路来化解当前行政纠纷的井喷态势，其着眼于行政纠纷解决渠道的分流，通过行政救济渠道的优先设计从而有效避免了司法救济渠道当中普遍存在的案多人少的压力，顺应了当前司法改革的客观要求。此外，新《行政诉讼法》当中行政复议机关做被

① 李万祥：《汇聚法治中国建设新力量》，载《经济日报》2017 年 8 月 16 日，第 5 版。
② 最高人民法院立案登记制改革课题组：《立案登记制改革问题研究》，载《人民司法·应用》2015 年第 9 期。

告的相关规定进一步强化了行政复议机关的责任机制，同时对于行政机关负责人出庭应诉的问题也提出了更高的要求，并增加了其应当承担的法律责任。新《行政诉讼法》当中的这些规定的设计的初衷就在于：行政机关负责人及复议机关为避免做被告所导致的败诉风险，更有动力加强行政系统内部的监督救济力度，从而真正将行政救济渠道打造成行政纠纷解决的主渠道，而这也恰是穷尽行政救济原则的制度内涵所在。正是鉴于此，《行政诉讼法》修改以及法官员额制改革等多种司法改革实践活动为穷尽行政救济原则奠定了重要的现实根基，为其寻找到了制度得以存在的土壤。同时，也惟有积极有序推进穷尽行政救济制度设计的相关配套制度改革才能切实消减当前司法改革推进中产生的"改革焦虑症"，让当前积极推进的司法改革活动真正地"聚人气、消怨气、接地气"，从而有效避免司法改革可能遭遇的"梗阻"。①

第三节 当前穷尽行政救济原则中国模式的基本样态

依照穷尽前期行政救济决定之后是否还存在其他救济途径以及救济途径性质上的差异，当前我国法律规范层面存在的穷尽行政救济的基本样态主要包括以下三类：其一，常规类型的行政复议前置；其二，行政复议之后的选择终局类型；其三，行政复议终局类型。

一、常规类型的行政复议前置

所谓常规类型的行政复议前置是指在化解行政相对人与行政主体的纠纷过程中，纠纷当事人在寻求司法救济之前必须首先要历经行政复议程序，惟有纠纷当事人对先行行政复议结果不满的情况下才可以进一步启动行政诉讼程序来维护自身的合法权益。在此类情形之下，先前的行政复议程序是之后是否能够启动行政诉讼程序的前提性要件，惟有满足此要件才可以进入下一步的救济程序当中。其正是通过强制性的行政复议前置，借此充分发挥行政救济渠道的专业、效率、成本等方面的综合优势，让纷繁复杂的行政争议尽量在行政救济程序当中得以解

---

① 刘方勇、禹爱民：《让法官员额制改革聚人气接地气》，载《人民法院报》2015年2月9日，第2版。

决，进而有效分流行政诉讼案件，充分缓解司法救济渠道的压力。① 该项制度安排主要是由我国《行政诉讼法》第 44 条第 2 款予以明确规定的。② 通过对该法条的仔细解读我们不难发现，我国现行的《行政诉讼法》仅为该项制度安排提供了一个原则性的指导，更多的细节要素以及适用的具体情形还主要通过其他的法律法规来进一步细化。通过对我国现行法律法规的梳理不难发现，常规类型的行政复议前置情形又可以进一步细化为两种基本类型：（1）其他法律法规当中对于纠纷当事人在寻求司法救济渠道之前需要首先要穷尽行政复议救济手段予以了明确的规定。典型规定如《中外合资经营企业所得税法》第 15 条当中予以明确规定。③ 根据杨伟东教授的初步统计，除去地方性法规之外，④ 当前至少有 7 部法律⑤、24 部行政法规⑥对于常规类型的行政复议前置作出了明确的规定。⑦ 纵观以上这些法律和法规相关条文不难发现，其所涉及的领域主要包含三类情形：首

---

① 张正钊、韩大元：《比较行政法》，中国人民大学出版社 1998 年版，第 757 页。

② 《行政诉讼法》第 44 条第 2 款规定："法律、法规规定应当先向行政机关申请行政复议，对复议决定不服再向人民法院提起诉讼的，依照法律、法规的规定。"

③ 《中外合资经营企业所得税法》第 15 条规定："合营企业同税务机关在纳税问题上发生争议时，必须先按照规定纳税，然后再向上级税务机关申请复议。如果不服复议后的决定可以向当地人民法院提起诉讼。"

④ 当前的地方性法规因数量庞大且规定较为多样化因而未列入此次的统计当中。

⑤ 杨伟东教授统计的数据为相关法律共为 6 部，其中第 7 部《反垄断法》为本人所添加，且其中有些具体法律条款由于法律修改有所更改，本人依照最新法律条文进行了校正，特此说明。《海关法》第 64 条、《税收征收管理法》第 88 条、《中外合资经营企业所得税法》第 15 条、《专利法》第 41 条、《商标法》第 32 条、《行政复议法》第 30 条第 1 款、《反垄断法》第 53 条第 1 款。

⑥ 《宗教事务条例》第 46 条、《社会保险费征缴暂行条例》第 25 条、《水路运输管理条例》第 27 条、《进出口关税条例》第 64 条、《外汇管理条例》第 50 条、《出境入境边防检查条例》第 42 条、《废旧金属收购业治安管理办法》第 14 条、《卖淫嫖娼人员收容教育办法》第 20 条、《储蓄管理条例》第 35 条、《植物检疫条例》第 20 条、《国有资产评估管理办法》第 33 条、《企业名称登记管理规定》第 28 条、《专利代理条例》第 26 条、《有线电视管理暂行办法》第 16 条、《盐业管理条例》第 30 条、《化妆品卫生监督条例》第 30 条、《幼儿园管理条例》第 29 条、《医疗用毒性药品管理办法》第 12 条、《城市节约用水管理规定》第 20 条、《现金管理暂行条例》第 22 条、《开发建设晋陕蒙接壤地区水土保持规定》第 18 条、《私营企业暂行条例》第 44 条、《企业法人登记管理条例》第 32 条、《尘肺病防治条例》第 24 条。

⑦ 杨伟东：《复议前置抑或自由选择：我国行政复议与行政诉讼关系的处理》，载《行政法学研究》2012 年第 2 期。

先是行政纠纷所涉及的政策属性较强，如涉及反垄断领域的相关行政争议；其次是行政纠纷所涉及的专业属性较强，如涉及税收征缴领域的相关行政争议；最后是行政纠纷所涉及的权益事项比较重大，如涉及自然资源确权领域的相关行政争议。① （2）现有法律或法规当中仅仅规定对于某类行政决定不服，可以向上级或同级主管部门申请行政复议，但其中并未涉及到可向相应人民法院提起行政诉讼的情形。对于此种类型的情形，依据《行政诉讼法》第26条以及《行政复议法》第5条的相关规定，只要该争议所涉及的事项不属于行政复议决定作为最终裁决的例外情形，且其符合行政诉讼法的受案范围，此类纠纷均可在在历经行政复议程序之后进入行政诉讼程序。② 在此类情形之下，尽管单行的法律或法规当中并未明确规定行政复议之后可进入行政诉讼程序，但结合《行政诉讼法》和《行政复议法》这些一般性法律的相关规定便可以得出其在历经行政复议程序之后仍可进入行政诉讼程序，这同时也是充分保障纠纷当事人纠纷救济权利以及贯彻司法最终解决纠纷精神的客观需要。

二、行政复议之后的选择终局类型

所谓经行政复议之后的选择终局类型是指纠纷当事人在选择行政复议救济渠道之后，对该复议决定不服可选择通过行政诉讼途径或行政裁决途径来解决相关行政争议，而其一旦选择行政裁决渠道予以救济，其裁决结果为最终结果。此类情形主要出现在我国《行政复议法》第14条的相关规定当中。③ 第二种情形与上面第一种情形最主要的区别在于先行行政救济之后后续救济方式上的差异，第一种情形为司法救济，而第二种情形则由当事人在法院行政诉讼与国务院行政裁决两者之间自由选择，后续救济方式一旦选定其作出的裁断结果则为纠纷最终的

---

① 王雅琴：《我国行政诉讼与行政复议的衔接模式与完善》，载《人民司法》2015年第1期。

② 李素平：《行政复议与行政诉讼衔接程序探讨》，苏州大学法学院2008年硕士学位论文，第7~10页。

③ 我国《行政复议法》第14条规定："对国务院部门或者省、自治区、直辖市人民政府的具体行政行为不服的，向作出该具体行政行为的国务院部门或者省、自治区、直辖市人民政府请求行政复议。对行政复议决定不服的，可以向人民法院提起行政诉讼，也可以向国务院申请裁决，国务院依照本法的规定作出最终裁决。"杨伟东：《复议前置抑或自由选择：我国行政复议与行政诉讼关系的处理》，载《行政法学研究》2012年第2期。

救济结果，但需要注意的是第二种情形之下拥有最终裁决权的主体仅为国务院，而非任意的行政主体，这也从一个侧面体现了《行政复议法》的立法者在行政终局裁决问题上的审慎态度。

三、行政复议终局类型

所谓行政复议终局类型是指当行政相对人不服行政主体所作出的行政行为时，其只能通过行政复议这一救济渠道来维权，纠纷无法进入作为司法救济渠道的行政诉讼当中。在此类情形之下，行政复议决定一旦作出其将具有终局性效应。[1] 而行政复议终局类型又可以进一步细化为两种情形：（1）法律明文规定的行政复议终局情形。在该类情形当中，国家的相关法律明确规定行政纠纷当事人仅能通过行政复议渠道类寻求权利救济。行政复议结果一旦作出，其结果即为最终结果，当事人无法再通过其他的救济途径来寻求权利救济。比如在《行政复议法》第 30 条第 2 款当中予以明确规定。[2] 再比如在《出境入境管理法》第 64 条当中也存在相关明确规定。[3]（2）事实上的行政复议终局情形。在该类情形当中主要是由于《行政复议法》所规定的可申请行政复议救济的案件范围要远大于《行政诉讼法》所规定的可申请行政诉讼救济的案件范围。正是鉴于两大救济渠道在受案范围的衔接上存在的问题，从而导致某些行政纠纷虽然列入了行政复议的受案范围之内，但却未纳入行政诉讼的救济范围之内。一旦纠纷当事人对于行政复议决定不服却因为未纳入行政诉讼的受案范围之内，从而导致纠纷当事人无法进一步寻求行政诉讼救济，这也就形成了事实上的行政复议终局现象。比如在

---

① 谢尚果：《行政复议与行政诉讼衔接机制之反思与重构》，载《河北法学》2013 年第 2 期。

② 《行政复议法》第 30 条第 2 款明确规定："根据国务院或者省、自治区、直辖市人民政府对行政区划的勘定、调整或者征收土地的决定，省、自治区、直辖市人民政府确认土地、矿藏、水流、森林、山岭、草原、荒地、滩涂、海域等自然资源的所有权或者使用权的行政复议决定为最终裁决。"

③ 在《出境入境管理法》第 64 条也存在相关规定："外国人对依照本法规定对其实施的继续盘问、拘留审查、限制活动范围、遣送出境等措施不服的，可以依法申请行政复议，该行政复议决定为最终决定。其他境外人员对依照本法规定对其所实施的遣送出境措施不服，申请行政复议的，适用前款规定。"王雅琴：《我国行政诉讼与行政复议的衔接模式与完善》，载《人民司法》2015 年第 1 期。

《集会游行示威法》第 13 条当中就存在这类情形。① 但《集会游行示威法》当中并未规定当事人对于行政复议决定不服的可以进一步寻求行政诉讼救济。但根据《行政诉讼法》的相关规定，对于集会、游行、示威等公民政治性权利又未列入其受案范围之内，自然纠纷当事人也就无法对于复议结果再寻求司法救济。这也就在事实状态上造成了行政复议终局的效果。②

第四节　探索穷尽行政救济原则中国模式中存在的问题

就探索穷尽行政救济原则中国范式过程中所存在的问题而言，其主要存在着以下几个方面的问题：（1）行政救济前置体系庞杂；（2）行政救济前置机制实际效果堪忧；（3）行政救济与司法救济衔接不畅；（4）行政救济终局范围过宽。

一、行政救济前置体系庞杂

从上文我们对当前穷尽行政救济原则中国范式在法律规范层面基本样态的分析当中不难发现，其不仅涵盖了常规类型的行政复议前置、行政复议之后的选择终局、行政复议终局三种主要类型，且每一种类型当中又进一步涵盖了其子范畴，其种属分类十分庞杂。此外，有权设定行政复议前置的法律渊源当中不仅包含诸如《行政复议法》《行政诉讼法》等综合性法律，同时还包含《专利法》《商标法》《反垄断法》等专门性法律，不仅包含全国人大和全国人大常委会所制定的法律，同时还包含国务院制定的法规以及地方性法规。根据杨伟东教授的初步统计，除去地方性法规之外，至少有 7 部法律、24 部行政法规对于常规类型的行政复议前置作出了明确的规定。③ 鉴于如此众多的法律和法规对于穷尽行政救济的情形均作出了相应规定，但其中却缺乏相对清晰明确的设定标准，且无

---

① 《集会游行示威法》第 13 条明确规定："集会、游行、示威的负责人对主管机关不许可的决定不服的，可以自接到决定通知之日起 3 日内，向同级人民政府申请复议，人民政府应当自接到申请复议书之日起 3 日内作出决定。"

② 王克稳：《我国行政复议与行政诉讼的脱节现象分析》，载《行政法学研究》2000 年第 4 期。

③ 杨伟东：《复议前置抑或自由选择：我国行政复议与行政诉讼关系的处理》，载《行政法学研究》2012 年第 2 期。

特定规律可循，从而丧失了对于纠纷当事人在选择权利救济途径上的指引功能。① 正是由于权利救济制度设计上的随意性和模糊性，从而导致各个纠纷救济主体在有利可图的情形下则蜂拥争抢，在无利可图的情形下则互相推诿肘掣，其直接制约了纠纷当事人权利救济活动的效果。② 同时，在一些性质大致类似的纠纷上，不同的法律法规在纠纷救济途径的规定上却存在较大的差距，从而让纠纷当事人不知如何选择。例如，同样是涉及专业性较强的税务征缴类争议，《税收征收管理法》第 88 条第 1 款与《海关法》第 64 条当中尽管均规定了行政复议前置，但两者对于行政复议申请的前提条件却存在较大的差别，《税收征收管理法》第 88 条第 1 款规定纠纷当事人在申请行政复议之前必须要先缴纳相应的税款，否则无法进入行政复议救济程序，而《海关法》第 64 条当中却规定纠纷当事人申请行政复议的行为可以与缴纳税款的行为同时进行。③ 诸如此类的救济模式多元化的问题在当前行政纠纷解决当中普遍存在，这也就导致当事人一旦遇到类似行政纠纷，完全无法理性预测，仅能依照单行法律或法规的规定行事。④ 其内在地要求纠纷当事人务必要成为精通相关领域的法律专家才能理性地指引自己的权利救济行为，显然这对行政相对人提出了过高的要求，尤其是从当下公民法律综合素养这一现实国情背景出发，我们不难发现这一要求显然是不切实际的。就其本质而言，这一现象主要是由待决纠纷类型缺失所导致的。在理想化的状态之下，"对于每一种可能造成公民权利侵损事实的国家权力行为，都必须要有恰当的待决纠纷类型与之相配套"。⑤ 待决纠纷之类型将与纠纷当事人之申请要件，裁判机关之审理权限以及纠纷裁断的方式息息相关。之前，我们缺乏对于待决纠纷类型的理论构建，主要通过行政纠纷裁断结果的种类来倒推待决纠纷的种类。

---

① 章志远：《我国行政复议与行政诉讼程序衔接之再思考》，载《现代法学》2005 年第 7 期。

② 淄博市中级人民法院课题组：《行政复议与行政诉讼衔接问题研究》，载《山东审判》2010 年第 2 期。

③ 王雅琴：《我国行政诉讼与行政复议的衔接模式与完善》，载《人民司法》2015 年第 1 期。

④ 章志远：《我国行政复议与行政诉讼程序衔接之再思考》，载《现代法学》2005 年第 7 期。

⑤ ［德］弗里德赫尔穆·胡芬：《行政诉讼法》，莫光华译，法律出版社 2003 年版，第 204 页。

就法理学层面而言，这一做法显然是倒果为因的做法，其完全忽略了行政纠纷裁断结果的种类与待决纠纷的种类两者间所存在的区别。也正是由于这一非理性操作方式的盛行，从而导致法学理论界和实务界忽视了对于待决纠纷类型的思考。毕竟不同类型的待决纠纷其在性质上也有所不同，其中有些类型的待决纠纷可能在裁决当中更依赖于行政机关所作出的事实判断，而有些类型的待决纠纷则可能更多依赖于司法机关作出相应的法律判断，因此针对不同类型的待决争议在行政纠纷救济制度安排上应区别对待。① 依照此理论，在综合考虑"行政纠纷解决机制的目的和宗旨，行政纠纷解决机制的管辖范围，行政纠纷解决机制赖以存在的法律传统"② 等要素的基础上，主要依照纠纷当事人申请主张的差异性以及待决事项与行政机关和司法机关各自管辖事项的密切程度从而确立不同的待决纠纷类型。依照待决纠纷的不同类型来决定适用不同的权利救济模式，借此帮助纠纷当事人依照自己待决纠纷的类型来理性选择适当的纠纷救济模式，科学地预判自己的行为后果，从而促进行政纠纷的实质性化解，有效避免纠纷当事人因权利救济模式选择错误从而导致救济不能悲剧的发生。

二、行政救济前置机制实际效果堪忧

依照行政纠纷救济制度设计的预设目标而言，行政救济前置系统其主要扮演着三个方面的重要角色：（1）为纠纷当事人提供便捷高效低廉的行政纠纷解决渠道；（2）进一步分流司法救济渠道的案件压力；（3）为行政机关内部自我纠错提供机会，从而促进行政系统内部的自我治理。③ 但就其实际效果而言却是堪忧的，主要表现在以下几个方面：其一，行政救济渠道制度公信力不足；其二，行政救济渠道资源忙闲分布不均；其三，行政救济渠道裁断结果的可接受程度不高。

就第一个方面而言，纠纷当事人之所以选择某一项权利救济制度，其前提便在于纠纷当事人对于该项救济制度能够公正裁断相关纠纷给予了充分的信任。当前制约行政救济前置机制信任程度的主要因素有两个：（1）经过行政复议前置的

---

① 马怀德：《完善〈行政诉讼法〉与行政诉讼类型化》，载《江苏社会科学》2010 年第 5 期。

② 章志远：《行政诉讼类型化之影响因素与规范模式——一个比较法的考察》，载《学习论坛》2008 年第 9 期。

③ 刘莘：《行政复议制度近期可能的改革》，载《行政法学研究》2005 年第 2 期。

案件数量不多。纠纷当事人是否信任某项救济制度，其最直观的表现就是是否选择该救济渠道来维权。因此，判断前置性行政内部救济机制的社会公信力，首先就要判断是否有足够多的案件选择行政复议救济系统。为便于广大读者更加直观地感受行政复议案件的总体数量情况，笔者在这里同时选取了1990—2020年期间全国行政复议案件与行政诉讼案件的相关数据（见表6-2）。就横向而言，实践中行政复议渠道的收案数量在大多数年份少于同期行政诉讼渠道的收案数量，而依照制度价值预设，行政复议渠道相较行政诉讼渠道具有高效、专业、成本低廉等诸多优势，且在大多数的案件当中若对行政复议救济结果不满意仍然可进入行政诉讼救济渠道，依此逻辑来看，通过行政复议渠道救济的案件数量理应超过通过行政诉讼渠道救济的案件，但行政纠纷救济实践并非如此，就次我们不难判断当前我国行政复议并未能够实现解决行政纠纷主渠道的制度功能预设。就纵向而言，行政复议渠道的收案增长率除去2000年相较前一年有较大增长外（其主要归功于1999年国家颁布实施《行政复议法》），其他年份当中每年行政复议救济渠道的收案增长率基本呈现缓慢增长的趋势，甚至2018年之后的数据还呈现出了递减的趋势。无论是从数据的横向对比还是纵向对比当中，我们不难发现行政复议救济机制的案件数量偏少，没有足够多的行政纠纷进入该救济机制，其预设的前置性救济功能自然无法实现，自然也就难以赢得纠纷当事人应有的信任。如不能有效扭转这一局面，经过长期的恶性循环，必将导致行政救济前置机制的进一步萎缩，其后果将是不堪设想的。（2）经过行政复议前置救济渠道的案件裁判质量不高。如果说经过行政复议前置救济渠道的案件数量的多寡是反映纠纷当事人是否信任该救济机制的表象因素的话，那么经过行政复议前置救济渠道案件的救济效果将是制约当事人是否信任该救济机制的深层次因素。就当前行政复议前置纠纷解决机制的实际运行情况而言，其并未真正地扮演好行政救济渠道应有的角色，其最直观的表现为行政复议案件相对较低的纠错率。所谓纠错率即行政复议案件当中以撤销、变更、确认违法、责令履行这四类方式来结案的数量占到当年行政复议结案数量的比例情况。① 据相关统计数据显示，自2000年到

---

① 之所以要用撤销、变更、确认违法、责令履行这四类方式的结案数量占当年行政复议结案数量的比例情况来表征行政复议救济渠道的纠错率主要是因为这四种结案方式均是对争议行政行为不同程度的纠错。

2020 年期间，行政复议案件的纠错率呈现"U"形的变化趋势，从 2000 年的 25.5%下降到 2013 年的 8.28%，然后触底反弹缓慢增长到 2020 年的 14.61% （图 6-2）。当然这一数据背后所隐藏的原因可以从两个视角予以解读，第一个视角是行政复议前置救济机制并未真正扮演好行政系统自我纠错的制度预设角色，该救济渠道的纠错率处于低位运行的状态。① 第二个视角则可能是伴随法治政府的日益推进，政府依法行政的水平逐渐提高，自然其中违法和失当行政行为的比例逐渐减少。但我们再综合同时期信访案件数量变化趋势等因素来分析，则基本可断定行政复议救济实际效果不佳是其主要成因，法治政府的影响仅仅是次要性的制约因素。

表 6-2　　**1990—2020 年行政复议案件与行政诉讼案件数量的对比情况②**

年份	行政复议收案数（件）	行政诉讼收案数（件）
1990—1998	24 万	46 万
1999	32 170	97 569
2000	74 448	85 760
2001	80 857	10 0921
2002	75 886	80 728
2003	74 158	87 919
2004	80 076	92 613
2005	不详	不详
2006	89 664	不详
2007	85 587	101 510
2008	78 002	108 398

---

① 黎晓武、刘红梅：《试析我国行政复议制度的重构——以行政争议解决机制的优化为视角》，载《江西社会科学》2011 年第 4 期。

② 沈亮：《检视与前行：行政复议制度功能定位回归——以 ADR 制度为印证和指引》，载《行政与法》2013 年第 11 期；青锋：《中国行政复议制度的发展、现状和展望》，载《法治论丛》2006 年第 1 期；周成奎：《中国法律年鉴》，中国法律年鉴出版社，2005—2011 年相关统计数据。其中 2012—2020 年关于行政复议以及行政诉讼案件的相关统计数据来源于司法部官网的统计信息公开栏目：http://www.moj.gov.cn/pub/sfbgw/zwxxgk/fdzdgknr/fdzdgknrtjxx/，2021 年 7 月 25 日最后访问。

续表

年份	行政复议收案数（件）	行政诉讼收案数（件）
2009	77 877	120 312
2010	93 055	129 133
2011	108 815	136 353
2012	110 543	不详
2013	130 537	不详
2014	152 714	不详
2015	148 396	14 5351
2016	164 909	165 439
2017	205 533	184 852
2018	211 058	211 354
2019	191 065	223 712
2020	183 511	215 076

就第二个方面而言，行政救济前置机制之所以实际效果堪忧，除去其他外部制约因素外，其内部深层次所存在的问题也是颇为关键的制约要素，其主要有以下两种表现形式：（1）行政复议专职工作人员严重短缺。据相关专家统计，当前我国依照相关法律规定享有行政复议权的政府及其政府部门超过1.8万个。而依照《行政复议法实施条例》的相关规定，在行政复议案件裁断过程当中至少应当有2名具备法定资格的行政复议人员参与办理。若严格依照此规定的最低标准来配备行政复议工作人员（尚不计算那些行政级别较高、管辖范围较广、审理案件较多因而需配备更多行政复议工作人员的情形），仅此一项就至少需要3.6万人参加行政复议案件的审理活动，考虑到开展行政复议工作的现实状况，其实际需要应远不至此数。② 但行政复议机构运行的现实国情却是地方政府部门当中专职

① 其中2000—2013年的数据转引自李月军：《国家与社会关系视角下的行政复议》，载《政治学研究》2014年第3期，2014—2020年相关统计数据来源于司法部官网的统计信息公开栏目，http://www.moj.gov.cn/pub/sfbgw/zwxxgk/fdzdgknr/fdzdgknrtjxx/，2021年7月25日最后访问。

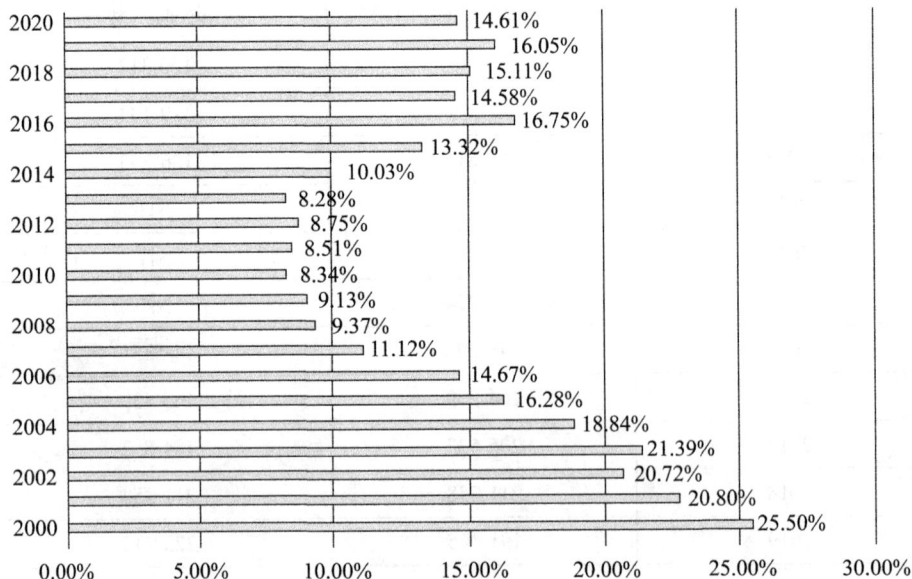

图 6-2 2000—2020 年撤销/变更/确认违法/责令履行四类结案数量及其
占当年结案总量的百分比①

的行政复议人员仅有 1532 人，不少复议工作人员是由法治相关领域工作人员兼任，当前行政复议专职工作人员的数量严重不足。② 如此巨大的专职行政复议人才缺口，其直接导致行政复议机制所具有的专业性优势远未能得以体现，同时其也必将进一步制约行政复议制度的实际运行效果。（2）行政复议救济资源分配忙闲不均。除去专职行政复议人才的巨大缺口之外，行政复议救济资源分配冷热不均的问题同样制约着当前行政复议制度的效果。首先就行政复议案件集中的领域而言，其主要分布在公安行政执法、工程建设、土地征拆、人力资源社会保障等少数几个领域，在很多情况下这几个领域的案件甚至占到全部行政复议案件的70%~80%。③ 一方面是行政复议案件频发的领域相对集中在有限的几个领域，

① 贺奇兵：《论行政复议机构设置的模式选择——以行政复议有限司法化为逻辑起点》，载《政治与法律》2013 年第 9 期。
② 李立：《行政复议委员会试水缘由》，载《法制日报》2008 年 12 月 12 日，第 8 版。
③ 杨海坤、朱恒顺：《行政复议的理念调整与制度完善：事关我国〈行政复议法〉及相关法律的重要修改》，载《法学评论》2014 年第 4 期。

但行政复议资源的分配当中仍然是按照行政复议机构的设置来实行平均分配，这直接导致有些行政复议机构"有案没人办"，但另外的一些机构却存在着"有人没案办"的情形，从而引发了行政复议救济资源分配严重不均的问题。其次，就行政复议案件频发的行政层级而言，当前的行政复议案件被申请人的层级主要集中在县级政府和市级政府层面（见表6-3），而当前的行政复议各项资源的分配却呈现出从中央层级向地方层级行政复议救济资源逐级递减的"倒金字塔"格局。① 再加之部分市县两级政府在国家机构改革当中撤并了一部分专职的行政复议机构，这直接导致在部分机构当中本已经数量十分有限的专职行政复议人员产生大量的流失，② 这更加剧了负责受理县级政府及部门、市级政府及部门行政纠纷的行政复议机构超负荷运转，而负责受理省级政府及部门、国务院部门的行政复议机构的人员分配则相对充裕且案件数量也十分有限，这种行政救济资源忙闲分布不平衡的局面同时又进一步制约了行政复议救济效能的充分发挥。

表6-3　　**2015—2020年行政复议案件中被申请人的行政层级分布③**

年份	乡镇政府	县级政府及其部门	市级政府及其部门	省级政府及其部门	国务院部门	其他
2020	4.43%	40.04%	27.67%	4.56%	1.56%	21.75%
2019	3.81%	44.17%	23.80%	4.86%	1.43%	21.93%
2018	3.89%	51.40%	21.45%	4.81%	0.95%	17.50%
2017	3.43%	41.55%	22.18%	5.89%	0.56%	26.39%
2016	3.91%	50.26%	24.37%	6.54%	1.16%	13.75%
2015	4.40%	46.51%	26.53%	6.82%	1.41%	14.33%

① 郜风涛：《认真贯彻胡锦涛总书记重要讲话精神把行政复议打造成为化解行政争议的主渠道》，载新华网：http://news.xinhuanet.com/2012-01/04/c_122533618.htm，2016年1月14日最后访问。

② 湛中乐：《新中国行政复议制度的历史变迁与发展》，载明辉、李昊主编：《北航法律评论》（2010年第1辑），法律出版社2010年版，第141~142页。

③ 相关统计数据来源于司法部官网的统计信息公开栏目：http://www.moj.gov.cn/pub/sfbgw/zwxxgk/fdzdgknr/fdzdgknrtjxx/，最后访问日期：2021年7月25日。

就第三个方面而言，行政复议救济程序当中出于救济效率的考虑以书面审理为原则，但这一审理模式同时也带来了两个方面的问题，其直接威胁到了行政复议救济结果的可接受性：（1）其忽视了纠纷当事人在裁断过程中所享有的程序性参与权。行政复议当中所实行的书面审理模式导致纠纷各方当事人缺乏面对面质证辩论的平台，其不仅不利于纠纷事实的查明，而且还忽视了纠纷当事人在裁断过程中所享有的程序性参与权，也就失去了双方当事人通过纠纷解决当中的参与程序从而缓释对立紧张情绪的特有功能。因此，书面审理模式也就大大降低了纠纷当事人对于行政复议救济结果的可接受性。① （2）其影响了纠纷裁断人在裁断过程中的说理程度。从某种意义而言，纠纷解决的过程就是裁断主体释明裁断规则，说服纠纷当事人的过程，这在行政纠纷解决过程当中表现得尤为明显。在行政纠纷解决过程当中，鉴于行政相对人所处的弱势地位，要实现双方当事人地位上的真正平等就需要适当借助裁断者"规则释明权"来实现，而书面审理模式则缺乏这样一个纠纷当事人参与辩论，裁断者适当释明裁判规则的平台，从而让行政相对人处于相对劣势地位。再加之行政复议决定书当中的说理程度不够，通篇仅有所依据的法条和最终裁判的结果，恰恰忽视了最为关键的说理部分——从法律规范大前提到纠纷事实小前提再到纠纷裁判结果这样一套完整的逻辑论证链条。也正是由于纠纷裁断过程中不注重逻辑论证推导的过程，从而进一步加剧了纠纷当事人对于纠纷裁断结果的疑虑，② 这也就不难理解为何纠纷当事人对于行政复议结果接受程度较低的原因了。

三、行政救济与司法救济衔接不畅

行政救济渠道和司法救济渠道两者均为解决行政纠纷的重要手段，两者之间能否有序衔接将直接关系到行政权力与司法权力相互之间的协调问题。若两者间的制度衔接不畅必然会导致两种权力间的互相侵蚀，甚至可能威胁到整个行政纠纷救济体系的有序运行。立基于此，惟有充分发挥行政救济渠道和司法救济渠道两者在纠纷解决中的比较优势，才能有效衔接行政救济与司法救济两者的关系，

---

① 杨小君：《对行政复议书面审查方式的异议》，载《法律科学》2005 年第 4 期。
② 刘广宇：《行政裁判文书的功能》，载《人民司法》2006 年第 8 期。

从而真正地实现各类救济资源的最优配置。① 就当前的现实运行情况而言，当前在行政救济和司法救济的衔接当中仍旧存在诸多的问题。

其一，行政救济和司法救济两者在管辖范围上的不同所导致的衔接不畅。由于可申请行政复议救济的案件范围要远大于可申请行政诉讼救济的案件范围，从而导致两大救济渠道在受案范围的衔接上存在诸多问题，譬如某些行政纠纷虽然列入了行政复议的受案范围，但却未能纳入行政诉讼的救济范围。一旦纠纷当事人对于行政复议决定不服却因为未纳入行政诉讼的受案范围，从而导致纠纷当事人无法进一步寻求行政诉讼救济，这也就形成了事实上的行政复议终局现象。比如在《集会游行示威法》当中规定负责人可申请行政复议，但并未规定当事人对于行政复议决定不服的可以进一步寻求行政诉讼救济。但是对于集会、游行、示威等公民政治性权利其依照《行政诉讼法》的相关规定，又未列入行政诉讼的受案范围，自然纠纷当事人也就无法对于复议结果再寻求司法救济。这也就在事实状态上造成了行政复议终局的效果。②

其二，行政救济和司法救济两者在审查方式上的不同所导致的衔接不畅。行政救济程序当中不仅审查争议行为的合法性同时还审查其合理性，其对于行政纠纷实行全面审查。而司法救济当中则主要以合法性审查为主（尽管 2014 年修改的《行政诉讼法》当中将明显不当的行政行为也纳入司法审查的范围，③ 但其仍旧以合法性审查为主），其关注的核心在于审查申请救济行政行为是否合乎法律规则的明确要求，以此来促进社会法律秩序的良性运行，而对于行政行为更深层次的实质合理性问题以及纠纷当事人多元化的个性诉求则关注的较少。④ 正是由于两种救济途径在审查方式方面所存在的差异也就决定了行政救济当中裁断机关的权力更大，其不仅可以确认原行政行为违法，还可以撤销原行政行为或代替原行政主体重新作出新的行政行为。行政救济之所以享有如此强大的权力主要是源

---

① 章志远：《我国行政复议与行政诉讼程序衔接之再思考》，载《现代法学》2005 年第 7 期。

② 王克稳：《我国行政复议与行政诉讼的脱节现象分析》，载《行政法学研究》2000 年第 4 期。

③ 具体可参见《行政诉讼法》第 70 条第 6 款。

④ 贾亚强：《论行政诉讼实质性解决争议的实现路径》，载《法律适用》2012 年第 4 期。

自于其在性质上属于行政系统内部的自我纠错行为。而司法救济则鉴于行政权与司法权彼此分立制约的基本原理，其不可能享有行政救济那么大的权力，司法救济中主要以确认原行政行为违法或撤销违法行政行为的判决为主，其变更判决的适用仅仅局限于"行政处罚行为明显不当或原行政行为当中对于相关款额的确定、认定确有错误的情形"。这也就决定了通常情况下司法救济机关不能轻易代替行政机关作出具体行政行为。① 正是由于两者在审查强度上所存在的差异，这必然导致一部分涉及合理性的行政行为无法进入司法审查的范围当中，从而在两种救济方式的衔接上出现真空地带。

其三，行政救济和司法救济两者审查依据上的不同所导致的衔接不畅。任何纠纷裁断的过程当中均离不开评判的依据，若离开评判依据来谈论行政纠纷裁断活动，裁断活动将会失去评判对错是非的评价标尺。正是鉴于此，在行政纠纷解决的过程当中审查依据扮演着十分重要的角色。通常而言，我国行政机关在作出某项行政行为时，其依据不仅包含法律、法规和规章，还包括其他规范性文件（俗称的红头文件）。但以上所涉及的依据并非全部都能成为裁断行政纠纷的判定标准。依照我国《行政诉讼法》的相关规定，"司法救济程序当中主要以法律、行政法规、地方性法规为依据。此外，在审理民族自治地区的相关案件时要以该地区的自治条例和单行条例作为审判依据"。"其可以参照国务院部、委以及省级政府（自治区、直辖市）、设区的市以及自治州政府所制定、发布的规章。"② 从以上规定当中不难发现，司法救济的依据主要以法律和法规为主，此外还包括自治条例和单行条例，国务院部委以及地方政府所指定的规章仅具有参照价值，而之前作出行政决定的常见依据——其他规范性文件则不能作为司法救济的依据。而作为行政救济的审理依据则不同于此。尽管先后出台的《行政复议法》和《行政复议法实施条例》当中均回避了这一问题。但在行政复议救济的实践当中其审查依据的范围与作出行政行为的依据范围是基本重合的，其不仅包含法律、

---

① 谢尚果：《行政复议与行政诉讼衔接机制之反思与重构》，载《河北法学》2013 年第 2 期。

② 本书根据新颁布的《立法法》对原文作了修改，特此说明。谢尚果：《行政复议与行政诉讼衔接机制之反思与重构》，载《河北法学》2013 年第 2 期。

法规和规章，通常还会参照性地适用其他规范性文件。① 由于司法救济与行政救济两者间在审查依据的范围上存在较大的差异，这必将引发两种救济途径在审查依据方面的衔接难题。其最直观的表现为两种救济途径因采纳依据的不同从而导致两者对于同一个纠纷得出不同的裁断结果。这一情形不仅会危害到行政纠纷解决结果的权威性和公信力，同时其裁判结果也就失去了对于行政纠纷当事人及其他社会民众所具有的行为预判以及价值指引的功能。

四、行政救济终局范围过宽

在行政救济渠道与司法救济渠道的衔接机制当中，行政救济一般定位于前置性程序，而司法救济则定位于终局性程序。在行政纠纷救济过程当中之所以要遵循这一顺序安排主要是源自司法最终原则的内在要求。行政纠纷正是通过司法救济渠道的最终裁断，② 不仅为纠纷当事人提供了权威的裁断结果，同时也为类似案件的解决提供了可供预测的参照样本。③ 但就当前行政纠纷救济的现状而言，却大量存在着行政救济终局的情形，其主要表现为两种形式：一类是法律明文规定的行政复议终局的情形；另一类则是由于行政复议与司法救济两者间衔接不畅所导致的事实上的行政复议终局的情形。纵观这两类行政复议终局的情形，我们不难发现其至少存在以下三个方面的弊端④：

其一，造成了行政权对于司法权的不当侵蚀。鉴于行政权与司法权作为两种不同性质的权力，其在国家权力运行体系当中扮演着不同的角色。因此，行政救济程序当中更多关注的是行政纠纷解决当中的事实认定问题，其通过前置性的案情审查，从而为之后的司法救济提供必要的事实依据。而司法救济则更多关注行政纠纷解决程序当中的法律适用问题，其在立足之前事实认定的基础上，通过对

---

① 王克稳：《我国行政复议与行政诉讼的脱节现象分析》，载《行政法学研究》2000 年第 4 期。

② 当然并非所有的行政纠纷均要进入司法救济渠道，如果在前置的行政救济当中纠纷当事人已经服判息诉，那么自然就无须再进入司法救济程序当中。所以这里所指的司法最终其存在的前提是纠纷当事人对于前置的行政救济不服。

③ 季金华：《司法权威的文化建构机理》，载《法律科学》2013 年第 6 期。

④ 王雪梅：《司法最终原则——从行政最终裁决谈起》，载《行政法学研究》2001 年第 4 期。

法律争议问题的判定从而实现定分止争的目的。同时也正是得益于两种救济途径之间的有序衔接从而促进了行政纠纷救济秩序的良性运行。而在行政纠纷解决的实际过程中一旦出现行政救济终局范围过宽的情形，其背后通常都伴随着行政救济权力的无序扩张问题。行政救济权力的无序扩张势必又会进一步侵蚀到司法救济渠道的存在空间，司法救济空间的萎缩同时也进一步削弱了其对于行政行为的监督制约功能。进一步推演之，失去司法救济程序制约的行政救济程序必将会威胁到之前两者之间彼此配合互相制约的良性运行秩序。

其二，背离了法治政府的基本精神。"法治政府同时也必将是有限政府和责任政府，有权必有责，用权受监督，失职要问责，违法要追究"是法治政府的基本精神内涵。依此逻辑，任何行政权力的行使过程均要受到必要的监督，"为确保监督活动的公信力，若涉及行政权力行使过程当中的合法性争议均应由完全独立于行政系统之外的司法机关负责最终的裁决"。① 而行政救济终局范围过宽的问题恰恰违背了法治政府的基本内涵，其将行政机关自己的判断代替了法院的裁断，从而无形中将行政救济置于不受监督的境地。"任何机关均有滥用权力的倾向，绝对的权力必将导致绝对的腐败。"惟有将行政救济结果同样置于司法救济的监督之下，通过透明公开的司法救济程序从而确保所有的合法性争议问题均进入司法机关的视野，有效保障纠纷当事人的司法最终救济权，避免了行政救济程序当中出现专断独裁的可能性。

其三，违背了WTO的争端解决机制。中国加入世界贸易组织之后，中国与世界贸易组织所签署的文件就具有了其法律效力。依照《中国加入议定书》第2条（D）节第2款的相关规定："若纠纷当事人的初始上诉权需要向行政机关提出，那么无论何种情况之下纠纷当事人应享有向相应司法机关寻求上诉的机会。"依照此规定，纠纷当事人在寻求行政救济之后应享有再次寻求司法救济的权利，其自然也就要求破除行政救济的终局性，② 通过引入独立、公开、透明的司法救济程序，从而有效缓释双方当事人之间的紧张对立情绪，进一步提升最终裁判结果的权威性。但就当前我国行政救济的现状而言，仍有大量的行政救济终局现象

① ［英］韦德：《行政法》，徐炳等译，中国大百科全书出版社1997年版，第27页。
② 施建辉：《WTO与行政复议——观念变革及其制度创新》，载《南京工业大学学报（社会科学版）》2005年第1期。

存在，其显然违背了 WTO 规则当中关于争端解决机制的相关规定。中国作为世界贸易组织的成员国显然有义务模范地遵守相关规定。尽管中国当前已经有所行动，比如已经对《专利法》《商标法》等一系列知识产权领域的法律进行了必要的修改，从而推动我国知识产权领域内的法律规则与《WTO 协议》接轨。① 但当前在诸多领域仍然存在行政复议终局的问题，比如《出境入境管理法》当中针对外国公民所作出的拘留审查、限制活动范围等一系列行政决定，其复议决定将是最终的决定。诸如拘留审查、限制活动范围等一系列行政决定已经严重涉及当事人的人身自由，但当事人却无权申请司法救济，其显然不符合 WTO 争端解决机制的内在精神。因此，必须要逐步地将更多的行政救济结果纳入司法审查当中，惟其如此，才能切实保障纠纷当事人的权利不仅得到救济，而且通过看得见的方式得到救济，从而实现行政救济渠道和司法救济渠道上的有效衔接。

第五节　完善穷尽行政救济原则中国模式的相应对策

就未来完善穷尽行政救济原则中国模式的相应对策而言，主要包括以下几个方面：（1）整合前置性行政救济机制；（2）激发行政救济渠道的内在活力；（3）优化行政救济和司法救济的衔接机制；（4）缩限行政救济终局的范围等一系列的举措。

一、整合前置性行政救济机制

依照我国行政纠纷解决机制的总体设计，前置性的行政救济在未来应成为解决多元化行政纠纷的主渠道。② 就通常意义而言，这里所指的主渠道至少包含三个方面的意思：（1）当前社会当中所面临的绝大多数行政纠纷均可以纳入行政救济渠道当中，即行政救济渠道具有足够的覆盖性；（2）大部分的行政纠纷通过行政救济渠道均可以得到有效化解，即行政救济渠道具有实际的终结性；（3）行政

---

① 刘俊、沈晖：《行政终局裁决权质疑》，载《南京师大学报（社会科学版）》2004 年第 6 期。

② 应松年：《把行政复议制度建设成为我国解决行政争议的主渠道》，载《法学论坛》2011 年第 5 期。

救济渠道相较其他救济渠道而言具有明显的替代优势，即行政救济渠道具有显著的优越性。① 但就我国当前行政纠纷救济的现状而言，行政救济渠道远未能够实现纠纷救济主渠道的预设目标。要想扭转这种局面，其中最为关键的便是要进一步整合优化前置性行政救济机制的体系，实现待决纠纷类型的精细化和规范化。由于待决纠纷类型缺失导致行政救济前置体系无章可循，从而失去了对纠纷当事人以及社会民众的价值指引功能。正是鉴于此，要想将行政救济渠道打造成兼具覆盖性、终结性、优越性的行政纠纷解决机制，就必须要实现待决行政纠纷类型的精细化和规范化，德国以及我国台湾地区在这个方面为我们提供了可供借鉴的典范。就德国而言，其根据《行政法院法》第68条的相关规定："纠纷当事人在提起撤销诉讼之前需通过先行程序来审查争议行政行为其合法性及合目的性。"② 就我国台湾地区而言，伴随着我国台湾地区"诉愿法"以及"行政诉讼法"的修改，其进一步增加了课以义务类诉讼、确认类诉讼和一般给付类诉讼等多种待决纠纷类型。其中所涉及的撤销类诉讼、课予义务诉讼在通常情况下则要适用强制诉愿前置的纠纷救济机制。③ 通过以上所提及的德国以及我国台湾地区的经验来看，其均是通过建立精细化的待决纠纷类型，从而对于不同类型的待决纠纷设置了差异化的纠纷救济模式，进而为纠纷当事人提供了明确的救济程序指引，促进纠纷救济进一步走向科学化和规范化。正是鉴于此，我们应在适当借鉴域外先进经验并充分考虑当前中国行政纠纷解决实际情况的基础上，依照"分类逻辑和待决纠纷的整体融贯性、基本类型的涵盖性与简约性、基本类型的开放性与体系性"这一基本标准来建构适合当下国情的待决纠纷类型。④ 依此逻辑，当前中国待决行政纠纷的类型基本可以确定为以下七类：请求撤销类纠纷、课以义务类纠纷、请求给付类纠纷、请求确认类纠纷、公益类纠纷、机关类纠纷、当事人类纠纷。⑤ 借助这一待决纠纷的分类从而进一步优化行政救济前置的体系，即

---

① 杨伟东：《复议前置抑或自由选择——我国行政复议与行政诉讼关系的处理》，载《行政法学研究》2012年第2期。

② 杨伟东：《复议前置抑或自由选择》，载《行政法学研究》2012年第2期。

③ 林胜鹞：《行政诉讼法》（修订第五版），台湾三民书局2013年版，第36页。

④ 门中敬：《行政诉讼类型化的目的与标准》，载《烟台大学学报（哲学社会科学版）》2011年第3期。

⑤ 马怀德：《完善〈行政诉讼法〉与行政诉讼类型化》，载《江苏社会科学》2010年第5期。

主要通过待决纠纷的类型来确定是否需要经过行政系统的前置救济，从而避免了完全依靠单行法律和法规来确定行政救济前置体系所导致的庞杂无序的问题。因此，可参照德国和我国台湾地区的做法，将请求撤销类纠纷、课以义务类纠纷设定为需要前置性行政救济的纠纷类型，通过这一清晰明确的制度设计从而有效地克服纠纷当事人因救济规则模糊而无法预知选择后果的情形，尽可能避免当事人因规则模糊性所导致的权利救济失败的问题。① 而这也恰恰暗含了法治政府的基本精神："政府的一切行为均应严格按照事先制定并公之于众规则的约束，也正是得益于该规则从而让纠纷当事人可以确定地预判到不同类型损害结果相对应的救济程序，并据此理性规划自己的救济策略。"② 进一步来看，撤销类纠纷主要是指纠纷当事人请求裁判机关撤销行政主体违法失当行使职权对其权益造成损害的行政行为而产生的纠纷。而课以义务类纠纷是指纠纷当事人请求裁断机关责令行政主体作出某一特定行政行为而产生的纠纷。③ 从以上两个类型的纠纷来看，前一种类型的纠纷显然是通过前置性的行政救济途径来实现行政系统内部的自我纠错，相比司法机关的撤销而言其显然更加具有效率，可以有效避免损害事实的扩大化。而就后一种类型的纠纷则是通过行政救济渠道来充分发挥行政系统的"决定等级"优势，④ 从而有效避免了司法救济一旦遭遇行政自由裁量权事务所导致的种种无奈。正是就此而言，将撤销类纠纷、课以义务类纠纷纳入前置性行政救济体系当中完全具有现实必要性和理论可行性。同时借助待决纠纷类型划分从而清晰明确地划定了哪些纠纷需要事先历经行政救济渠道，再匹配必要的救济

---

①　章志远：《论行政复议与行政诉讼之程序衔接》，载《行政法学研究》2005 年第 4 期。

②　[英] 弗里德里希·奥古斯特·冯·哈耶克：《通往奴役之路》，王明毅等译，中国社会科学出版社 1997 年版，第 73 页。

③　马怀德：《完善〈行政诉讼法〉与行政诉讼类型化》，载《江苏社会科学》2010 年第 5 期。

④　依照彼德·凯恩（Peter Cane）的"决定等级"（decision-making hierarchies）理论，在行政纠纷解决过程当中，鉴于行政系统内部的上下级之间皆具有大致类似的人员资质、技术经验和专业能力，因而其相互之间构成了一个决定等级。在这一决定等级的序列当中，上级可依据相关职权变革或撤销下级行政机关之决定。显然，在这种情形之下司法机关处于这一决定等级的外部，因而其仅能在行政自由裁量权的外部徘徊。Cf. Peter Leyland & Terry Woods（eds.），*Administrative Law Facing the Future：Old Constraints & New Horizons*，London，Blackstone Press Limited，1997，pp. 246-247. 转引自余凌云：《论行政复议法的修改》，载《清华法学》2013 年第 4 期。

规则释明机制，从而让纠纷当事人更加理性规划自己的救济策略，避免因法律知识储备不足所导致的救济不能。

二、激发行政救济渠道的内在活力

面对当前行政救济公信力不足，行政救济资源分配不均，行政救济结果可接受程度不高的困境，如何有效激活行政救济渠道的内部活力将是关键所在。惟其如此，才能充分发挥行政救济制度的比较优势。正是鉴于此，首先要通过行政复议委员会制度改革，从而重塑行政救济制度的公信力。为进一步推进行政复议委员会模式的探索，北京、黑龙江、江苏等8个省市曾率先开展了行政复议委员会改革的试点工作，① 随后各地相继开始探索行政复议委员会的模式。行政复议委员会的改革当中一方面不能忽视行政复议的专业性和效率性，另一方面又要兼顾行政复议的中立性和公正性。若行政复议委员会的成员均来自于行政系统外部，在诸如行政系统的内部运作机制、行政专业性事务、制约行政决定作出的具体情势等方面的判断上可能会受到影响，在事实认知以及责任划分上就可能存在偏差，自然其裁断结果也很难有效执行。② 若行政复议委员会的成员均来自于行政系统内部，其中立性和公正性又会受到社会民众的质疑，影响其裁断结果的公信力。因此在行政复议委员会的人员组成上要兼顾内部性和外部性。通过建立完善的行政复议委员遴选机制，不仅要吸收各类专家学者等外部专业人士，同时又要吸纳行政系统内部的工作人员，此外还要注重吸纳一定数量的普通民众代表，从而保证行政复议委员会的专业性和广泛性。要想让行政复议委员会的决定具有权威性最为关键的便是要赋予其对于行政事务争端的实质性决定权，因此在行政复议委员会的改革当中还需进一步重塑行政复议委员会与行政复议机关两者间的关系，通常情况下行政复议机关要依照行政复议委员会的裁决作出最终的决定，而行政复议委员会的裁断建议又要通过少数服从多数的票决而得出。此时行政复议

---

① 《国务院法制办公室关于在部分省、直辖市开展行政复议委员会试点工作的通知》（国法〔2008〕71号）规定，在各地逐步地推进行政复议委员会的试点工作，探索完善行政复议案件的审理机制，在复议案件办理当中充分发挥专家学者等社会力量的积极作用，进一步提高行政复议案件的办理质量，增强行政复议制度的公信力。

② 湛中乐：《新中国行政复议制度的历史变迁与发展》，载明辉、李昊主编：《北航法律评论》（2010年第1辑），法律出版社2010年版，第144~145页。

机关仅仅是名义上对外作出最终裁决的机关，而行政复议委员会则具有实质性决定权。① 依照"有权必有责"的基本原理，在赋予其实质性决定权的同时还必须要清晰界定行政复议委员会的责任追究机制。其一旦出现违纪违法行为或其他影响案件公正裁断的情形，可撤销其行政复议委员会的资格，对于其中涉及违法犯罪的则要依法依规追求其相应法律责任。②

　　其次要通过探索行政复议权集中行使模式从而进一步优化行政救济资源的配置。从 2008 年起国务院法制办开始探索行政复议案件审理权限的相对集中行使。国务院在 2010 年又进一步发布了《关于加强法治政府建设的意见》，该意见当中明确提及要"积极探索行政复议权的相对集中行使"。随后党的十八届三中全会通过的《关于深化改革的若干重大问题的决定》当中再次提及"推进行政复议体制改革、健全行政复议案件的审理机制，从而有效纠正违法或不当行政行为"。③这些文件的先后出台也从侧面反映出了党和国家对于推进行政救济体制改革的重视，同时也说明了优化行政救济资源配置的紧迫性。尤其是针对当前的行政救济程序当中，有些地方"有人没案办"，另外一些地方则是"有案没人办"，行政救济资源冷热分配不均的问题普遍存在。为有序推进行政救济体制改革，进一步探索相对集中行使行政复议权的举措将是必要之举。探索在区级（县级）行政部门以上设置内部性和外部性兼具的行政复议委员会行使实质性的行政复议权，集中管辖发生在其区域范围之内的行政复议案件。为避免因行政层级隶属问题而导致的对于相关行政复议决定实行软抵触的情形，那些诸如海关、国税、金融等实行全国垂直领导的部门可继续行使其对于行政复议案件的管辖权。此外，对于那些专业特质颇为明显的行政类争议，则依单行法的规定申请救济。诸如专利类案件则需提交专利复审委员会，商标类案件则需提交商标评审委员会。通过这一相对集中行使行政复议权的方案设计，不仅有效化解了不同地域、不同行政级别行政案件冷热分配不均的问题，同时还兼顾了行政隶属关系和案件专业属性，有效

---

　　① 王青斌：《论我国行政复议委员会制度之完善》，载《行政法学研究》2013 年第 2期。

　　② 沈福俊：《行政复议委员会体制的实践与制度构建》，载《政治与法律》2011 年第 9期。

　　③ 王万华：《以行政复议权集中行使为基础重构行政复议体制》，载《财经法学》2015年第 1 期。

避免了行政救济程序当中不同类型案件管辖一刀切所导致的落地难题。① 正是鉴于此，2020 年 2 月 5 日召开的中央全面依法治国委员会第三次会议通过了《行政复议体制改革方案》，提出要进一步优化行政复议资源配置。② 随后，全国诸如上海市、湖南省、新疆维吾尔自治区、山西省等多地为贯彻落实《中央全面依法治国委员会关于印发〈行政复议体制改革方案〉的通知》（中法委发〔2020〕5 号）的基本要求，纷纷开展了由政府统一行使复议权的改革探索（垂直领导部门除外）。在该项改革当中市、区两级人民政府均只保留一个行政复议机关，由本级人民政府统一行使行政复议职责，统一管辖以本级人民政府派出机关、本级人民政府部门及其派出机构、下一级人民政府以及有关法律、法规授权的组织为被申请人的行政复议案件，并以本级人民政府名义作出行政复议决定，③ 从而进一步优化了行政救济资源的配置。

最后要通过行政救济案件繁简分流机制，引入行政复议听证程序从而逐步提高行政救济结果的可接受性。当前行政复议案件审理当中以书面审理为原则，其固然是出于效率因素的考虑，但却在无形中造成了一系列的弊端，直接制约了救济结果的可接受性。因此，在行政救济案件繁简分流的基础上引入行政复议听证程序对于保障纠纷当事人在救济程序中的参与权具有重要的意义。正是鉴于此，我国诸多地方都已经开始探索在行政救济制度当中引入听证程序，诸如海南、江苏、河北、辽宁等多个省份均已经制定了关于行政复议听证程序，其正是通过质证辩论的过程逐步缓释了行政纠纷双方当事人的紧张冲突情绪，平衡了行政主体与行政相对人之间的地位悬殊，通过抗辩和证明的过程帮助查明案件的纠纷争议点，从而让行政复议决定的事实基础更加客观真实，让行政复议决定的程序更加阳光透明。④ 当然，在行政复议程序中引入听证程序并非一刀切地对全部行政纠纷均采用听证程序，而是要根据案件处理难度，纠纷双方当事人的情绪对立程

---

① 刘莘：《行政复议改革之重——关于复议机构的重构》，载《行政法学研究》2012 年第 2 期。

② 《习近平主持召开中央全面依法治国委员会第三次会议强调 全面提高依法防控依法治理能力 为疫情防控提供有力法治保障》，载《人民日报》2020 年 2 月 6 日，第 1 版。

③ 参见《上海市人民政府关于由区级以上人民政府统一行使行政复议职责的通告》（沪府发〔2021〕12 号）。

④ 宋雅芳：《行政程序法专题研究》，法律出版社 2006 年版，第 138 页。

序，行政决定程序的完整程度等要素来实施行政救济渠道案件的繁简分流。对于那些案件处理难度较大，双方当事人对立情绪严重，之前行政决定过程当中未历经完整的行政听证程序的案件可引入较为复杂的行政复议听证程序，[①] 从而借助公开透明的听证程序来保证裁判结果的公正性。而对于不符合以上所列情形的行政案件则更多出于纠纷解决效率性的考量，以书面审理为原则。

三、优化行政救济与司法救济的衔接机制

针对当前行政救济和司法救济衔接机制不畅的问题，如何优化行政救济渠道和司法救济渠道两者间的资源配置也就显得尤为关键。通常而言，主要有以下几项举措：

其一，充分发挥行政救济渠道和司法救济渠道的比较优势。行政救济渠道与司法救济渠道两者之间各有优劣，其中行政救济渠道定位于行政系统内部的自我纠错，依照彼德·凯恩（Peter Cane）的"决定等级"（decision-making hierarchies）理论，在行政救济过程当中，鉴于行政系统内部的上下级之间皆具有大致类似的人员资质、技术经验和专业能力，因而其相互之间构成了一个决定等级。在这一决定等级的序列当中，上级可依据相关职权变更或撤销下级行政机关之决定。显然，在这种情形之下司法机关处于这一决定等级的外部，因而其仅能在行政自由裁量权的外部徘徊。[②] 而行政救济渠道相比司法救济渠道而言其救济程序更加高效便捷，其救济形式更加灵活多样。其不仅可以进行合法性审查还可以进行合理性审查，其在审查的广度和深度上均远远超越了司法救济渠道，"毕竟将与行政事务密切相关的事实性争议交由在行政技术领域缺乏经验的法官去裁断不仅是十分危险的，同时也是极不可靠的"。[③] 而司法救济渠道则定位于行政系统外部的监督制约机制，相较之行政救济渠道而言，其更多地定位在于对行政纠纷的合法性问题给出评判（除去明显不当的情形之外其通常不会对行政行

---

① 石佑启：《行政听证笔录的法律效力分析》，载《法学》2004年第4期。

② Cf. Peter Leyland & Terry Woods（eds.），*Administrative Law Facing the Future：Old Constraints & New Horizons*，London，Blackstone Press Limited，1997，pp. 246-247. 转引自余凌云：《论行政复议法的修改》，载《清华法学》2013年第4期。

③ ［美］欧内斯特·盖尔霍恩、罗纳德·M. 利文：《行政法和行政程序概要》，黄列译，中国社会科学出版社1996年版，第70页。

为的合理性事务进行评价），其裁判的依据为法律和法规（规章仅供参照使用），其充分运用"法律-证据-结论"三段论式的法律论证技巧来对行政纠纷给出最后的、最权威的裁断，其通过公开透明的论辩程序从而逐步缓释双方当事人之间的激烈对抗情绪，其裁断结果的正确性寓于逻辑形式和推理过程当中，而不是结果本身。① 因而，司法救济程序当中其通常遵循以下两条基本准则："对于事关行政行为合法性的争端则通常实行侵略式的审查，以此来确保行政主体不逾越法律的红线；而其对于事实性争议以及行政自由裁量权事务则通常会对行政机关的决定保持必要的尊重，以此确保行政机关在其职权范围内合理行事。"② 此外两种救济渠道所匹配的行政纠纷发展阶段也有所不同。在行政纠纷的冲突公开期，随着双方紧张关系的升级，双方间的负面情绪日益滋长，各种冲突性元素处于中度紧张状态，相互之间的争议焦点也日益明朗。在此阶段纠纷化解的关键在于有效协调平衡争议双方间的不相容负面情绪，尽力消弭冲突双方间的对立分歧。③ 立基于此，该阶段化解行政纠纷的最佳手段为行政救济。其借助行政救济渠道从而找寻到争议双方的核心争议焦点，借此来深度挖掘争议背后的各类潜在影响因素，积极培养双方之间的正面情绪，增强双方当事人之间的交流互动，充分利用各类行政资源有效化解双方间的分歧，以此达成共识，尽快化解行政纠纷。④ 而在行政纠纷的冲突升级期，双方当事人相互之间的分歧已经从相对缓和的具体利益争端走向更为激烈的立场对峙，此时的各种冲突性元素处于高度紧张状态，此时双方间的负面情绪占据主导性地位，当事人的诉求也从之前的实现合作共赢变

---

① 江国华：《常识与理性（四）：走向综合的司法改革》，载《河南财经政法大学学报》2012 年第 2 期。

② ［美］欧内斯特·盖尔霍恩、罗纳德·M. 利文：《行政法和行政程序概要》，黄列译，中国社会科学出版社 1996 年版，第 46 页。

③ Peter Wallensteen, *Understanding Conflict Resolcrtion*：*War*，*Peace and The Global System*，London：Sage Publishing, 2007, p. 5. 转引自韦长伟：《公共冲突中政府的第三方干预角色研究》，南开大学 2013 年博士学位论文，第 109 页。

④ Michael Lund, *Preventing and Mitigating Irolent Conflicts*：*A Revised Guide for Practitioners*，Washington D. C. ，*Creative Associates International*，1997, pp. 3-4. 转引自韦长伟：《公共冲突中政府的第三方干预角色研究》，南开大学周恩来政府管理学院 2013 年博士学位论文，第 109 页。

为之后的谋求单方胜出。① 在此阶段纠纷化解的关键在于通过利益关系的决断来修复受损社会法律关系，维护社会秩序的稳定。立基于此，该阶段化解行政纠纷的最佳手段为司法救济。其借助司法裁断的权威性来尽快扭转社会法律关系当中的不确定状态，避免行政纠纷久拖不决可能引发的连锁效应。综上所述，在行政纠纷解决过程当中，充分发挥行政救济渠道和司法救济渠道各自的比较优势，通过各种救济渠道之间的良性有序竞争，逐步形成行政救济先行，司法救济殿后的纠纷救济优先等级，最终实现各种纠纷救济资源的有序配置。

其二，适当扩大司法救济的受案范围和当事人范围。行政救济渠道和司法救济渠道两者间衔接不畅最突出的表现为两者间受案范围上的差异，其直接导致某些经过行政救济渠道的案件因受案范围的制约从而无法进入司法救济渠道当中，严重违背了 WTO 规则约定的行政争议解决机制，即"若纠纷当事人的初始上诉权需要向行政机关提出，那么无论何种情况之下纠纷当事人应享有向相应司法机关寻求上诉的机会"。因而，适当扩大司法救济渠道的受案范围也就成为实现两种救济机制有序衔接的首要之选。2014 年新修改的《行政诉讼法》也为其作出了有益的尝试。比如，新《行政诉讼法》采用了抽象概括加具体列举再加例外排除的方式来界定司法救济的受案范围。其中在抽象概括条款当中用"行政行为"取代了之前的"具体行政行为"，从而为时机成熟时审查"抽象行政行为"奠定了法律基础。后面条款为与此相配套将"规范性文件纳入附带式审查的范围"，其不仅扩大了司法审查的范围，同时又考虑到了司法机关对于规范性文件进行审查的可承载能力。而在具体列举条款则将可诉行为从之前的 7 种扩张为 11 种，将行政征收征用问题、对各类自然资源权属的行政确认行为、排除或限制竞争的行政权力滥用问题、政府特许经营协议及土地房屋征收补偿协议等行政契约行为等多种类型的行政纠纷均纳入司法救济的范围当中。② 此外还将司法救济合理性审查的范围从"行政处罚显示公正"扩展到了"明显不当行政行为"，从而进一步缩小了两大救济渠道在合理性审查上的差距。此外，为促进两种救济渠道之间

---

① 韦长伟：《公共冲突中政府的第三方干预角色研究》，南开大学周恩来政府管理学院2013 年博士学位论文，第 108~109 页。

② 韦炜、周游：《新行政诉讼法适用中的六大问题》，载《人民司法》2015 年第 3 期。

的有序衔接，司法救济当中适当扩展当事人的范围也是十分必要的。正是鉴于此，新《行政诉讼法》对于经过复议案件被告的确定上有重大的突破。其规定："已经过行政复议程序的案件，若行政复议机关作出维持决定的，原行政机关与行政复议机关二者为共同被告。若行政复议机关改变了原具体行政行为的，行政复议机关为被告。"《行政诉讼法》的这一修改旨在避免行政复议机关因怕当被告而一律维持原行政行为所导致的弊端，从而推动行政复议机关尽职尽责地履行解决行政纠纷的法定职责。① 同时将行政诉讼的原告资格的认定标准由之前的主观标准修改为之后的客观标准，即只要与争议行政行为具有法律上利害关系的当事人均可以提起行政诉讼，再加之立案登记制改革等一系列的配套制度，从而在一定程度上避免了之前法院适用主观标准可能导致的人为抬高案件受理门槛的现象，在一定程度上回应了之前广受诉病的立案难问题，从而让符合起诉条件的案件均能够进入救济程序。②

其三，适当增加司法救济渠道当中解决行政争议的方式。旧的《行政诉讼法》深受行政权代表国家因而无权自由处置观念的影响，规定了"行政诉讼程序当中不适用调解"。随后，伴随行政契约理念、公权力可处分性理念以及服务行政理念的日益盛行，现代行政法当中更多地渗入了对等协商、公共服务、合作共赢的人文精神。再加之由计划经济向市场经济转型的外部助推，让政府的行政行为当中渗入了更多的合意性要素，这也为行政纠纷的司法救济渠道当中引入协调撤诉这一解决方式的正当性得到了证成。③ 以此为契机，最高人民法院曾专门为此发布《关于行政诉讼撤诉若干问题的规定》，其通过司法解释的形式认可通过协调撤诉的方式来推动行政纠纷真正实现案结事了，促进和谐社会建设。④ 随后最高人民法院针对行政纠纷解决过程中的现实状况又相继颁布了一系列的指导性

---

① 韦炜、周游：《新行政诉讼法适用中的六大问题》，载《人民司法》2015 年第 3 期。

② 蒋惠岭：《司法学视角下的新行政诉讼法述评》，载《法律适用》2015 年第 2 期。

③ 杨解君：《契约理论引入行政法的背景分析》，载《法制与社会发展》2003 年第 3 期；湛中乐：《行政调解、和解制度研究》，法律出版社 2009 年版，第 55 页。

④ 详情可参见最高人民法院于 2008 年发布的《关于行政诉讼撤诉若干问题的规定》（法释〔2008〕2 号）。

文件，比如 2009 年发布的《关于当前形势下做好行政审判工作的若干意见》，①
2010 年发布的《关于进一步贯彻"调解优先、调判结合"工作原则的若干意
见》。②全国各地对于协调撤诉的方式也进行了诸多有益的尝试，并取得了明显的
成效。比如，福建省法院系统从 1990 年到 2008 年期间，全省一审行政案件的撤
诉率徘徊在 25. 12%~40.72%。③ 四川省法院系统从 2004 年到 2007 年期间，全
省行政案件以协调和解的方式结案的比例徘徊在 14.8%~24.8%。④ 广东省法院
系统从 2000 年到 2006 年期间，全省一审行政案件通过协调方式结案的比例超过
15%。⑤ 在 2017 年到 2020 年期间，全国行政复议案件中以调解（和解）方式结
案数量保持在 17 000 件以上，并呈现逐年增长的趋势，其中以调解（和解）方
式结案数量在当年所有行政复议案件中的占比在 10%左右徘徊。（见表 6-4）⑥ 从
以上统计数据当中不难发现调解（和解）这一结案方式在行政纠纷解决当中得到
了广泛的应用。其正是在法院的主持下，双方纠纷当事人通过沟通、协商的方式
促进行政纠纷的有效化解，同时行政纠纷化解的过程也是政府增强公信力与认同
感的过程。⑦ 也正是得益于前期诸多有益探索，2014 年新修改的《行政诉讼法》
也进一步明确了对于行政赔偿、行政补偿、行政主体行使自由裁量权类的行政纠

---

① 胡建淼、唐震：《行政诉讼调解、和解抑或协调和解——基于经验事实和规范文本的
考量》，载《政法论坛》2011 年第 4 期。

② 胡建淼、唐震：《行政诉讼调解、和解抑或协调和解——基于经验事实和规范文本的
考量》，载《政法论坛》2011 年第 4 期。

③ 福建省高级人民法院行政审判庭：《关于行政诉讼协调和解制度的调研报告》，载中
华人民共和国最高人民法院行政审判庭编：《行政执法与行政审判》，中国法制出版社 2010 年
版，第 68 页。

④ 四川省成都市中级人民法院：《四川省行政案件协调和解情况的调查与思考》，载中
华人民共和国最高人民法院行政审判庭编：《行政执法与行政审判》，人民法院出版社 2008 年
版，第 1033 页。

⑤ 广东省高级人民法院：《务实创新力促和谐积极探索行政诉讼协调和解机制》，载中
华人民共和国最高人民法院行政审判庭编：《行政执法与行政审判》，人民法院出版社 2008 年
版，第 540、632 页。

⑥ 该统计数据来源于司法部官网：http：//www.moj.gov.cn/pub/sfbgw/zwxxgk/zwxxgkzn/
index.html，2021 年 7 月 27 日最后访问。

⑦ 江国华、胡玉桃：《论行政调解——以社会纠纷解决方式的多元化为视角》，载《江
汉大学学报（社会科学版）》2011 年第 3 期。

纷可适用调解的方式结案。尽管法院通过"调解（和解）"的方式来结案是行政权过于强势这一大背景之下的无奈选择，但其却在一定程度上扩展了通过司法救济渠道解决行政争议的方式。①

表6-4　2017—2020 年全国行政复议案件中以调解（和解）方式结案情况②

年份	调解（和解）方式结案数量（件）	百分比（%）
2020	20 343	11. 25
2019	18 117	9. 80
2018	19 777	10. 05
2017	17 048	8. 80

其四，探索有效衔接行政救济渠道和司法救济渠道的配套机制。行政救济渠道和司法救济渠道两者各具优势，因而在行政纠纷的解决过程当中要实现两者间的有序衔接。而要想实现两种救济渠道上的有序衔接当然离不开相应的配套制度。（1）完善不同救济程序相互间的衔接机制。在两大救济机制的衔接当中，不仅需要从宏观上明确何种情形下需要首先穷尽行政救济然后才能进入司法救济，何种情形之下属于其例外情形因而无须经过行政救济便可直接进入司法救济程序。此外，其同时也需要一些微观方面的制度建构，从而促进两种救济机制衔接程序实现规范化和科学化。具体而言，诸如"建立规范有序的行政救济程序结束之后的案卷归档移交机制、应诉案件法律风险提示机制、复杂疑难案件协同办理机制以及应诉后反馈机制、救济程序关键节点的跟踪管理机制等"。③（2）完善行政纠纷数据管理机制。借助计算机、大数据统计以及博弈模型分析等先进技术手段，从而科学地监测行政纠纷的大致分布地域、领域、行政层级、案件争议焦点和热点，从而为优化配置不同地域、不同领域、不同行政层级的行政纠纷救济资源提供必要的指导依据，为未来的司法改革提供实践层面的数据支撑。（3）完

---

① 蒋惠岭：《司法学视角下的新行政诉讼法述评》，载《法律适用》2015 年第 2 期。

② 该统计数据来源于司法部官网，http：//www. moj. gov. cn/pub/sfbgw/zwxxgk/zwxxgkzn/index. html，2021 年 7 月 27 日最后访问。

③ 程应游、戚燕平：《新形势下行政复议和行政应诉工作的实践及思考》，载《探求》2015 年第 4 期。

善行政纠纷救济实际效果评估机制。无论纠纷当事人选择何种救济渠道，其根本目的均在于实现案结事了，定分止争，因而救济程序的实际效果将是关键。正是鉴于此，必须要进一步加强对于行政救济渠道和司法救济渠道的各类裁决类型的分布情况、案件最终执行情况、当事人上诉情况、纠纷当事人服判息诉情况、社会舆论的反响情况等多方面的情况做一个综合性的评估，借此发现不同救济渠道当中可能存在的问题以及相应的解决策略，从而实现各类纠纷救济资源的最优化配置。①

四、缩限行政救济终局的范围

当前行政纠纷解决过程当中行政救济终局的情形主要表现为两种形式：一类是法律明文规定的行政复议终局的情形；另一类则是由于行政救济与司法救济两者间衔接不畅所导致的事实上的行政复议终局的情形。正是由于行政救济终局现象的大量存在，从而导致了行政权侵蚀司法权的现象，因而客观上需要进一步缩限行政救济终局的范围，大力推行司法救济终局，主要有以下几项举措：

其一，建立多元有序的行政纠纷解决机制。建立多元有序的行政纠纷解决机制是有效缩限行政救济终局范围过宽，切实保障司法最终原则得以实现的重要前提。若舍此前提要件，行政纠纷救济当中所遭遇的困境也就难以得到根本性扭转，行政纠纷救济的运行秩序也必将是失范的，因此建立多元有序的行政纠纷解决机制是当下多元化社会的刚性需要。正是鉴于此，必须要在顺应当今转型社会基本结构并适当兼顾未来社会发展趋势的基础上逐步建构起行政救济渠道优先、司法救济殿后这样一套多元有序的行政纠纷救济机制，② 从而保证纠纷解决机制具备足够的开放性和包容性，能够及时地回应不断演进的各类社会矛盾。在理想化的行政纠纷解决场域当中，必须要有多元有序的纠纷解决机制与之相配套，既要考虑解决行政纠纷的效率要素，同时又不能忽视行政纠纷解决当中的公正要素；既要设置行政渠道的纠纷解决机制，同时又要设置司法渠道的权利救济机制；既要便利纠纷当事人的权利救济，同时又要考虑国家现有救济资源的承载能

力。惟其如此，才能真正建立起多元有序的行政纠纷解决机制，才能真正确保各类行政纠纷得到及时化解，纠纷当事人的受损权利得到充分保障，各项法定义务得到足额履行，法律的尊严得到应有传承，冲突主体蔑视甚至对抗法律秩序的态度得到有效扭转。①

其二，逐步缩限法律明文规定的行政救济终局的情形，尽量消除因行政救济渠道与司法救济渠道两者间衔接不畅所导致的事实上的行政复议终局的情形。我国在制定旧《行政诉讼法》（1989 年）和《行政复议法》（1999）时尚处于计划经济向市场经济转轨的初期，出于便利行政事务监管，提升行政效率的考虑，再加之受到行政诉讼制度刚刚确立，司法救济资源仍旧十分有限等诸多现实因素的制约，导致行政复议终局的适用情形相对宽泛，从而阻滞了一部分行政纠纷最后进入司法救济渠道，其在当时的时代背景之下具有一定的合理性。但伴随法治政府理念的日趋深入以及行政诉讼救济资源的逐步优化，现在仍保持如此宽泛的行政复议终局适用情形就有些不合时宜。正是鉴于此，应逐步地缩限法律明文规定的行政复议终局的情形，将其仅仅限定在诸如政治、外交等不适合司法救济系统干涉的特定领域的纠纷，② 除此之外的行政行为都可以接受司法的审查，在美国称之为可以审查的假定（presumption of reviewability）。③ 此外还要进一步优化行政复议和行政诉讼二者的衔接，避免因二者管辖范围上的差异所导致的事实上的行政复议终局情形的发生，从而让司法救济渠道成为解决行政纠纷的最后一道防线。

其三，确立司法救济的最终性，保障司法裁判的终极效力。即对于所有属于行政诉讼受案范围之内的行政纠纷当事人均可以向人民法院提起诉讼，法院发生法律效力的终审判决非经法定的程序或方式，任何国家机关和当事人均不得随意废止、变更。④ 其具体表征为以下几个层面：第一，出于优化配置国家救济资源的考虑，司法救济渠道理应是纠纷当事人寻求权利救济的最后一道屏障，而非优

---

① 顾培东：《社会冲突与诉讼机制》（修订版），法律出版社 2004 年版，第 27~37 页。

② 顾磊君：《论我国行政复议与行政诉讼之程序衔接》，载《成都行政学院学报》2013年第 3 期。

③ 王名扬：《美国行政法》（下），中国法制出版社 2005 年版，第 604 页。

④ 杨伟东：《关于我国纠纷解决机制的思考》，载《行政法学研究》2006 年第 3 期。

先选择的权利救济途径，其对于适格法律争议享有说最后一句话的权利。① 第二，只要纠纷当事人所提交的争议事项属于行政诉讼受案范围之内，司法机关均应为其提供救济，不得因已历经其他形式的救济途径而拒绝裁断，不得以其他形式的救济代替司法救济。第三，终审判决是司法机关代表国家对于待决纠纷所作出的最后的、最权威的决断，一旦频繁出现"终审不终现象"必将会损害国家诉讼救济制度的公信力以及法律秩序的稳定性，因此终审判决非经法律明确规定的程序不得推翻，任何组织和个人均无权随意否定或撤销已生效判决，其他权利救济机关同样不得无视已生效判决而另行启动针对同一行为的重复惩戒程序。② 第四，终审判决以国家强制力为后盾保证其落实到位，纠纷当事人故意逃避履行相应判决将承担相应的法律责任。第五，司法救济程序当中所追求的是法律真实而非客观真实，该司法判决的正确性寓于逻辑推理以及证据运用过程当中，而非结果本身。③ 因而法律终审判决将是具有法律约束力的裁断结果，其不以当事人的意志为转移，必须得到全面履行。

　　① 程琥：《司法最终原则与涉法涉诉信访问题法治化解决》，载《人民司法》2015 年第5 期。

　　② 江必新、程琥：《司法程序终结问题研究》，载《法律适用》2013 年第7 期。

　　③ 江国华：《常识与理性（四）：走向综合的司法改革》，载《河南财经政法大学学报》2012 年第2 期。

结　　语

当下社会结构日趋多元化，社会矛盾日趋复杂化，社会民众诉求日趋个性化，行政管理事务日趋庞杂化，在此时代大背景之下行政纠纷也就在所难免。既然行政纠纷不可避免，如何合理配套行之有效的行政纠纷救济渠道从而切实保障行政相对人的之合法权益其意义也就显得尤为重大。其中行政救济与司法救济是两种最为重要的救济渠道。两种救济渠道相比较而言，行政救济的适用范围更广，其解纷效率更高，其救济成本更低，其行政专业技术优势更明显。正是就此而言，其在应对冲突性元素处于中度紧张状态，争议事项涉及行政自由裁量权的行政纠纷时更具优势。而司法救济在应对冲突性元素处于高度紧张状态，争议事项涉及法律关系平衡的行政纠纷时则更具优势。鉴于此，一套行之有效的行政纠纷救济机制必将是充分发挥各种救济渠道比较优势，最大程度实现行政纠纷救济资源优化配置的救济机制，而穷尽行政救济原则的制度设计恰恰是实现该目标的重要手段之一。在穷尽行政救济原则的制度体系当中，行政救济渠道是一般性前置的，而司法救济渠道则是备用性殿后的。正是得益于两者间在救济位序上的优化组合，从而在行政纠纷的救济程序当中扮演起了盘活行政内部监督，缓减司法救济压力，填补司法审查漏洞，优化公共政策博弈等多重角色。

正如同一枚硬币具有正反两面一样，源自英美法系的穷尽行政救济原则在探索中国范式的过程当中也同样表现出了诸如行政救济与司法救济衔接不畅、前置性行政救济实际效果堪忧等一系列的问题。本书以问题为导向，本着直面问题不回避的态度，从宏观制度建构方面提出了诸如整合前置性行政救济机制，激发行政救济渠道的内在活力，优化行政救济与司法救济的衔接机制，缩限行政救济终局范围的建议。从微观必要制度配套方面则提出了建立规范有序的行政救济程序结束之后的案卷归档移交机制、应诉案件法律风险提示机制、复杂疑难案件协同办理机制以及应诉后反馈机制、救济程序关键节点的跟踪管理机制等一系列配套制度的建议。① 当然，无论是宏观方面的主体制度建构，还是微观方面的必要制度配套，其都还仅仅是初步的设想，其还有待于未来中国行政纠纷救济实践的最终检验。而中国行政纠纷救济的实践与穷尽行政救济原则的理论建构两者间相互作用、相互推动的内在关联关系恰恰是未来行政纠纷救济研究领域重要的理论增长点。

① 程应游、戚燕平：《新形势下行政复议和行政应诉工作的实践及思考》，载《探求》2015 年第 4 期。

参 考 文 献

一、外文译著

[1] [美] 肯尼斯·卡尔普·戴维斯：《裁量正义——一项初步的研究》，毕洪海译，商务印书馆 2009 年版。

[2] [美] 伯纳德·施瓦茨：《行政法》，徐炳译，群众出版社 1986 年版。

[3] [美] 斯蒂芬·戈尔德堡等：《纠纷解决——谈判、调解和其他机制》，蔡彦敏、曾宇、刘晶译，中国政法大学出版社 2004 年版。

[4] [美] 汉密尔顿、杰伊、麦迪逊：《联邦党人文集》，程逢如等译，商务印书馆 1980 年版。

[5] [美] 阿瑟·奥肯：《平等与效率》，王忠民等译，四川人民出版社 1988 年版。

[6] [美] L. 科塞：《社会冲突的功能》，孙立平等译，华夏出版社 1989 年版。

[7] [美] 史蒂文·苏本、玛格瑞特·伍：《美国民事诉讼的真谛》，蔡彦敏、徐卉译，法律出版社 2002 年版。

[8] [美] 欧内斯特·盖尔霍恩、罗纳德·M. 利文：《行政法和行政程序概要》，黄列译，中国社会科学出版社 1996 年版。

[9] [美] 希拉里·普特南：《事实与价值二分法的崩溃》，应奇译，东方出版社 2006 年版。

[10] [美] 博登海默：《法理学——法律哲学与法律方法》，邓正来译，中国政法大学出版社 1999 年版。

[11] [美] 罗伯特·B. 丹哈特、珍妮特·V. 丹哈特：《新公共服务：服务而非掌舵》，刘俊生译，张庆东校，载《中国行政管理》2002 年第 10 期。

［12］［美］理查德・B. 斯图尔特：《美国行政法的重构》，沈岿译，商务印书馆2002 年版。

［13］［美］诺内特等：《转变中的法律与社会》，张志铭译，中国政法大学出版社1994 年版。

［14］［美］凯斯・R. 桑斯坦：《偏颇的宪法》，毕竞悦、宋华琳译，北京大学出版社2005 年版。

［15］［英］L. 赖维尔・布朗、约翰・S. 贝尔：《法国行政法》（第5 版），高秦伟、王锴译，中国人民大学出版社2006 年版。

［16］［英］卡罗尔・哈洛、理查德・罗林斯：《法律与行政》，杨伟东译，商务印书馆2004 年版。

［17］［英］洛克：《政府论》（下册），叶启芳等译，商务印书馆1996 年版。

［18］［英］马丁・洛克林：《公法与政治理论》，郑戈译，商务印书馆2002 年版。

［19］［英］弗里德里希・奥古斯特・冯・哈耶克：《通往奴役之路》，王明毅等译，中国社会科学出版社1997 年版。

［20］［英］韦德：《行政法》，徐炳等译，中国大百科全书出版社1997 年版。

［21］［法］奥古斯特・孔德：《论实证精神》，黄建华译，商务印书馆1996 年版。

［22］［法］孟德斯鸠：《论法的精神》，张雁深译，商务印书馆1982 年版。

［23］［德］哈贝马斯：《在事实与规范之间——关于法律和民主法治国的商谈理论》，童世骏译，生活・读书・新知三联书店2003 年版。

［24］［德］弗里德赫尔穆・胡芬：《行政诉讼法》，莫光华译，法律出版社2003 年版。

［25］［奥］凯尔森：《法与国家的一般理论》，沈宗灵译，中国大百科全书出版社1996 年版。

［26］［荷］伊芙珠・T. 菲特丽丝：《法律论证原理——司法裁决之证立理论概述》，张其山等译，商务印书馆2005 年版。

［27］［美］史蒂芬・布雷耶：《打破恶性循环：政府如何有效规制风险》，宋华琳译，法律出版社2009 年版。

[28] [荷] 希尔登、弗里茨·斯特罗因克编：《欧美比较行政法》，伏创宇译，中国人民大学出版社 2013 年版。

[29] [美] 欧姆瑞·本·沙哈尔、卡尔·施耐德：《过犹不及：强制披露的失败》，陈晓芳译，法律出版社 2015 年版。

[30] [美] 杰里·L. 马肖：《创设行政宪制——被遗忘的美国行政法百年史（1787—1887）》，宋华琳、张力译，中国政法大学出版社 2016 年版。

[31] [新西兰] 迈克尔·塔格特编：《行政法的范围》，金自宁译，中国人民大学出版社 2006 年版。

[32] [英] 彼得·莱兰、戈登·安东尼：《英国行政法教科书》，杨伟东译，北京大学出版社 2007 年版。

[33] [英] 特伦斯·丹提斯、阿兰·佩兹：《宪制中的行政机关：结构、自治与内部控制》，刘刚等译，高等教育出版社 2006 年版。

[34] [美] 理查德·斯图尔特：《美国行政法的重构》，沈岿译，商务印书馆 2002 年版。

[35] [德] 施密特·阿斯曼：《秩序理念下的行政法体系建构》，林明锵等译，北京大学出版社 2012 年版。

[36] [日] 盐野宏：《行政救济法》，杨建顺译，北京大学出版社 2008 年版。

二、外文原著

[1] Ann H. Zgrodnik, "Darby v. Cisneros: A Codification of the Common-law Doctrine of Exhaustion Under Section 10 (c) of the Administrative Procedure Act", *Ohio Northern University Law Review* 20, 1993.

[2] Alice Ackerman, "The Idea and Practice of Conflict Prevention", *Journal of Peace Research* 40, 2003.

[3] Arnaud Stimec, Jean Poitras, "Building Trust with Parties: Are Mediators Overdoing It", *Conflict Resolution Quarterly* 26, 2009.

[4] Brian Leiter, "Explanation and Legal Theory", *Iowa Law Review* 82, 1997.

[5] Bernard Schwart, "Timing of Judicial Review—A Survey of Recent Cases", *The Administrative Law Journal* 8, 1994-1995.

[6] Bernard Schwartz, *Administrative Law*, Boston, Little, Brown & Company, 1976.

[7] Cf. Peter Leyland & Terry Woods (eds.), *Administrative Law Facing the Future: Old Constraints & New Horizons*, London, Blackstone Press Limited, 1997.

[8] Gregory J. Hobbs, "Ripeness, Exhaustion, and Administrative Practice", *Natural Resources & Environment* 5, 1990.

[9] John F. Duffy, "Administrative Common Law in Judicial Review", *Texas Law Review* 77, 1998.

[10] Larry Alexander and Ken Kress, "Against Legal Principles", *Iowa Law Review* 82, 1997.

[11] Jeremy Waldron, "The Need for Legal Principles", *Iowa Law Review* 82, 1997.

[12] Gary Lawson, "A Farewell to Principles", *Iowa Law Review* 82, 1997.

[13] Jennifer Becker et al, "Defensive Communication and Burnout in the Workplace: The Mediating Role of Leader/Member Exchange", *Communication Research Reports* 22, 2005.

[14] Michael S. Moore, "Legal Principles Revisited", *Iowa Law Review* 82, 1997.

[15] Michael Adler, "Tribunal Reform: Proportionate Dispute Resolution and the Pursuit of Administrative Justice", *Modern Law Review* 69, 2006.

[16] Hamilton R. W. and K. C. Davis, "Administrative Law Treatise", *University of Pennsylvania Law Review* 127, 1979.

[17] Marcia R. Gelpe, "Exhaustion of Administrative Remedies: Lessons from Environmental Cases", *George Washington Law Review* 53, 1984.

[18] Peter Wallensteen, *Understanding Conflict Resolcrtion: War, Peace and The Global System*, London, Sage Publishing, 2007.

[19] Robert M. Krauss, Ezequiel Morsella, "Communication and Conflict", in Morton Deutsch and Peter T. Colemaneds., *The Handbook of Conflict Resolution: Theory and Practice*, San Francisco, Jossey-Bass Publishers, 2006.

[20] Raoul Berger, "Exhaustion of Administrative Remedies", *The Yale Law Journal* 48, 1939.

[21] Ronald Dworkin, *A Matter of Principle*, Massachusetts, Harvard University

Press, 1985.

[22] Robert C. Power, "Help is Sometines Close at Hand: the Exhaustion Problem and the Ripeness Solution", *University of Illinois Law Review* 4, 1987.

[23] Stephen R. Perry, "Two Models of Legal Principles", *Iowa Law Review* 82, 1997.

[24] Sir William Wade and Christopher Forsyth, *Administrative Law* (8th Edition), Oxford, Oxford University Press, 2000.

[25] William Funk, "Exhaustion of Administrative Remedies: New Dimensions Since Darby", *Pace Environmental Law Review* 18, 2000.

[26] Edward S. Corwin, *The Constitution and What it Means Today*, Princeton, Princeton Press, 1969.

[27] Joel Yellin, "Judicial Review and Nuclear Power: Assessing the Risks of Environmental Catastrophe", *George Washington Law Review* 45, 1977.

[28] Susan Rose Ackerman and Peter Lindseth (Editors), *Comparative Administrative Law*, Cheltenham, Edward Elgar Publishing, 2010.

三、外文判例

[1] American Dairy, Inc. v. Bergland, 627 F. 2d 1252 (D. C. Cir. 1980).

[2] Andrade v. Lauer, 729 F. 2d 1475, 1484 (D. C. Cir. 1984).

[3] Abbott Lab. v. Gardner, 387 U. S. 136, 148-149 (1967).

[4] Appraisal Review Bd. of Harris Cnty. Appraisal Dist. v. O'Connor & Assocs. , 267 S. W. 3d, 413-419 (2008).

[5] Buffalo Equities Ltd. v. City of Austin 5 (2008).

[6] Cology Center of Louisiana v. Coleman, 515F. 2d 860 (5thCir. 1975).

[7] Continental Air Lines v. Civil Aeronautics Bd. , 522 F 2d 107, 125 (D. C. Cir. 1974).

[8] Darby v. Cisneros, 509 U. S. 137 (1993).

[9] Grounds v. Tolar Indep. Sch. Dist. , 707 S. W. 2d, 889-892 (1986).

[10] Houston Fed'n of Teachers Local 2415 v. Houston Indep. Sch. Dist. , 730 S.

W. 2d, 644-646 (1987).

[11] Kuehner v. Schweiker, 717 F. 2d 813, 822-823 (3rd Cir. 1983).

[12] Myers v. Bethlehem S. Corp., 303 U. S. 43-50 (1938).

[13] McCarthy v. Madigan, 503 U. S. 140 (1992).

[14] McKart v. United States, 395 U. S. 185 (1969).

[15] Rosenthal Co. v. Commodity Futures Trading Commmission, 614 F. 2d 1121, 1128 (7th Cir 1980).

[16] Schowengerdt v. General Dynamics Corp, 823 F. 2d 1328, 1341 (9th Cir. 1987).

[17] Texas & Pacific Ry. v. Abilene Cotton Oil Co., 204 U. S. 426, 438 (1907).

[18] United States v. China Trading Co., 71 F. 864, 865, 866 (2d Cir. 1896).

[19] United States v. Sing Tuck, 194 U. S. 161 (1904).

[20] United States v. China Trading Co., 71 F. 864, 865, 866 (2d Cir. 1896).

[21] Westheimer Indep. Sch. Dist. v. Brockette, 567 S. W. 2d, 780-786 (1978).

[22] Ogletree v. Glen Rose Indep. Sch. Dist., 314 S. W. 3d, 450-454 (2010).

四、中文著作

[1] 江国华编著:《中国行政法》(总论),武汉大学出版社 2012 年版。

[2] 王名扬:《美国行政法》(下),中国法制出版社 2005 年版。

[3] 姜明安主编:《外国行政法教程》,法律出版社 1993 年版。

[4] 张维迎:《博弈论与信息经济学》,上海三联书店、上海人民出版社 1996 年版。

[5] 周叶中:《宪法(第四版)》,高等教育出版社 2016 年版。

[6] 林胜鹞:《行政诉讼法》(修订第五版),台湾三民书局 2013 年版。

[7] 张正钊、韩大元:《比较行政法》,中国人民大学出版社 1998 年版。

[8] 费孝通:《乡土中国 生育制度》,北京大学出版社 1998 年版。

[9] 林莉红:《中国行政救济理论与实务》,武汉大学出版社 2000 年版。

[10] 黄启辉:《行政救济构造研究:以司法权与行政权之关系为路径》,武汉大学出版社 2012 年版。

［11］王莉：《行政复议功能研究——以走出实效性困局为目标》，社会科学文献出版社 2013 年版。

［12］韩春晖：《现代公法救济机制的整合：以统一公法学为研究进路》，北京大学出版社 2009 年版。

［13］叶必丰：《行政法的人文精神》，湖北人民出版社 1999 年版。

［14］陈计男：《行政诉讼法释论》，台湾三民书局 2000 年版。

［15］周佑勇：《行政法基本原则研究》，武汉大学出版社 2005 年版。

［16］秦前红：《新宪法学》，武汉大学出版社 2005 年版。

［17］李洪雷：《行政法释义学：行政法学理的更新》，中国人民大学出版社 2014 年版。

［18］杨海坤、章志远：《中国行政法基本理论研究》，北京大学出版社 2004 年版。

［19］杨建顺：《行政规制与权利保障》，中国人民大学出版社 2007 年版。

［20］余凌云：《行政法讲义》，清华大学出版社 2014 年版。

［21］章志远：《个案变迁中的行政法》，法律出版社 2011 年版。

［22］叶必丰主编：《行政法与行政诉讼法案例》，中国人民大学出版社 2005 年版。

［23］董炯：《国家、公民与行政法：一个国家—社会的角度》，北京大学出版社 2001 年版。

［24］包万超：《行政法与社会科学》，商务印书馆 2011 年版。

［25］朱新力、唐明良：《行政法基础理论改革的基本图谱："合法性"与"最佳性"二维结构的展开路径》，法律出版社 2013 年版。

［26］王旭：《行政法解释学研究：基本原理、实践技术与中国问题》，中国法制出版社 2010 年版。

［27］张兴祥：《行政法合法预期保护原则研究》，北京大学出版社 2006 年版。

［28］王贵松：《行政信赖保护论》，山东人民出版社 2007 年版。

［29］闫尔宝：《行政法诚实信用原则研究》，人民出版社 2008 年版。

［30］蒋红珍：《论比例原则：政府规制工具选择的司法评价》，法律出版社 2010 年版。

[31] 余凌云：《行政法上合法预期之保护》，清华大学出版社 2012 年版。

[32] 周佑勇：《行政裁量治理研究：一种功能主义的立场》，法律出版社 2008 年版。

[33] 徐晨：《权力竞争：控制行政裁量权的制度选择》，中国人民大学出版社 2007 年版。

[34] 郑春燕：《现代行政中的裁量及其规制》，法律出版社 2015 年版。

[35] 杨解君：《秩序·权力与法律控制》，四川大学出版社 1999 年版。

[36] 刘恒：《行政救济制度研究》，法律出版社 1998 年版。

[37] 刘宗德：《台湾地区行政诉讼：制度、立法与案例》，浙江大学出版社 2011 年版。

[38] 耿宝建：《行政纠纷解决的路径选择》，法律出版社 2013 年版。

[39] 杨小君：《我国行政复议制度研究》，法律出版社 2002 年版。

[40] 蔡小雪：《行政复议与行政诉讼的衔接》，中国法制出版社 2003 年版。

[41] 周汉华：《行政复议司法化：理论、实践与改革》，北京大学出版社 2005 年版。

[42] 蔡小雪：《行政审判中的合法性审查》，人民法院出版社 1999 年版。

[43] 薛刚凌：《行政诉权研究》，华文出版社 1999 年版。

[44] 杨伟东：《行政行为司法审查强度研究》，中国人民大学出版社 2003 年版。

[45] 甘文：《行政诉讼证据司法解释之评论：理由、观点与问题》，中国法制出版社 2003 年版。

[46] 张旭勇：《行政判决的分析与重构》，北京大学出版社 2006 年版。

[47] 章志远：《行政诉讼类型构造研究》，法律出版社 2007 年版。

[48] 解志勇：《论行政诉讼审查标准：兼论行政诉讼审查前提问题》，中国人民公安大学出版社 2009 年版。

[49] 汪庆华、应星编：《中国基层行政争议解决机制的经验研究》，上海三联书店 2010 年版。

[50] 汪庆华：《政治中的司法：中国行政诉讼的法律社会学考察》，清华大学出版社 2011 年版。

[51] 林莉红主编：《行政法治的理想与现实：〈行政诉讼法〉实施状况实证研究

报告》，北京大学出版社 2014 年版。

[52] 张千帆等：《比较行政法：体系、制度与过程》，法律出版社 2008 年版。

[53] 朱景文：《现代西方法社会学》，法律出版社 1994 年版。

[54] 故宫博物院明清档案部编：《清末筹备立宪档案史料》（上），中华书局 1979 年版。

[55] 周成奎：《中国法律年鉴》，中国法律年鉴出版社 2006—2013 年版。

[56] 王万华：《行政复议法的修改与完善研究——以实质性解决行政争议为视角》，中国政法大学出版社 2020 年版。

[57] 曹鎏：《中国特色行政复议制度的嬗变与演进》，法律出版社 2020 年版。

[58] 李源：《韩国的行政复议和行政诉讼》，中国政法大学出版社 2015 年版。

[59] 湛中乐：《行政调解、和解制度研究》，法律出版社 2009 年版。

[60] 中国法学会行政法学研究会、中国政法大学法治政府研究院编：《行政复议法实施二十周年研究报告》，中国法制出版社 2019 年版。

[61] 顾培东：《社会冲突与诉讼机制》（修订版），法律出版社 2004 年版。

[62] 宋雅芳：《行政程序法专题研究》，法律出版社 2006 年版。

五、中文论文

[1] 江国华：《无诉讼即无宪政》，载《法律科学》2002 年第 1 期。

[2] 江国华：《常识与理性（四）：走向综合的司法改革》，载《河南财经政法大学学报》2012 年第 2 期。

[3] 江国华：《走向能动的司法：审判权本质再审视》，载《当代法学》2012 年第 3 期。

[4] 江国华、胡玉桃：《论行政调解——以社会纠纷解决方式的多元化为视角》，载《江汉大学学报（社会科学版）》2011 年第 3 期。

[5] 江国华、韩玉亭：《清末民初法科留学生与中国法制近代化》，载《求索》2017 年第 1 期。

[6] 江国华、邱冠群：《论行政复议中的合理性审查》，载《云南大学学报（法学版）》2015 年第 1 期。

[7] 江国华：《走向中庸主义的司法偏好》，载《当代法学》2013 年第 4 期。

［8］ 林莉红：《论行政救济的原则》，载《法制与社会发展》1999 年第 4 期。

［9］ 林莉红：《行政诉讼诉前程序研究：基于行政纠纷解决机制系统化理论》，载《湖北社会科学》2013 年第 9 期。

［10］ 石佑启：《在我国行政诉讼中确立"成熟原则"的思考》，载《行政法学研究》2004 年第 1 期。

［11］ 石佑启：《行政听证笔录的法律效力分析》，载《法学》2004 年第 4 期。

［12］ 梁凤云：《也谈行政复议"司法化"》，载《国家检察官学院学报》2013 年第 6 期。

［13］ 王青斌：《论我国行政复议委员会制度之完善》，载《行政法学研究》2013 年第 2 期。

［14］ 王莉：《行政复议意见书制度探析——以行政复议监督功能的实现为中心》，载《浙江学刊》2012 年第 3 期。

［15］ 吴英姿：《司法的限度：在司法能动与司法克制之间》，载《法学研究》2009 年第 5 期。

［16］ 方军：《论中国行政复议的观念更新和制度重构》，载《环球法律评论》2004 年第 1 期。

［17］ 郑烁：《论美国的"穷尽行政救济原则"》，载《行政法学研究》2012 年第 3 期。

［18］ 章剑生：《现代行政法基本原则之重构》，载《中国法学》2003 年第 3 期。

［19］ 章剑生：《行政复议程序的正当化修复：基于司法审查的视角》，载《江淮论坛》2010 年第 6 期。

［20］ 章剑生：《论司法审查有限原则》，载《行政法学研究》1998 年第 2 期。

［21］ 胡锦光、王书成：《穷尽法律救济之规范分析》，载《江汉大学学报（社会科学版）》2008 年第 2 期。

［22］ 胡锦光、王书成：《论穷尽法律救济原则之存在逻辑》，载《中州学刊》2008 年第 1 期。

［23］ 郑磊：《宪法审查的穷尽法律救济原则》，载《现代法学》2009 年第 1 期。

［24］ 郑磊：《合宪法性审查该如何启动》，载《法学》2007 年第 2 期。

［25］ 沈开举、郑磊：《论我国行政复议改革的逻辑起点和现实路径》，载《甘肃

行政学院学报》2009 年第 4 期。

[26] 蔡乐渭：《行政诉讼中的成熟性原则研究》，载《西南政法大学学报》2005
年第 5 期。

[27] 邢鸿飞：《论美国穷尽行政救济原则的适用例外及对我国的启示》，载《法
学论坛》2014 年第 2 期。

[28] 黄先雄：《司法谦抑的理论与现实基础：以美国司法审查为视角》，载《湘
潭大学学报（哲学社会科学版）》2007 年第 5 期。

[29] 蒋惠岭：《司法学视角下的新行政诉讼法述评》，载《法律适用》2015 年
第 2 期。

[30] 蒋惠岭：《司法成本与司法收益的构成》，载《人民法院报》2010 年 12 月
1 日，第 8 版。

[31] 沈福俊：《论"穷尽行政救济原则"在我国之适用——我国提起行政诉讼
的前置条件分析》，载《政治与法律》2004 年第 2 期。

[32] 沈福俊：《行政复议委员会体制的实践与制度构建》，载《政治与法律》
2011 年第 9 期。

[33] 韩大元：《简论"权利救济程序穷尽"原则的功能与界限》，载《南阳师范
学院学报》2007 年第 5 期。

[34] 汪栋、王本利：《行政案件司法审查适时性问题研究》，载《烟台大学学报
（哲学社会科学版）》2005 年第 1 期。

[35] 许志雄：《司法消极主义与司法积极主义》，载《月旦法学杂志》1995 年
第 6 期。

[36] 吴天昊：《司法谦抑：司法权威的道德基础》，载《上海行政学院学报》
2007 年第 1 期。

[37] 王书成：《合宪性推定的正当性》，载《法学研究》2010 年第 2 期。

[38] 陈道英：《浅议司法尊重（judicial deference）原则——兼论与司法谦抑
（judicial passivism）的关系》，载《湖北社会科学》2009 年第 3 期。

[39] 崔卓兰、刘福元：《行政自制理念的实践机制：行政内部分权》，载《法商
研究》2009 年第 3 期。

[40] 崔卓兰、刘福元：《论行政自由裁量权的内部控制》，载《中国法学》2009

年第 4 期。

[41] 江凌：《论政府法制监督的理论基础与意义》，载《行政法学研究》2013
年第 3 期。

[42] 关保英：《拓展行政监督的新内涵》，载《探索与争鸣》2015 年第 2 期。

[43] 关保英：《论行政权的自我控制》，载《华东师范大学学报（哲学社会科学
版）》2003 年第 1 期。

[44] 范愉：《行政调解问题刍议》，载《广东社会科学》2008 年第 6 期。

[45] 范愉：《诉讼的价值、运行机制与社会效应：读奥而森的〈诉讼爆炸〉》，
载《北大法律评论》1998 年第 1 期。

[46] 周兰领：《行政复议强制前置模式的重建》，载《长安大学学报（社会科学
版）》2008 年第 4 期。

[47] 谭炜杰：《行政合理性原则审查强度之类型化：基于行政诉讼典型案例的
解析与整合》，载《法律适用》2014 年第 12 期。

[48] 尹华容、胡龙：《行政诉讼功能探析》，载《求索》2007 年第 6 期。

[49] 郑代良、马敬仁：《浅析"行政三分制"与"行政三联制"的区别》，载
《行政与法》2003 年第 9 期。

[50] 伍俊斌：《分权制衡理论的发展逻辑及其意义》，载《前沿》2011 年第 1
期。

[51] 虞崇胜、郭小安：《非对称性制衡：权力制衡模式发展的新趋势和新特
点》，载《理论探讨》2008 年第 4 期。

[52] 王立峰：《行政三分制的行政法治契合》，载《长白学刊》2009 年第 6 期。

[53] 王立峰：《行政自制理论视阈下的"行政三分制"——以深圳市行政体制
改革为例》，载《中州学刊》2010 年第 1 期。

[54] 应松年、薛刚凌：《论行政权》，载《政法论坛》2001 年第 4 期。

[55] 应松年：《把行政复议制度建设成为我国解决行政争议的主渠道》，载《法
学论坛》2011 年第 5 期。

[56] 徐汉明：《论司法权和司法行政事务管理权的分离》，载《中国法学》2015
年第 4 期。

[57] 郑玉敏：《"行政三分制"——行政自制的制度化尝试》，载《理论探讨》

2010 年第 5 期。

[58] 薛刚凌、张国平：《论行政三分制的功能定位》，载《行政管理改革》2009 年第 3 期。

[59] 谭冰霖：《行政裁量行为司法审查标准之选择：德国比例原则与英国温斯伯里不合理性原则比较》，载《湖北行政学院学报》2011 年第 1 期。

[60] 王凯伟、李莉：《合作博弈应用于行政监督实效提升：相关性、必要性及可行性》，载《湘潭大学学报（哲学社会科学版）》2012 年第 6 期。

[61] 杨伟东：《关于创新行政层级监督新机制的思考》，载《昆明理工大学学报（社科版）》2008 年第 1 期。

[62] 杨伟东：《关于我国纠纷解决机制的思考》，载《行政法学研究》2006 年第 3 期。

[63] 杨伟东：《复议前置抑或自由选择：我国行政复议与行政诉讼关系的处理》，载《行政法学研究》2012 年第 2 期。

[64] 于立深：《现代行政法的行政自制理论——以内部行政法为视角》，载《当代法学》2009 年第 6 期。

[65] 朱旻、杨长青：《立案登记制"满月"改革有序运行问题及时应对》，载《江苏法制报》2015 年 6 月 11 日，第 1 版。

[66] 周仁标：《论地方政府政策执行的困境与路径优化》，载《政治学研究》2014 年第 3 期。

[67] 江必新：《司法审查强度问题研究》，载《法治研究》2012 年第 10 期。

[68] 江必新：《完善行政诉讼制度的若干思考》，载《中国法学》2013 年第 1 期。

[69] 江必新、程琥：《司法程序终结问题研究》，载《法律适用》2013 年第 7 期。

[70] 崔卓兰：《行政自制理论的再探讨》，载《当代法学》2014 年第 1 期。

[71] 门中敬：《行政诉讼类型化的目的与标准》，载《烟台大学学报（哲学社会科学版）》2011 年第 3 期。

[72] 余凌云：《论行政复议法的修改》，载《清华法学》2013 年第 4 期。

[73] 熊樟林：《行政复议机关做被告的理论逻辑》，载《法学》2021 年第 7 期。

[74] 湛中乐：《新中国行政复议制度的历史变迁与发展》，载《北航法律评论》2010 年第 1 辑。

[75] 王万华：《以行政复议权集中行使为基础重构行政复议体制》，载《财经法学》2015 年第 1 期。

[76] 王万华：《重构公正行政复议程序制度 保障行政复议公正解决行政争议》，载《行政法学研究》2012 年第 2 期。

[77] 刘莘：《行政复议改革之重——关于复议机构的重构》，载《行政法学研究》2012 年第 2 期。

[78] 刘莘：《行政复议的定位之争》，载《法学论坛》2011 年第 5 期。

[79] 刘莘：《行政复议制度近期可能的改革》，载《行政法学研究》2005 年第 2 期。

[80] 赵德关：《行政协议纳入行政复议审查问题研究》，载《行政法学研究》2021 年第 4 期。

[81] 韦炜、周游：《新行政诉讼法适用中的六大问题》，载《人民司法》2015 年第 3 期。

[82] 杨解君：《契约理论引入行政法的背景分析》，载《法制与社会发展》2003 年第 3 期。

[83] 宋华琳：《制度能力与司法节制——论对技术标准的司法审查》，载《当代法学》2008 年第 1 期。

[84] 程应游、戚燕平：《新形势下行政复议和行政应诉工作的实践及思考》，载《探求》2015 年第 4 期。

[85] 李俊：《社会转型时期我国农村多元纠纷解决机制的重构路径》，载《河北法学》2013 年第 12 期。

[86] 徐运凯：《行政复议法修改对实质性解决行政争议的回应》，载《法学》2021 年第 6 期。

[87] 余潇枫：《行政体制改革与行政现代化》，载《浙江大学学报》1997 年第 4 期。

[88] 左卫民：《变革时代的纠纷解决及其研究进路》，载《四川大学学报（哲学社会科学版）》2007 年第 2 期。

［89］ 顾磊君：《论我国行政复议与行政诉讼之程序衔接》，载《成都行政学院学报》2013 年第 3 期。

［90］ 刘俊、沈晖：《行政终局裁决权质疑》，载《南京师大学报（社会科学版）》2004 年第 6 期。

［91］ 程晓：《司法最终原则与涉法涉诉信访问题法治化解决》，载《人民司法》2015 年第 5 期。

［92］ 贾亚强：《论行政诉讼实质性解决争议的实现路径》，载《法律适用》2012 年第 4 期。

［93］ 王源渊：《略论审判权的范围与限度》，载《法学评论》2005 年第 4 期。

［94］ 练育强：《功能与结构视野下的行政复议制度变革》，载《法学》2021 年第 6 期。

［95］ 王振宇：《行政裁量及其司法审查》，载《人民司法·应用》2009 年第 19 期。

［96］ 王克稳：《我国行政复议与行政诉讼的脱节现象分析》，载《行政法学研究》2000 年第 4 期。

［97］ 谢尚果：《行政复议与行政诉讼衔接机制之反思与重构》，载《河北法学》2013 年第 2 期。

［98］ 季金华：《司法权威的文化建构机理》，载《法律科学》2013 年第 6 期。

［99］ 章志远：《我国行政复议与行政诉讼程序衔接之再思考》，载《现代法学》2005 年第 7 期。

［100］ 章志远：《行政诉讼类型化之影响因素与规范模式——一个比较法的考察》，载《学习论坛》2008 年第 9 期。

［101］ 胡建森、唐震：《行政诉讼调解、和解抑或协调和解——基于经验事实和规范文本的考量》，载《政法论坛》2011 年第 4 期。

［102］ 林明民：《论行政审判"参照"地方性法规——基于优化行政审判功能的分析》，载《东南大学学报（哲学社会科学版）》2014 年增刊。

［103］ 林喆：《权利、资源与分配——平等分配问题的法哲学思考》，载《法学研究》1996 年第 2 期。

［104］ 胡铭：《论诉讼效率的提高与资源配置的优化——从刑事诉讼的角度分

析》，载《甘肃社会科学》2005 年第 1 期。

[105] 王雪梅：《司法最终原则——从行政最终裁决谈起》，载《行政法学研究》2001 年第 4 期。

[106] 谷国文、江华：《落实立案登记制 保障当事人诉权——湖南高院关于行政诉讼案件立案登记制实施情况的调研报告》，载《人民法院报》2015 年 7 月 2 日，第 8 版。

[107] 方流芳：《民事诉讼收费考》，载《中国社会科学》1999 年第 3 期。

[108] 李莉：《法经济学与纠纷解决》，载《河北法学》2008 年第 7 期。

[109] 胡斌：《立案登记制改革：创新与踟蹰》，载《决策》2015 年第 7 期。

[110] 杨小君：《对行政复议书面审查方式的异议》，载《法律科学》2005 年第 4 期。

[111] 刘广宇：《行政裁判文书的功能》，载《人民司法》2006 年第 8 期。

[112] 周佑勇、解瑞卿：《作为行政性纠纷解决之道的私力救济》，载《当代法学》2011 年第 1 期。

[113] 吕忠梅：《司法公正价值论》，载《法制与社会发展》2003 年第 4 期。

[114] 高珊琦：《论刑事司法中公正与效率之均衡及途径》，载《河北法学》2006 年第 8 期。

[115] 姚莉：《司法效率：理论分析与制度构建》，载《法商研究》2006 年第 3 期。

[116] 黄学贤、马超：《行政复议：制度比较、功能定位与变革之途》，载《法治研究》2012 年第 6 期。

[117] 施建辉：《WTO 与行政复议——观念变革及其制度创新》，载《南京工业大学学报（社会科学版）》2005 年第 1 期。

[118] 李立：《行政复议委员会试水缘由》，载《法制日报》2008 年 12 月 12 日，第 8 版。

[119] 杨海坤、朱恒顺：《行政复议的理念调整与制度完善：事关我国〈行政复议法〉及相关法律的重要修改》，载《法学评论》2014 年第 4 期。

[120] 杨海坤、邹焕聪：《略论行政诉讼成本》，载《天津商学院学报》2006 年第 4 期。

［121］李月军：《国家与社会关系视角下的行政复议》，载《政治学研究》2014年第3期。

［122］贺奇兵：《论行政复议机构设置的模式选择——以行政复议有限司法化为逻辑起点》，载《政治与法律》2013年第9期。

［123］傅郁林：《"诉前调解"与法院的角色》，载《法律适用》2009年第4期。

［124］王雅琴：《我国行政诉讼与行政复议的衔接模式与完善》，载《人民司法》2015年第1期。

［125］马怀德：《完善〈行政诉讼法〉与行政诉讼类型化》，载《江苏社会科学》2010年第5期。

［126］黎晓武、刘红梅：《试析我国行政复议制度的重构——以行政争议解决机制的优化为视角》，载《江西社会科学》2011年第4期。

［127］淄博市中级人民法院课题组：《行政复议与行政诉讼衔接问题研究》，载《山东审判》2010年第2期。

［128］蔡仕鹏：《法社会学视野下的行政纠纷解决机制》，载《中国法学》2006年第3期。

［129］彭波、毛磊：《执法检查表明：行政复议作用远未充分发挥》，载《人民日报》2013年12月24日，第15版。

［130］沈亮：《检视与前行：行政复议制度功能定位回归——以ADR制度为印证和指引》，载《行政与法》2013年第11期。

［131］青锋：《中国行政复议制度的发展、现状和展望》，载《法治论丛》2006年第1期。

［132］张国玉：《行政诉讼困境的成本—收益分析》，载《行政论坛》2005年第3期。

［133］刘方勇、禹爱民：《让法官员额制改革聚人气接地气》，载《人民法院报》2015年2月9日，第2版。

［134］最高人民法院立案登记制改革课题组：《立案登记制改革问题研究》，载《人民司法·应用》2015年第9期。

［135］许明月：《侵权救济、救济成本与法律制度的性质：兼论民法与经济法在控制侵权现象方面的功能分工》，载《法学评论》2005年第6期。

［136］潘荣伟：《行政诉讼事实问题及其审查》，载《法学》2005 年第 4 期。

［137］朱新力：《论行政诉讼中的事实问题及其审查》，载《中国法学》1999 年第 4 期。

［138］刘东亮：《我国行政行为司法审查标准之理性选择》，载《法商研究》2006 年第 2 期。

［139］余文唐：《法官员额制推行与人案矛盾化解》，载《人民法院报》2015 年5 月 23 日，第 2 版。

［140］韩春晖：《美国行政诉讼的证明标准及其适用》，载《法商研究》2011 年第 5 期。

［141］杨文华：《技术行政视阈中的科学发展》，载《东南大学学报（哲学社会科学版）》2010 年第 6 期。

［142］张康之、向玉琼：《政策问题建构专业化对民主政治的影响》，载《浙江学刊》2014 年第 1 期。

［143］苏曦凌：《行政技术论》，载《内蒙古社会科学》2012 年第 5 期。

［144］苏曦凌：《分殊还是融合：科学行政与民主行政之关系探讨》，载《行政论坛》2015 年第 2 期。

［145］杨小军、宋心然等：《法治政府指标体系建设的理论思考》，载《国家行政学院学报》2014 年第 1 期。

［146］郑方辉、卢扬帆：《法治政府建设及其绩效评价体系》，载《中国行政管理》2014 年第 6 期。

［147］周汉华：《构筑多元动力机制 加快建设法治政府》，载《法学研究》2014 年第 6 期。

［148］杨建文：《法院人事管理制度改革的现状与前景》，载《中国党政干部论坛》2015 年第 4 期。

［149］王锡锌：《规则、合意与治理：行政过程中 ADR 适用的可能性与妥当性研究》，载《法商研究》2003 年第 5 期。

［150］李红海：《普通法的司法技艺及其在我国的尝试性运用》，载《法商研究》2007 年第 5 期。

［151］赵银翠：《行政复议和解制度探讨》，载《法学家》2007 年第 5 期。

[152] 马超：《行政复议的政治功能阐释——基于立法史的考察》，载《交大法学》2013 年第 4 期。

[153] 于语和：《〈周易〉"无讼"思想及其历史影响》，载《政法论坛》1999 年第 3 期。

[154] 高飞乐：《对"文化大革命"错误的政治实践和理论的历史反思》，载《党史研究与教学》2003 年第 4 期。

[155] 张春生、童卫东：《我国行政复议制度的发展和完善》，载《中国法学》1999 年第 4 期。

[156] 张文郁：《我国台湾地区诉愿制度之过去、现在与未来》，载《行政法学研究》2015 年第 3 期。

[157] 朱爱军：《论库恩的范式概念及其借用》，载《学习与探索》2007 年第 5 期。

[158] 张仁善：《近代法学期刊：司法改革的"推手"》，载《政法论坛》2012 年第 1 期。

[159] 张文郁：《我国台湾地区诉愿制度之过去、现在与未来》，载《行政法学研究》2015 年第 3 期。

[160] 翟小波：《制度在历史的积累中成长——行政复议制度：中国与广州》，载《博览群书》2006 年第 4 期。

[161] 马怀德、李策：《行政复议委员会的检讨与改革》，载《法学评论》2021 年第 4 期。

[162] 章剑生：《论作为权利救济制度的行政复议》，载《法学》2021 年第 5 期。

六、学位论文

[1] 祝诚：《行政复议前置问题研究》，中南民族大学法学院 2013 年硕士学位论文。

[2] 郑磊：《行政司法功能研究》，郑州大学法学院 2010 年硕士学位论文。

[3] 韦长伟：《公共冲突中政府的第三方干预角色研究》，南开大学周恩来政府管理学院 2013 年博士学位论文。

［4］李素平：《行政复议与行政诉讼衔接程序探讨》，苏州大学法学院 2008 年硕士学位论文。

［5］蔡文斌：《行政复议先行程序研究》，中国政法大学法学院 2001 年博士学位论文。

［6］祁菲：《论美国法上的成熟原则》，山东大学法学院 2010 年硕士学位论文。

七、网络资料

［1］郜风涛：《认真贯彻胡锦涛总书记重要讲话精神把行政复议打造成为化解行政争议的主渠道》，http：//news. xinhuanet. com/2012-01/04/c＿122533618. htm，2016 年 1 月 14 日最后访问。

［2］全国行政复议案件统计数据，http：//www. moj. gov. cn/pub/sfbgw/zwxxgk/fdzdgknr/fdzdgknrtjxx/，2021 年 7 月 25 日最后访问。

后　记

窗外绿意盎然，心中感慨难平。参加工作五年之后再回头修订出版自己的博士论文，其中的韵味经历过的人都懂。一方面是欣喜，毕竟见证了珞珈山上太多人太多事的文字要公开与读者见面；另一方面是担心，担心由于自己才疏学浅而误导网络快餐时代本已十分稀缺的纸媒读者。好在"青椒"学术评价指挥棒的威力足够大，让我不再犹豫不决。

这部书稿之所以在经历五年之后才与诸位读者见面，要感谢我所任职的南京师范大学中国法治现代化研究院（法学院）为"青椒"提供相对宽松的科研环境，让我可以做一点自己喜欢但未必产生学术 GDP 泡沫的研究，这在当下"青椒"日益内卷的大环境下显得尤为珍贵。要感谢研究院和法学院的各位领导与同事对我的默默支持，让我有勇气在毕业五年之后再回头修订出版自己的博士论文。

书稿能得以出版要感谢我的博士后合作导师公丕祥教授对我这样天性愚钝学生的宽容，并在诸多方面给予了悉心教导与精心点拨。老师的学术视野与理论深度令我叹服，老师的学术敏锐度与工作执行力令我钦佩，老师的严谨学风与敬业精神令我虔敬，老师的儒雅风度与谦和恭让令我仰慕，老师的默默支持与温暖关爱令我感恩，也正是得益于老师"润物细无声式"的启发让我有勇气对之前的研究从法理的高度进行新的思考，尽管其中很多想法还很不成熟并有待行政纠纷救济实践去检验，但老师的鼓励与支持将是我奋力前行的重要动力。

这部书稿是以我的博士毕业论文为雏形修改而来。记得在博士入校之初，我为自己博士毕业论文的选题初步拟定了三个基本原则：研究深入、选题微观、阐释系统。基于此，经过和导师江国华教授的多次沟通，最终将穷尽行政救济原则作为自己的毕业论文题目。坦率地讲，题目刚选定的时候，自己有两大担心：一是担心如此小的选题，很可能没有足够的材料支撑，论文难以按时完成；二是担心该选题涉及行政复议与行政诉讼的衔接问题，若论文毕业答辩之前，《行政复议法》需要修改，这很可能导致论文立论基点的漂移。值得庆幸的是，到论文答辩结束，自己的这两大担心都未出现，看来上天挺眷顾我这样的愚笨书生。但只要战线拖得足够长，该来的总会来。2020年11月24日，司法部发布了《中华人民共和国行政复议法（修订）（征求意见稿）》，其修订进入征求意见阶段，马上《行政复议法》将迎来大修。世事难料，之前的冷门研究也忽然热起来，我似乎也有了蹭热度的嫌疑。

当然，这部书稿之所以能够呈现在大家面前，离不开导师江国华教授的悉心指导。学生永远不会忘记与江老师在办公室一起吃盒饭的那段日子。那段时间，中午江老师常常牺牲自己的午休时间，与学生一起探讨文章进度、篇章布局以及最后结论。每当学生在论文写作当中遇到难题的时候，江老师总是第一时间给予精神上的鼓励与内容上的点拨。曾记得论文初稿完成后，江老师通读了整篇文章，将其中需要修改和斟酌的内容一一作了标注，建议删除与修改的内容共计几十处，江老师的为学严谨让学生感佩不已，学生将永远记得老师的教诲：每一篇文章都要经得起历史的检验。江老师不仅关心学生的学习，对于学生的生活以及就业问题也给予很大的帮助，感谢一词实在难以表达学生此时此刻的心情，学生惟有不断前行才不辜负老师的殷切期望。

此外，还要感谢我硕士期间的指导老师倪洪涛教授及师母刘丽教授。倪老师是我进入法科殿堂的引路人，承蒙老师不嫌弃学生愚钝，将学生收入门下，也正是得益于老师的提点栽培，学生才能有机会走上学术研究的道路。尽管学生已毕业多年，老师仍时刻关心着学生的成长。记得论文开题之后我将博士论文的提纲发给老师，老师一边处理自己工作调动的繁琐事务，一边抽出自己的宝贵时间提出了众多建设性的修改意见，可以说博士论文得以完成也凝结了老师的心血。师母刘丽教授如同慈母一般对我的成长提供了无微不至的关怀，关心我的学习，关心我的工作，关心我的家庭。学生无以为报，以后一定加倍努力。

感谢武汉大学法学院宪法与行政法教研室的周叶中教授、陈晓枫教授、秦前红教授、祝捷教授、伍华军老师、徐晨老师、胡芬老师、黄明涛老师、李炳辉老师。在我博士求学过程当中，各位老师都曾以不同的方式给予我悉心的指导，感谢各位老师的热情帮助！

感谢参与我博士论文答辩的湛中乐教授、曹海晶教授、周叶中教授、陈晓枫教授、秦前红教授，各位老师对于我论文的完善均提出宝贵的修改意见，感谢各位老师！

感谢武汉大学出版社的胡荣编辑，正是得益于她细致贴心的审读才能让这本书稿有机会面世，您辛苦了！谢谢您！

感谢我的父母，尽管他们没有看到我戴上博士帽的那一天，但我相信他们一定会在天堂里默默地祝福我！感谢我的两个姐姐，感谢她们一直以来的理解与支持！感谢岳父母，感谢他们帮我们照顾小孩解决了我们的后顾之忧！感谢我夫人对我诸多缺点给予了最大的宽容！感谢韩漫舒小朋友，是你让我坚定地成为房奴。谢谢你们！

文虽终而意未尽，感谢那些虽然没提到名字但默默帮助和支持我的师友亲朋！谢谢你们！

最后，要感谢自己，如果没有自己十五年之前的固执与坚持，也许我将会成为一名产业流水线上的工人。假如让我再回到十五年之前，我一定没有勇气作出当初的选择。感谢命运的词典里不存在"假如"二字。

补记于金陵随园